拉萨掌故

廖东凡 著

中国藏学出版社

Contents

目 录

序 言

马丽华*

拉萨是中国历史文化名城。拉萨一带的开拓史，至少可以上溯到三千多年前的金属时代，有考古发掘的曲贡遗址为证。当然，早先的拉萨之成为王城，是伴随了吐蕃的崛起，定都于此并一统青藏高原的宏大叙事开始了新一轮的生命。屈指算来，这座老而弥新的城市将近一千四百岁了。而后来拉萨之成为圣地，以其宗教和僧侣、世俗和贵族的光色罕见于世，则在晚近到四五百年的历史中。千载风雪，布达拉宫历尽沧桑；岁月流过，携走市井多少代人。苍天大地见证了兴衰枯荣，可说是老旧房舍的每一角落无不积满了历史的风尘，掩埋了多少激动人心的历史人事。

廖东凡先生以四十年的工夫，遍阅史料，寻访口碑，踏勘清理，终于让那些沉埋有年的、鲜为人知的旧事故人重见了天日。掌故，拉萨的掌故，顾名思义，或望文生义，是掌握的故典，是老旧拉萨尽

① 马丽华，出生于山东济南。1976年进藏，历任《西藏文学》编辑、西藏文联和西藏作协副主席。2003年调任中国藏学出版社总编辑，现为中国作协全委会委员。代表作有《走过西藏》系列的《藏北游历》、《西行阿里》、《灵魂像风》、《藏东红山脉》及长篇小说《如意高地》等。

在只手掌握之中，是扳起指头，如数家珍般的一一道来：布达拉宫何以凭山而起，旧城拉萨何以沉寂，何以再度繁盛；从布达拉到八廓街，从宫殿、寺院到贵族的府邸，以及驻藏大臣衙门；从人主神王、名门望族到巫祝护法，再到民间底层，众生百相，林林总总，无不纳入掌中流注笔端，俨如时间长河的岸边，一幅充实而精妙的藏式清明上河图，历史因之鲜活，风起云涌；往事历历再现，扑面而来。

作为《拉萨掌故》的第一读者，在此我急于述说一个强烈感受、传递一个阅读经验—— 感受是属于自己的：多年前本人曾撰写过时限为20世纪上半叶的《老拉萨——圣城暮色》（江苏美术出版社出版），当时虽也查阅了资料，采访了口碑，但相比这本书，内容无疑单薄很多，生动细节尤其缺乏，是相见恨晚的感觉；经验则是面向大众的：对于本书不可一口气读完，适合一个专题一个专题慢慢读来，适合复读。因为本书信息之浓密显得黏稠，还因为老故事的陌生久远。

可以想见，当读者诸君尚未与本书相遇，你所眼见的拉萨景象会是怎样的呢？无非异域异色的别样风情吧，或许仅有新鲜新奇吧！但当你手捧此书，掌故在手，“按图索骥”，一一对应眼下的旧宫墙老房子，或是捕捉到了新建筑之下某处旧址影像，在这样的时候，你或许就会心生惊喜，恍若置身从前，去印证，去对话，去参与，举一反三地去联想。

20世纪80年代最初的那些年里，西藏文联的单位所在地还在八廓街北旧称“美朵江村”（花园柳林）旧址的院落时，我和廖老师做过邻居，就见这位热心人交游甚广，从文化官员、贵族后裔到民间艺人，三教九流无不成为廖家常客。此前我对历史及民俗方面一无概念，几年间的耳濡目染，实实在在地感了兴趣，有时就随廖老师去八廓街人家访问，平时更听他絮絮叨叨讲述某某世家、某某艺人的故事，就仿佛一个民间叙事的载体。可以说，本书内容自那时起就积累得足够可以，满而外溢。本书是吃“百家饭”且日积月累集腋成裘的结果，更发自于一腔经久不衰的热爱之情，兼具娴熟的拉萨口语、亲切的文字、汉藏合璧的思维与表达方式——工夫+功夫，若论廖老师诸种优势条件的具备，此前和今后的同类题材，怕是无人能及了。所以在此特意向希望了解西藏的读者，尤其是正准备去西藏旅游的人推介这本书，作为拉萨深度旅游的辅助读物。要是你能在赴藏前读到它，做好了案头准备的话，再去拉萨实地游历踏勘，必能获得事半功倍的成效，也许会有更丰富、更深刻的感受和经验向更多的人传达。

2007年1月18日

拉萨的前身叫沃塘

拉萨河，从古远流来

拉萨河是蓝色的。

四十年前一个晴和的秋日，大学毕业分配到拉萨的我，放下简单的行装，便急不可待地去看拉萨河了。

我看见她那松耳石般的雪浪花，从云山雪谷汹涌排闼而来，在我的面前留下了一片永生难忘、挥之不去的蔚蓝。

她比我家乡的湘江和洞庭湖还要蓝，比我后来看到的多瑙河和莱茵河还要蓝。她蓝得那样晶莹，那样剔透，那样纯粹，那样叫人惊心动魄！像一匹刚刚抖开的蓝缎子，像满河跳荡不息的蓝色水晶，像融化了一大片高原深秋蓝得不能再蓝的天空。

于是，我向这条蓝色的圣河顶礼致敬，用她清凉的雪水洗涤我身上的尘灰和整个的灵魂。

其实，在这以前，我对拉萨和拉萨河心仪已久，我努力搜寻和阅读有关历史、文化、传说、故事和歌谣。田汉先生在话剧《文成

雪域猴子变人的唐卡画　　陈宗烈摄

公主》中用“红山耸立，碧水中流”来描绘这里的风光地势，我觉得是贴切而精当的。

从此，我在拉萨河边的古城居留下来，长达二十五年之久，渐渐融入她深厚的历史氛围，感染她浓郁的民俗风情和文化积淀。我在这里学习语言，适应生活，成了这个城市居民中颇为活跃和相当积极的成员。白天，我奔走在古城的大街小巷，出入各种人物之家。夜晚，我枕着拉萨河的涛声入睡，做着种种关于自己人生事业和前程的蓝色梦。在那些政治运动不断、“左”的思潮日趋严重的年月，每当我受到不公正的对待，生活上、感情上受到伤害的时候，总是要跑到拉萨河边久久地漫步凝思，把满腔的心思投向她蓝色的波浪。

从此，我对拉萨河越来越熟悉、越来越亲近了。

那时候，我每年都要用很多的时间，和拉萨市歌舞团的演员们一起，去到拉萨河的上游和下游，农村和牧区，城镇和村寨，巡回演出，学习民间艺术，深入生活。我们骑着马和牦牛，从一条河谷到另一条河谷，从一个牧场到另一个牧场，在熊熊的篝火周围，通宵达旦地歌舞狂欢。我们住农民的泥土小屋、牧民的牛毛帐篷，喝清冽的青稞酒、饮浓酽的酥油茶、烤芳香的牛粪火，在羊皮口袋里抓糌粑，听老人们讲述拉萨河的故事、传说和种种掌故。总是让我感叹嘘唏，激动不已，久久难以忘怀。

拉萨河导源于念青唐古拉山主峰，在林周县的旁多峡谷与桑丹岗桑雪山上流下来的热振河汇合，在墨竹工卡县的宗雪城堡前面，与拉里神山上流下来的雪绒河汇合；在墨竹工卡县的嘎则古庙前面，与工布巴拉雪山上流下的墨竹河汇合。从此就形成了拉萨河的干流，洋洋洒洒，浩浩荡荡，直泻奔流两百公里，最后在曲水县朗钦日苏象鼻湾和雅鲁藏布江合流，形成了雄伟壮观的蓝白两河相汇的高原奇观。

念青唐古拉山，是雪域高原四大神山之一。传说山上住着威猛无比的唐拉雅秀雪山神，他负责保护整个拉萨河谷和布达拉宫。他常常穿着白色羊皮大氅，骑着雪白的神马，在高山和峡谷之间纵横驰骋，任意游荡。而桑丹岗桑雪山又是岗瓦桑波山神的冰雪城堡，它夜以继日地守护着藏北草原通往拉萨河谷的黄金通道，沟通汉藏两个民族经济文化的交流。神山雪水流进拉萨河，拉萨河成了神河、圣河、药水河。老人们说，拉萨河水有八种功德：一甘、二凉、三软、四轻、五净、六香、七饮时不损喉、八喝过不伤胃；可以消除杂念，净化心灵，健康体肤。掬饮一捧，是人一生的造化。每年藏历八月，拉萨河南岸宝瓶山顶上空，升起一颗名叫“弃山”的星星。于是，成千上万的市民纷纷跳进拉萨河的清波中夜浴，年轻的我往往也置身其中。这就是中外游客争相一睹为快的沐浴节。

拉萨河也有航运之利。航运主要靠牛皮船，这种航运工具，公元一世纪前后，已经出现在西藏高原的河流和湖泊上。它是用柳条支撑牦牛皮制成的，具有很强的柔韧性，不怕礁石和险滩。一只船大约能运载四百公斤左右的人畜和货物。船夫们从墨竹工卡起行，经过达孜县的德庆镇、拉萨城和曲水县的聂当镇，前后四天时间，到达雅鲁藏布江的汇合口，再转道山南的贡嘎、桑日、泽当等城镇。牛皮船只能日行，不能夜航。船夫们夜晚把船撑在河滩上，大伙儿围着篝火野餐，在月光下唱歌跳舞，讲故事。牛皮船只能顺水而下，不能逆水行舟。返程时船夫们必须把船晾干，背在背上翻山越岭回到拉萨河的上游。一只船大约重六十公斤左右。船夫的被子和食物由一只老绵羊驮着，他俩相依相伴，翻山越岭，走过艰难的路程。船夫咿咿呀呀的歌，羊铃叮叮当当的响，也能消除一些旅途的疲劳和寂寞。

拉萨河上有不少渡口，夏天用牛皮船摆渡，到冬春季节，就改用马头木船。还有多座铁索桥，最著名的要算拉萨铁索桥，这座桥是公元15世纪前期，西藏著名高僧唐东杰布，在柳梧城堡女长官格桑的支持下修成的。这是当时轰动整个拉萨和西藏的一件大事，也是这位被尊为铁索桥活佛的唐东杰布修架的第一座铁索桥。直到现在，桥墩遗址还矗立在拉萨河南岸的乃东香卡村下面。墨竹工卡还有唐家铁索桥、宗雪铁索桥，林周县有旁多铁索桥等。这些桥，我进藏以后还在继续使用，保存相当完好。一般是用六到八根铁索横架河面，中间用兽皮和牛皮捆绑，再铺上木板，走起来摇摇晃晃，加上桥下河水奔腾湍急，响声如雷，让人头晕目眩，胆战心惊。

拉萨河谷鸟瞰　　陈宗烈摄

公元7世纪前西藏高原的文明史，就像隔着云雾看星星那样朦胧迷乱，人们知道的只有山南的雅隆文明和冈底斯山周围的象雄文明。拉萨河谷的文明，似乎是一片空白。其实，拉萨河谷的先民们，早已在这一带的高山和河谷，进行着农、牧、渔、猎的生产活动，挖掘洞穴，建造民居，制造了精美的陶器和各种生产生活用品。1990年，在拉萨北郊娘热乡挖掘出土的曲贡遗址，提供了生动丰富的例证。那时统治拉萨河谷的苏毗部落联盟，同雅隆部落联盟和象雄部落联盟一样，是西藏高原上最强大的奴隶制政权。

据藏文古史记载，公元7世纪以前的西藏高原，分布着二十个或者四十个较小的邦国。拉萨河谷就有三四个之多，现在林周县的澎波地方，当时有个叫松波杰·达甲沃的小王国，国王住在名叫辗噶尔的城堡里，他的家臣是年氏和噶尔氏。藏王松赞干布手下的大相、到长安迎娶文成公主的使者禄东赞，就是噶尔氏家族的传人。现在墨竹工卡县直贡地区，当时有个名叫森波杰·赤邦松的小王国，国王住在宇拉城堡。现在曲水县江乡一带，当时有个名叫吉若·江俄的小国，国王叫吉杰·芒波，家臣谢乌氏和索氏。江俄王城的废墟，我进藏以后还看到过。

公元 6 世纪末，山南雅隆部落第三十一代赞普朗日松赞，和松波杰·赤邦松手下的娘氏、巴氏、蔡邦氏等四个很有势力的家族秘密结盟，推翻了松波杰的统治，从而把势力扩展到了拉萨河流域，为日后建立吐蕃王朝打下了坚实的基础。他在拉萨河中游的甲玛沟山谷，修建了一座名叫强巴明久林的行宫，指挥和策划政治和军事行动。他的妃子蔡邦萨，在这里生下了吐蕃一代英主松赞干布。

公元 7 世纪初，藏王松赞干布建立了西藏高原有史以来第一个统一政权——吐蕃王朝，并且在拉萨河下游的吉雪沃塘建立王都拉萨城，迎娶了大唐文成公主和尼泊尔赤尊公主，同时在拉萨红山顶上，修筑了举世闻名的布达拉宫，又在沃塘湖上，建造了藏传佛教的信仰中心大昭寺。从那时到现在，拉萨一直是整个西藏地区的政治、经济、文化和宗教中心。藏王松赞干布把卫藏分为四大区域，拉萨地区被称为卫区即中区，也就是吐蕃王朝统治的核心。西藏被分为六十个千户，拉萨河流域就有四个千户。拉萨河上游的叫吉堆千户，拉萨河下游的叫吉麦千户，堆龙河流域的叫玛千户，直贡地区的叫秀察千户。藏王松赞干布平时和汉妃文成公主、尼妃赤尊公主住在拉萨，夏天往往到拉萨河上游的澎波或墨竹等地去度夏和会盟。据说，松赞干布是公元 650 年，在澎波地方色木岗光明宫堡去世的。

公元9世纪中叶，吐蕃王朝内部斗争非常激烈。先是藏王热巴巾在墨竹工卡的强巴宫，被反佛大臣杀害，接着藏王朗达玛推行剿灭佛法、捣毁寺院、迫害僧侣的严厉措施，又被佛教僧侣刺杀。朗达玛死后，两个王子维松和云丹，各自建立一个政权，相互进行了长达二十多年的内战。云丹占领拉萨河谷，这里以牧业为主，居民吃肉较多，所以叫吃肉派；维松退守山南地区，这里农业发达，居民以吃糌粑为主，称为吃糌粑派。后人把这场战争称为吃肉派与吃糌粑派的战争。可见，公元9世纪前后，拉萨河谷的牧业是非常兴盛的。

后来随着平民起义，豪强争霸，军阀割据，西藏高原进入长达四百年的分裂割据时期。佛教经过近百年的沉寂以后，又在西藏的北部青海和西边的阿里重新传播，争相向拉萨河流域渗透。以鲁梅为首的卫藏十个青年，在青海丹底寺得到贡巴饶赛大师真传之后，在拉萨河中游达孜县境内修建了拉姆切寺，在林周县境内修建了杰乃康寺，在堆龙河谷修建了热察寺，他的弟子们进驻拉萨大昭寺，形成四个势均力敌的僧团。最后，为了争夺土地、属民和寺庙的财产，互相打得你死我活。

南亚高僧阿底峡大师，被古格王迎请到阿里托林寺讲经说法三年，接着又到拉萨西南的聂当地方授徒传法、著书立说九年，最后在聂当圆寂。他是藏传佛教后弘期当之无愧的祖师。他的弟子仲敦巴，在当雄豪富昌卡琼瓦等人支持下，在拉萨河上游修建了热振寺，成为藏传佛教噶当派的祖庭。由玛尔巴、米拉日巴开创的白教噶举派，也把势力伸展到了拉萨河谷，这个教派称为四大派，八小派。楚布噶举派、蔡巴噶举派、竹巴噶举派、直贡噶举派、达隆噶举派、叶巴噶举派等六个支派，主寺都建在拉萨周围地区。至于明清以来，藏传佛教的主流教派格鲁派，完全是以拉萨河谷为基地建立和发展起来的。拉萨东郊的甘丹寺，西郊的哲蚌寺，北郊的色拉寺，被称为格鲁派的三大支柱，三座道场。这些寺庙，规模特别雄伟，建筑特别壮观。它们依山而建，碉楼高耸，金顶辉煌，如同一座座壁垒森严的堡垒群，有着明显的军事战略作用。寺庙僧人少则上千，多则近万，平时在寺庙修行事佛，遇到教派冲突或者战争，他们又是被武装起来的僧兵。

公元13世纪中叶，西藏萨迦派领袖萨班·贡噶坚赞和他的侄儿八思巴适应时代的潮流，代表藏族人民的愿望，归顺了大元王朝，使西藏从此成为祖国不可分割的一部分。整个西藏被分为十三个万户，拉萨河上游属于直贡万户和甲玛万户，下游属于蔡巴万户。公元14世纪中叶，乃东万户长强曲坚赞推翻了萨迦王朝，建立了新兴的帕竹王朝。他在西藏各地建立了十七个相当于县级行政机构的宗(城堡)。达孜县境内的扎嘎宗和堆龙德庆境内的柳梧宗，曾经在历史上盛极一时，势力强大。每个宗都有一座建立在岩峰之巅的坚固城堡，有的至今还有遗迹和废墟可寻。公元17世纪以拉萨为基地的格鲁派势力，推翻了首府设在日喀则的藏巴汗政权，建立了甘丹颇章政权，得到清朝中央强有力的支持和援助。中央政府和西藏地方政府的关系变得更加密切，交往日渐频繁。当时拉萨有两条官道，直接通往北京，一条是沿着拉萨河东行，经过蔡公塘、达孜、墨竹工卡，翻越贡布巴拉雪山，取道昌都、四川进京。另一条是沿拉萨河北上，经过澎波、旁多、热振，取道藏北、青海进京。当时钦差大臣、官吏、兵丁经由这两条路，到拉萨和西藏各地，有不少颇具文才的人写下了诗歌和游记，记下了他们亲眼所见、亲耳所闻、亲身所感，其中有些文字记述了拉萨河谷的风光景物，使我们今天读起来还倍感亲切。

例如，康熙五十九年(公元1720年)，清朝官员焦应旗所写的《藏程纪略》一书，记述了他押运粮草，从西宁随大军进藏所看到的拉萨河谷的情形。中间有一段是这样写的：

> 迨观藏内形胜，山水环秀，土田沃衍，树木浓荫，民居稠密，且风和日暖，严冬之际，冰雪不凝，洵塞域之别有天地也。平川中拥一石山，较诸峰独小，上建寺院，为活佛所居，层楼翠阁，几数百重，金光绚丽，美不胜述。

雍正十年（公元1732年），清朝官员、山东知州王世睿，由四川到拉萨办理公务，历时九个月。他用非常优美形象的文字，描写了沿途的风光景物。例如，他是这样描写拉萨河上游的重镇墨竹工卡的：

> 墨竹工卡疆域褊狭，而陵谷开敞，两山列峙，屈曲随人，蛮寨蛮寺，若绘若画，其淡远浮动之势，浑如仙岛。且人勤耕稼，稻畦绣错，一如内地。溪流清浅中之鼓鬣而浮潜上下者，殊有游泳自得之乐……

我自1961年初到拉萨，时光又过了四十多年，这也是拉萨河谷变化最大的时期。现在，拉萨已成为一座传统和现代化相结合的旅游城市，拉萨河两岸的田野和村庄正在日新月异地变化，美丽的新村和造型美观的藏式新楼，不断地从柳林和陵谷中显现。

我祝愿这条圣河越来越美好，两岸的居民越来越富裕和幸福。

松赞干布兴建沃塘城

最早的时候，拉萨河并不叫拉萨河，而是叫吉曲藏布，意思是清凉舒适之波；拉萨城也不叫拉萨城，而是叫吉雪沃塘，意思是吉曲河下游的牛奶坝子。它就是拉萨城的前身。

根据藏史记载和古老传说，藏王松赞干布建都拉萨以前，吉雪沃塘还是一片未经人工雕琢的原始处女地。吉曲河从雪山深谷中汹涌澎湃而来，在朗若地方分为南北两股河道，把这片原野紧紧环抱，使它成为一大片森林漫野、牧草丛生、湖沼棋布、野兽出没的河洲。其中有个最大最美丽的湖，名叫沃塘湖。

吉曲河的北岸，沃塘湖西沿，有三座峻峭的岩峰拔地而起，鼎足而立。一座偏东，颜色暗红，藏话称为玛波日，意为红山；一座靠南，颜色黝黑，藏话称为加波日，意思是铁山；一座偏西北，像圆圆的磨盘，藏话称为巴玛日，汉语称为磨盘山。

到了某个时候，吉雪沃塘北面的娘热和多底山沟，开始有了藏族先民居住，他们有时下到吉曲河和沃塘湖捕鱼，有时进入森林深谷狩猎。牧人们赶着成群的牛羊，在这片水草丰美的原野放牧，吉雪沃塘的名字也就在高原雪域传播开了。

公元633年盛夏的一天，太阳乘着七匹神马拉动的金车，缓缓登上雪域高原的天空。一大群身着戎装的骑士，簇拥着一位十六七岁的白袍少年，沿着吉曲河北岸的高山峡谷纵马飞驰，马蹄敲打着河边高原坚硬的土地，好像天神在擂动一面面战鼓。一眨眼工夫，他们已经登上了峻峭的纳金山头。白袍少年奋力勒住狂奔的马，遥指前面平坦开阔的坝子，说："看！前面就是吉雪沃塘牛奶坝，我要在这片坝子上，建造一座新的王城！"他，就是西藏历史上第一个统一王朝的缔造者，藏民族历史上千年传颂的英雄松赞干布。

公元617年，松干赞布出生在吉曲河南岸的甲玛沟强巴明久林宫，传说他刚落生的时候，只有一个酥油包那么大的肉球。父王朗日松赞和母后蔡邦·赤萨德噶以为是魔鬼投胎，让人将其扔进了波涛滚滚的吉曲河。肉球随着河水漂流到不远的吉米采（欢乐园）地方，被神鸟乌鸦啄开，一个活泼可爱的小男孩跃然而出。从宗教的角度来看，他有三十二种吉相，八十种随好，相貌殊胜，气质非凡。从此，强巴明久林和吉米采都被奉为松赞出生的圣地。

朗日松赞是雅隆部落联盟第三十一代首领，也是悉补野家族最有作为的强者。他继承父王达日年西的遗愿，兼并了统治吉曲河中上游广大地域的森波杰王国，把领地从山南拓展到雅鲁藏布江以北的农村和牧场。他在松波杰的辖地甲玛沟修建强巴明久林行宫，作为继续北进的前哨基地和指挥中心。

据藏文古籍《柱间史：松赞干布遗训》记载，朗日松赞在才崩山发现了金矿，在热嘎山发现了铁矿，在可日山发现银矿，在昌布岭发现铜矿，在北方的纳木错湖附近发现了湖盐。以前藏族人只能吃到少量岩盐，现在有了取之不尽、用之不竭的湖盐，使食物有了天神赐予的美味。是他最早把野牛驯养成牦牛，把野鹿驯养成黄牛，把野羊驯养成山羊，把野狼驯养成牧犬。藏文史书上还说，他从中原汉地引进了星算和医药技术，又从工布扎松丁玛湖（现在的旅游胜地巴松湖）边，得到一匹日行千里的黑色骏马。臣民、百姓称颂他“功比天高，位比山坚”，献上了朗日松赞（天山之王）的尊号。

松赞干布是独生子，父王母后把所有的慈爱和关怀都集中于他一身，他在幸福、光荣和充满赞誉的环境里长大，他生活的天地里总是阳光灿烂，没有一丝乌云。他常常和一群少男少女到甲玛宫堡以西十公里的吉米采歌舞游戏，这就是乌鸦啄开他胎衣的地方，吉米采是他童年时代的乐园，他被人称为“快乐王子”。

不过，快乐的日子并不是很长，在他十三岁那年，接连不断发生了许多可怕的事情：“父王之臣相继叛离，母后之臣又复作乱，象雄、苏毗、达布、工布、娘布等族于四路起兵，父王朗日松赞又被人置毒暗害而死。”（《敦煌本吐蕃历史文书》）

父王的骤然离去，给松赞干布带来了无法弥补的伤痛，他觉得头上雪山崩坍，脚下大地深陷，那些快乐的、无忧无虑的美好日子，已经成为过去，摆在他面前的是充满阴谋、暗害、仇杀和战争的现实。他变得深沉了、冷峻了、孤僻了、坚忍了。他在娘氏、蔡邦氏、噶尔氏、穷波氏等大臣的辅佐下，登上了赞普宝座，臣民们送给他“松赞干布”的尊号，意思是深沉睿智、有着雄才大略的王。

松赞干布从继位之日起，立刻纵马挥刀，南征北讨，斩杀叛逆，征服周边各部，重新统一了一度分崩离析的雪域高原。《敦煌本吐蕃历史文书》上说：“王子松赞，始严惩罪犯，所有置毒者皆族灭之，此时叛乱者又皆臣服。”

这样就出现了本文开头时那个场面。经过四年的风风雨雨，南征北战，藏王松赞干布已经更为成熟和老练。他决心离开雅隆河谷那个充满阴谋与仇杀的故地，也决心离开甲玛沟这条袖子般狭窄的山沟——这条山沟太狭窄了，大鹰展不开飞翔的翅膀。他早已心仪吉曲河下游开阔的沃塘平野，心仪像狮子跃空般拔地而起的红山玛波日。早在两三百年前，他的老祖宗、二十七代赞普拉托托日年赞，曾经在红山上坐静，预言吉雪沃塘是他的子孙发迹的地方。松赞干布更爱这里宽阔平坦、土地肥沃、气候温和、风景优美、交通方便，扼雪域藏土的中枢，在这里既可以立稳吐蕃王朝的基业，又可以与周边各个民族和国家沟通，他要在红山之巅修筑一座美丽而坚固的堡寨，让它所有的门窗，都朝向雪山以外的世界打开。

许多藏文史籍都记载了藏王松赞干布这一天的行程，成书于1434年的《汉藏史集》这样记载："于是王臣一起用马车载上神像供品，前往拉萨玛波日。路上在章多园用了午餐，下午休息，国王与大臣那钦波去河边沐浴，下水之时伍如的杰日（即现在之达孜县克日村）地方，出现六字真言，预兆佛法将兴。此后，来到玛波日山顶，在祖先足迹留存之处，兴建了宫殿，在其中居住。"现在章多村和克日村都属于达孜县范围，当地传说松赞到拉萨是从这里渡河的。

松赞干布到了吉雪沃塘，马上着手兴修水利，规划城建。那时吉曲河分南北两股，环抱这片平野而流。藏王调动臣民百姓，在古扎地方修堤筑坝，堵住北面的水道，迫使河水全部南流，顺着奔巴日宝瓶山麓向西奔去；北面河道和沼泽地干涸，形成大片干爽的地面，他在上面兴修了城堡、宫室、兵营、民居和其他房室。古史上说：

吐蕃臣民齐动员，
吉曲河上改面貌。

藏学家洛桑曲扎老先生告诉过我，那时候吉雪沃塘几个地方，已经有了名字，例如铁山（药王山）以东叫"柳乌塘"，以西叫"那哇采"（刺树林），以北叫"羌塘那噶"（野驴奔跑的坝子）。红山以东是“沃塘湖”，再过去是“巴郎雪”，意思是黑牛毛帐篷。跟随松赞干布到吉雪沃塘的还有他的大臣和大臣们的属民奴仆。拉萨北面的娘热村，那时候叫“娘呈”，意思是娘氏家族聚居的地方；南边的策觉林，又名“噶仓夏”，当地群众说，这是吐蕃时期噶尔东赞（禄东赞家族）的旧居。

毫无疑问，吐蕃王城第一座建筑，当然是高耸红山之巅的藏王宫堡，它雄伟而壮观，周围乃至远隔数十公里，都在它的视线之内，整个地改变了吉雪沃塘的自然环境和人文环境，驱除了这片土地上面的荒芜、原始和空寂，开始有了历史气息、人文气息和宗教气息，有了王者风范。五世达赖喇嘛在他的《西藏王臣记》中描述了红山宫堡的雄姿：“其宫如帝释天堂移来人间，华丽悦目；如天庭玉阶，高峻威严。宫成，遂与神变天军，同往其内。……借王宫落成之际，各邦小王不约而同，均于一时派出使臣，前来祝贺，献呈书信及馈赠礼品，以申崇敬。”

接着，藏王又破土动工，在北山一块乌龟形的大石头上，修建了工噶玛如堡，供从南亚学习造字归来的吞米·桑布扎在这里创制藏文。635年，藏王和尼泊尔公主成亲，在铁山（药王山）上修了吉祥无量宫，又在红山宫堡周围修了坚固的城墙；641年，文成公主来到拉萨，帮助尼泊尔公主填平沃塘湖，兴建了大昭寺，又在湖的北岸亲自主持修建了小昭寺。这时西边的红山宫堡和东边的大、小昭寺，构成了吐蕃王城的基本骨架。后来在大昭寺南北，建了两座法王宫，称为“颇章夏”（东宫殿）和颇章洛（西宫殿），供藏王和后妃生活起居；又在大昭寺的四周，修了八座三怙主庙，供奉护佑雪域的观音、文殊和金刚手菩萨。这些古庙直到20世纪60年代，还保留在转经路边，香火相当旺盛。红山宫堡南边、铁山东麓，松赞干布的木雅妃建了扎拉鲁普神庙；象雄妃勒托曼建了梯布廊神庙，据说在大昭寺北面丁戈曲米水井附近。王城周围还有四座兵营，住着藏王松赞干布的护卫部队，称为“四如”。除此以外，沃塘城还修了不少官邸、民宅、商店、市场，接待各国使节的客舍、行馆，大小昭寺周围的转经路，已经开始形成，冲赛康市场的商贸活动，已经比较繁盛。

关于沃塘城房屋建筑的情形，新旧唐书《吐蕃传》都有记述。《新唐书》上说：“屋皆平顶，高至数丈。”当时吉雪沃塘已经形成一座粗具规模的城镇，这就是拉萨城的前身。

拉萨城头三座山

拉萨老城的西面，拉萨新城的中心，有三座崖峰拔地而起，鼎足而立。偏东的一座，颜色暗红，称为玛波日，意为红山；靠南的一座，黝黑如铁铸，称为加波日，意为铁山；稍北的一座，形如磨盘，称为巴玛日，汉话叫磨盘山。

很多人都捉摸不透，这三座山造型为什么会如此独特，布局怎么会如此巧妙呢？有人说它们是开天辟地时留下的三块灵石，是雪域一切山峦的根；有人说它们是圣城拉萨的坐标，没有这三座山，也就没有拉萨城。藏传佛教信徒们认为，这三座山都是神山、圣山、菩萨山，红山是观音菩萨的刹土，磨盘山是文殊菩萨的道场，铁山是金刚手菩萨的依附之地。观音、文殊、金刚手，被称为救苦救难的“三怙主”，它们在西藏人心中的分量可想而知。

红山玛波日

公元7世纪30年代，年仅十七岁的松赞干布，率领他的士兵和臣属，从吉曲河上游的墨竹工卡来到吉雪沃塘，他看中了这片平坦宽阔的坝子，看中了奔腾的吉曲河和静静的沃塘湖，看中了天设地造、鬼使神差般的红山玛波日。他认为这里是成就统一高原大业的理想之地，决定在这里建造一座坚固的宫堡。

于是，松赞干布征召了大量的属民百姓，在红山之巅破土动工，建造了雄伟壮丽的红山堡寨。作为吐蕃王宫，这是拉萨圣城的第一座建筑物。

红山堡寨建成后，松赞干布派出使者从尼泊尔南部的佛教圣地，请回来一尊檀香木雕成的大悲观音菩萨像，名叫鲁格夏热，作为堡寨的主神，也是他自己修炼佛法的本尊。这是圣城拉萨的第一神。而藏王松赞干布也被认为是观音菩萨的化身。

正是在这座堡寨里，举行了两次具有历史意义的婚礼，一次是635年，他和尼泊尔赤尊公主的婚礼；一次是641年，他和大唐文成公主的婚礼。称它们为千年盛典也不为过。时间在流逝，社会在变，即使几千年过去，这一佳话也会珍藏在雪域人民的心间。正是由于两位后妃修建了大昭寺和小昭寺，供奉释迦牟尼佛祖八岁和十二岁的金身，才导致了雪域藏土佛教的传入。说他们三位是沃塘和拉萨城的缔造者，也是当之无愧的。

相传红山堡寨由藏王松赞干布始建，尼泊尔公主进藏扩建，后来文成公主进藏前增修。它当年的风貌，我们今天再也无法看到，但是在《柱间史》《西藏王统记》《西藏王臣记》《智者喜宴》等藏文古籍中都有非常详尽的描述。当年修建大昭寺时，松赞干布让画师把它画在寺院的墙壁上，后来五世达赖喇嘛重建布达拉

红山上的布达拉宫　　陈宗烈摄

宫，同样让画师把它们原封不动地临摹在白宫东门门厅的墙壁上。当代人有幸从大昭寺和布达拉宫壁画上，一窥其当年雄姿及修建场面。

公元7世纪30年代到8世纪50年代的一百二十年，是红山和红山堡寨最为热烈火爆的黄金时代，中间经历了松赞干布、芒松芒赞、赤都松、赤德祖赞、赤松德赞五位藏王执政时期，红山堡寨经常举行大小盟会，各国使节往来不断，这座宫堡的名声也随着吐蕃王朝的强大传扬到四面八方……万万未能预料到的是，8世纪60年代，藏王赤松德赞执政初年，一场罕见的特大雷暴，袭击了这座巍峨挺拔的城堡。雷击引发了大火，烧毁了大量的房舍、宫室，当时正值年轻的藏王赤松德赞决心在吐蕃推行佛教之时，印度著名高僧菩提萨埵在拉萨城里讲经布道。这下子不得了啦，谣言铺天盖地，越传越凶，说是藏地皈依佛法，念青唐拉雪山神生气了，雷击和火烧红山堡寨，对他进行惩罚。念青唐拉是雪域藏土最强大的神灵，是雪域开天辟地九大神灵之首，掌管拉萨河谷的风雨雷电和众生命运。在舆论的强大压力下，赤松德赞只好礼送菩提萨埵出境。至于当时雷击火烧造成的破坏情况，史书上没有明确记载，但有一点是明白无误的：从此以后，赤松德赞将红山堡寨废弃不用，他的政教活动大都转移到山南雅隆的旁塘宫和桑耶寺附近的扎玛宫堡和松噶宫堡去了。

大约过了一百年，藏王朗达玛消灭佛教，捣毁寺院。他死之后，两个王子维松和云丹互相攻伐内战长达二十余年，紧接着爆发了席卷整个西藏的平民暴动，红山顶上的剩余建筑又一次遭到洗劫，变得残破不堪，再也没有往日的威严了。

从公元9世纪中叶到17世纪中叶，中间大约七八百年，拉萨不再是西藏地区的首府，红山更不是雪域的政治和宗教中心。不过它并没有被人遗忘，至少在藏传佛教重新兴起以后，山上又重新树起佛法的经幡，还有僧人们诵经、念呗以及铃杵鼓钹之声。据廓诺·迅鲁伯所著《青史》记载，公元12世纪，格波望嘉和穷波扎色等佛教大师，在布达拉山上授徒传法，讲经布道，翻译显密经典，互相诘询辩论，门徒众多，场面很大，影响相当深广。可见，在那个时候，红山上面依然有人居住和从事佛事活动，并没有完全沦为废墟。

时间过得飞快，西藏的历史转眼到了17世纪。以拉萨为基地的藏传佛教格鲁派（黄教）势力，和当时统治西藏的藏巴汗政权进行了长达半个世纪的抗争，最后得到驻牧新疆的和硕特蒙古部落首领固始汗的支持，推翻了藏巴汗政权，掌握了西藏地方的政教大权，五世达赖喇嘛被推上最高政教首领的宝座。他和藏王松赞干布一样，也被认为是观音菩萨的化身。同样他也非常重视红山的宗教意义和战略地位，在建立甘丹颇章地方政权的同时，马上宣布以拉萨为西藏地方的首府，并且在红山堡寨的旧基上重建布达拉宫，作为号令整个西藏的政教中心。五世达赖圆寂后，第悉·桑杰嘉措在白宫西面红山堡寨的遗址上，又修了布达拉红宫，作为保存和供祭五世达赖喇嘛法体的灵塔殿和享堂。后来又增修了布达拉宫前面的雪巴卫城和布达拉宫后面的龙王潭园林，还有历辈达赖喇嘛的灵塔殿。从此，布达拉宫成了融宫殿、寺庙、灵塔、僧舍和学院为一体的庞大的藏式建筑群，覆盖着红山绝大部分的山体，红山和布达拉宫也完全合二为一了。

吐蕃时期，人们有时也把红山堡寨叫作布达拉宫，有时两种名字都被提起。从五世达赖喇嘛以后，只有布达拉宫一个称号了，红山堡寨只能算布达拉宫的前身。作为藏王松赞干布本尊的大悲观音菩萨鲁格夏热，虽然几经劫难，却奇迹般的供奉在那里。藏王松赞干布和文成公主、尼泊尔公主一起修行、坐静的法王洞，也完整无缺地得到保存，成了布达拉宫的心脏和灵魂，也是红山的灵气和价值之所在。

铁山加波日

加波日位于红山的西南，紧靠拉萨河，它是长形的，像一只黑色的巨蝎，被认为是大势至金刚手菩萨的道场，它的历史和红山一样古老和重要。早在公元7世纪30年代，尼泊尔赤尊公主就看中了这座山，在山的东侧修建了吉祥无量寝宫，藏话叫扎拉扎西，高达九层，宽敞雄伟，精美别致。据说铁山和红山原先是连接在一起的，吉祥无量宫和红山宫堡之间，有长长的铁索桥互相沟通，桥上系满彩带和银铃，和风吹过，铃声叮当，藏王和后妃侍女们在桥上来来往往，被当时人看成是天上的神仙。相传后来金城公主进藏，和藏王赤德祖赞结为伉俪，她生下的王子被藏妃纳朗萨强行夺去。金城公主非常气愤，让手下人把铁山和红山的连接处挖断。后来王子赤松德赞周岁庆典，重新认母，投向了金城公主的怀抱，金城公主转怒为喜，又让手下人在挖断的地方修了一座白塔，把两座山连结起来，这就是著名的扎嘎噶日大白塔的缘起，后来它成了进入拉萨圣城的西大门。

加波日东面山腰上，有一座隐秘的洞窟寺庙，名叫扎拉鲁普，它是松赞干布时代的建筑。整个崖壁都被凿空，形成一个转经的廊道，中间保留一个石柱，石柱和石壁上刻满了佛教的祖师、菩萨和护法神像，还有藏王松赞干布的造像。松赞干布有三位藏族王妃，他让每位王妃都修了一座神庙。扎拉鲁普是木雅妃茹央扎开凿的，当时开凿岩石非常困难。松赞干布规定，每凿出一升石粉，发给一升盐的报酬。那时候，盐特别特别贵，工匠们的积极性大大提高，最后终于把洞窟寺庙修成，供奉扎拉贡布护法神像。至

铁山（药王山）南侧的摩崖石刻　　旺堆次仁、旺久摄

今这座洞窟寺庙完好无损地保存在那里，每天都有许多信徒香客转经朝拜，还有更多的参观者，怀着紧张和尊敬的心情，进入酥油灯光闪闪的黑暗洞窟转悠。

红山堡寨遭到雷击火烧，被藏王废弃，吉祥无量宫也因年长日久，风雨剥蚀，已经不复存在了。公元15世纪，传奇般的香巴噶举派高僧唐东杰布，在铁山山顶修了一座规模较小的尼姑庙，他将各地募化来的大量珍宝玉石，亲自塑成许多佛像，供放在神坛上。最有名的是银子的金刚手菩萨、黄金的文殊菩萨、海螺的观音菩萨、珊瑚的无量寿佛，还有松耳石镶嵌的白度母女神等。这说明了唐东杰布不但是一位修架铁索桥的伟人，也是一位工艺美术大师。

五世达赖喇嘛在位期间，指示第悉·桑杰嘉措创建一所藏医学院。桑杰嘉措走遍了拉萨全城，最后认为学院建在加波日山上最为理想。藏医学院建成后，五世达赖发布命令，要求卫藏各地较大的寺、城镇，都要派一名年轻的藏医到学院里来深造，学院采取教学、行医、研究、采药四结合的办法。很快，它就成了整个西藏的藏医药中心。加波日又有了一个新的名字，叫作药王山。在汉人当中，药王山的知名度远远超过了其他的名字。

清代《西藏志》一书这样记载："在布达拉宫西南，平地涌起石山，山顶建寺，……登其上甚险，山之南崖下即江。寺内喇嘛皆业医道。"

在药王山的北面和南面，有着数以千计的摩崖造像。说它是西藏石刻艺术的宝库和博物馆，都是当之无愧的。有人说这些摩崖石刻源起于藏王松赞干布时代，甚至在松赞干布以前。我听拉萨的老人们说，这些摩崖石刻，大都是公元 18 世纪后期，西藏著名政治家和大学者多仁班智达·乌珠饶丹过世后，家人为他早日转生善趣镌刻的"冲达"佛像。石刻中有多尊七世和八世达赖喇嘛的造像，就是一个证明。

我自 1961 年进藏以后，经常在药王山周围活动。那时药王山医学院已经和大昭寺西侧的门孜康合成为拉萨藏医院，不过房子保存比较完整，就坐落在山的东北，我所在的拉萨歌舞团一度准备搬进那里。附近有一处水泉，水质洁净清澈，对身体极为有益。过去达赖喇嘛住在布达拉宫，每天派人取饮神泉水；龙王潭的大象，总是由饲养员赶到这里饮水。现在不知水泉还在不在，不过拉萨出产的啤酒，还是用药王山神泉做招牌。

药王山西侧南边石壁上的摩崖石刻非常多，琳琅满目，色彩缤纷，让人目不暇接。佛教信徒们围绕拉萨转经，特别是藏历四月的萨嘎达瓦节和藏历五月的卓林吉桑节转经的男女老少，从自治区政府所在地雪策林卡，沿药王山南端缓缓而行，沿途小溪、石桥、苇塘、柳林、岩壁，环境幽静，景物清新，是整个拉萨最让人流连忘返的所在。到了摩崖石壁前的草地上，都要坐下来稍作休息，顶礼崖壁上的神佛造像，然后喝茶用餐。在这些熙熙攘攘的芸芸众生中，不止一次有过我的身影。

现在，药王山顶上的尼姑庙已不复存在，代替它的是西藏电视发射塔，它成了圣城拉萨一个新的景观。

巴玛日磨盘山

磨盘山坐落在药王山北面，布达拉宫的西边。据说这里是文殊菩萨呵护雪域众生的道场。山的北面有一处崖坡，相传为当年文成公主闲坐歇息处。直到今天，围绕拉萨转经的老人，毫无例外地都要在崖石旁停留一阵，把额头轻轻地顶在崖石上，口里喃喃地祈祷，表达自己的愿望和诉求，再将背部和双腿在岩石上磨蹭，据说这样可以治疗背痛和关节炎。

磨盘山最辉煌的时期，是18世纪90年代。那时抗击廓尔喀军队入侵的清朝官军，大获全胜，凯旋拉萨。大将军福康安等人，深感此次进兵征廓，道路艰险，高山摩天，急流飞瀑，森林密布，瘴疫流行，困难重重，不到三个月时间，取得了难以想象的胜利，立下了震惊中外的战功，其中一个原因，是靠关圣帝君相助。所以，从统帅到士兵，纷纷捐资捐物，在磨盘山上修了一座关帝庙，感谢这位战神的帮助和护佑。接着海兰察将军等人，又在磨盘山下捐资修建了功德林寺，为摄政王济咙呼图克图驻锡之所。山上的关帝庙，山

磨盘山上的关帝庙　　文群太摄于1997年

下的功德林，层楼叠阁，金碧辉煌，佛乐悠扬，神烟萦绕，成为拉萨城西一大景观。

关帝庙坐北朝南，依山而建，整个建筑坐落在两座山坡上。从南面石头台阶拾级而上，进入大门，为一方形庭院，左侧桃树数株，树旁有“关帝庙落成碑”。再上，为庙宇的主殿和文殊菩萨殿。清朝驻藏官兵和汉回族民众，逢年过节都到庙里敬神上供。平时到庙里抽签、问卦的也络绎不绝。藏族人民真是极具艺术才华的人民，没过多久，关圣帝君被说成了藏族民族英雄格萨尔大王，格萨尔的脸也是红的，坐骑也是赤兔马，拿的也是青龙偃月刀，和关云长的确非常相似。他手下的关平和周仓两名小将，也被演绎成格萨尔王手下的丹玛和晁同。拉萨城乡的藏族群众也同样来这里供奉、祭祀、抽签和打卦。家里的公鸡、母鸡老了，便带到磨盘山上来放生。一些人到山上敬神的时候，顺便带些酒糟喂养放生的鸡。满山的放生鸡，东跑西颠，咯咯鸡叫，也成了关帝庙一景。这座山又被人叫成“巴玛热”，意思是酒糟山，我想和信民们用酒糟喂鸡，不能说没有联系吧！

红山、铁山和磨盘山，分别是观音、金刚手和文殊菩萨的道场，他们是西藏人心目中的三位救主，这三座山在藏族人心目中的伟大和神圣也就不言而喻了。

帕奔岗，创制藏文的古堡

红山宫堡建成了，藏王松赞干布举行盛大的庆典。远近各地的国王和首领，听说雪山高耸之中央，大水奔流之源头，有个叫松赞干布的年轻国王，干出了许多惊天动地的大事，纷纷派出使臣，用骆驼、大象、骡马驮着丰厚的礼品，带上各国文字写成的祝贺信、致敬信，专程到吉雪沃塘参加庆典。

藏民族是个好客的民族。庆典结束，藏王和大臣给各国的国王、首领，一一准备了丰盛的回礼。不过有一个问题把他们难住了，吐蕃当时没有文字，没有办法写回信，只好通过翻译，捎几句感谢的话，就把使臣们打发走了。

这件事，使藏王松赞干布觉得很丢面子。其实在这以前，因为没有文字，没有办法翻译经文，没有办法制定法律，没有办法和周边四邻联络，松赞干布很伤脑筋。他早就想有吐蕃人自己的文字，先后派出过几批大臣，带着金沙金粉，到南亚学习创制文字的方法。去的这些人，有的被强盗杀了，有的被野兽吃了，有的中途得了热病死了，剩下几个，都是两手空空地回来了。

这回，藏王松赞干布想起了一个人，他是尼木地方吞米·阿陇热噶的儿子，名叫吞米·桑布扎。他心地纯正，聪明机敏，又有吃苦精神，一定能完成任务。藏王特意把他召到身边，托付又托付。他说我们吐蕃人没有文字，好比黑夜里走路没有明灯。你一定要把造字的方法学回来，这是造福千秋万代的大事情。他赐给吞米满斗金粉，作为拜师求学的礼金；又让他带上龙脑、冰片和檀香水等，在途中祛暑防病。

有一天，藏王松赞在新建成的红山宫堡顶上踱步，观看吉雪

构筑在巨石上的帕奔岗　陈宗烈摄于1987年

沃塘周围的风光景物，忽然发现北面娘热沟口宝伞山下，有一块乌龟形的大磐石闪闪发光。他研究过汉地的阴阳五行学，知道北方玄龟是一个吉利的征兆，马上带领大臣侍卫骑马赶到娘热沟口察看，这块磐石方圆竟有几十丈，平坦宽阔，是一个天然的建筑平台。藏王一阵高兴，他说要在上面盖一座九层的宫堡，等吞米学成回来，好在里面创制藏文。

国王的命令是山上滚下来的石头，有谁能顶回去呢？不过在磐石上面盖房子，而且是盖九层宫堡，匠师们别说没有盖过，连听也没有听过呢！松赞干布亲自来到工地，找能工巧匠们商量，决定用铁器锉掉磐石的表层，垒上第一层墙基，用溸化了的铁水浇灌，使墙基和磐石铸成一体，接着一层一层用石头往上垒，再用红牛奶调和的泥土黏合。九层宫堡奇迹般地建成了，远远看去，就像一只巨大的黑龟，驮着一座高高的佛塔，很是壮观和别致。

松赞干布给宫堡取名叫作“工噶玛如”，意思也是红山宫堡，和红山顶上的宫堡南北对峙，交相辉映，成为吐蕃王城的两大景观。工噶玛如后来叫帕奔岗（巨石堡）、普荣岗（岩坡堡）等，意思都是一样的。

再说吞米·桑布扎经历了千辛万苦，翻过冰雪覆盖、猛兽出没的喜马拉雅山，走遍了天竺各地，最后找到了精通声明学、文字学的大师婆罗门李敬，献上一升金子，恭恭敬敬地提出了学习创制文字的请求，婆罗门李敬说：“我懂得六十四种不同的文字，都刻在大海边的石碑上。”桑布扎在他身边，学习了吐蕃文字的创制法，又掌握了翻译法，带着《宝云经》《宝匣经》《大悲白莲华经》等经书回到了吐蕃。

藏王松赞热烈欢迎吞米·桑布扎归来，亲自陪同他到北郊的工噶玛如宫堡住下，让他在宫堡里安心地创制藏文。吞米·桑布扎住了进去，一直闭门不出，像喇嘛修禅一样，过了很多个夜晚和白天。每隔三五天，松赞干布都要派人到宫堡里看一看，送些好吃的东西给他享用，当然也有打探一下藏文创制得怎么样的意思。派去的人回来说的都不一样，有的说：“我看见吞米大臣念念有词!”有的说：

藏文创制者吐蕃大臣吞米·桑布扎塑像
陈宗烈摄于1987年

“我看见吞米大臣在地上写写画画!”还有的说:“我看见吞米大臣在数天上的星星!”

有一天，吞米派人报告，藏文已经创制出来了，请藏王一定光临工噶玛如宫堡察看。松赞干布赶紧带领内相、外相、各位大臣，骑马赶到那里。吞米·桑布扎已经在石板上、木板上、氆布上写好藏文字母，摆放在宫堡门口平台各处。他向藏王和大臣们报告说，他仿效兰扎体，创制了藏文楷书；仿效乌尔都体，创制了藏文草书，藏文字母共有三十个辅音四个元音，能拼写出藏族所有的语言，表达藏人所有的意思。藏王和大臣们好像捡到牛头大的金子一样高兴，藏王说:“在我的祖先二十七代赞普拉托托日年赞的时候，从天上掉下几本书来，称为‘玄秘之物’，上面画有许多弯弯扭扭的符号，谁也不认识，快去拿来给吞米大臣认认吧!”吞米接过来一看说:“报告大王，这本是《百匣经》，这本是《百拜忏悔经》，这本是《诸佛菩萨名称经》，都是天竺那边流行的经典。”藏王松赞更加欢喜，专门为他举行了庆功宴会，夸奖吞米·桑布扎真了不起，是文殊菩萨再世，是吐蕃最为贤能的大臣。吞米·桑布扎也不客气，当场引吭高歌，毫不掩饰自己的骄傲之情，歌道：

在此边鄙的吐蕃地，
我是最先启蒙的大学者，
我是消除黑暗的明灯。
大王日月般的敬意，
臣僚之中唯有我能担承。
吞米我造字的大功德，
惠及雪域藏土的黎民。

有一些大臣对吞米·桑布扎很不服气，认为雪域藏人世世代代没有文字，也照样过来了。能写几个蚯蚓爬沙一样的字，有什么了不起，有本事应该到战场上见高低！听了藏王的表彰，他们不住地点头，嫉妒心也消除了许多。

接着更大的问题又来了。

松赞干布宣布："从今日今时开始，我要拜吞米·桑布扎为师，集中精力学习藏文，国政麻烦几位大臣替我代劳吧！"藏王松赞也把自己关进工噶玛如宫堡，成年累月闭门不出。这样，群臣更加不满了，说什么："国王学习文字已经很长时间，到现在还看不到他出来理政，看起来他真是个不明事理、非常迂腐之人。治理吐蕃的政事，只有落在我们几位大臣的肩上了！"松赞干布听后，非常生气，立刻召集群臣训斥道："我深居简出，修习藏文，是要带头掌握文字，高擎消除黑暗和愚昧的明灯，你们散布流言蜚语，做一些有害吐蕃社稷的事情。我现在就要颁布'十善法'，昭告吐蕃全体臣民，让大家都来执行！"

"十善法"是松赞干布学习了藏文以后，书写成的第一个法律条文。于是，举行了盛大集会，欢庆藏文的创制和“十善法”的诞生。

据说，吞米·桑布扎亲手写下的六字大明咒，当时便镌刻于石，至今还保存在帕奔岗寺院的岩壁上。由于他创制文字的功绩，被列为吐蕃七贤臣中的第四贤臣。正如巴俄·祖拉称瓦在《贤者喜宴》中说的，吞米·桑布扎应该是七贤之首：

藏人之中七贤人，
吞米列为第四贤；
七贤绝非一般高，
首位当推大译师。
藏人怎报大恩情，
焚香顶礼理应该！

拉萨什么时候叫拉萨

最早的时候，拉萨并不叫拉萨，而是叫沃塘，意思是牛奶坝子。后来这里修建了大昭寺，据说这座神庙是山羊驮土填平沃塘湖而成的。取名“热沙曲龙祖拉康”，意思是“羊土幻化佛祖庙”。沃塘便改名叫热沙，意思是羊土城。至于这座城市什么时候叫拉萨，还得从文成公主和金城公主进藏说起。

公元641年，文成公主从长安来到吐蕃，和藏王松藏干布结为伉俪。不久，她协助尼泊尔赤尊公主修建了大昭寺，供奉她从尼都阳布带来的明久多吉佛祖八岁等身像；文成公主修建了小昭寺，供奉她从长安带来的释迦牟尼佛祖十二岁等身像。公元650年，松赞干布去世了，禄东赞家族掌控了吐蕃军政大权，唐蕃边境不时发生军事冲突。有一回，突然传来一个惊人的消息，说是唐朝女皇帝武则天对文成公主带走释迦牟尼佛圣像非常后悔，已经派出十万兵马要把佛祖圣像夺回长安。消息还不知是真是假，吐蕃君臣中已经引起了一片惊慌，他们商量又商量，讨论又讨论，最后决定把文成公主带来的释迦牟尼佛像，从小昭寺搬到大昭寺的南镜门暗室里藏起来，又把大昭寺的明久多吉佛像，转移到小昭寺主神座供奉。

到了公元710年，金城公主进藏，成了藏王赤德祖赞的王妃。金城公主是一个有胆有识有性格的大唐女子。她到热沙后，马上动手寻找文成公主带来的释迦牟尼佛祖像。藏文古史《巴协》（巴·尚朗著，佟锦华、黄布凡译)有这么一段记载："过了一段时间，金城公主说 ：'我要看看祖奶奶文成公主的供养处和金子般的释迦牟尼佛像。'便到小昭寺，她向每尊佛像献了供养。因为释迦牟尼佛像已经不在小昭寺，她没有找到。接着又到了大昭寺，给诸佛像上供，再找释迦牟尼佛像，也没有找到。金城公主说：'根据有关记载，大昭寺共有五间内佛堂。如今只看到四间，肯定还有一间隐蔽的内佛堂。'于是便在墙壁上到处敲击，敲到殿中一处凹入墙壁的上门框的下部时，墙上出现了裂缝。便挖去泥皮，发现一门，打开门，果然看见内藏的释迦牟尼金佛像。金城公主大喜道：'要为祖奶奶的佛像举行现面典礼。'于是，金城公主把释迦牟尼金像请了出来，供在大昭寺的主神座。接着，又举行了盛大的祭祀典礼，吐蕃的许多王臣百姓都参加了。"

从此，释迦牟尼佛祖的金像，在吐蕃的名声越来越大，信仰的人越来越多，前来朝拜的人络绎不绝。吐蕃各地的人，不叫"热沙"，而是说到那个有神佛的地方去。有神佛的地方，就是"拉萨"，就这样，“拉萨”的名字，在西藏老百姓里慢慢叫开了，成了一个约定俗成的名字。这个名字，也见诸官方的文件和金石碑刻中，最著名的是桑耶寺的兴佛证盟碑，是金城公主进藏后六十年左右树立的，碑上说：“拉萨”及“扎玛”之诸神殿建立三宝之所依处奉行缘空之教法……

三十多年后，唐蕃双方派出大臣，举行了庄严隆重的会盟仪式，在拉萨和长安立了唐蕃会盟碑，碑文最后一段是这样写的：

> 神圣赞普可离可足，……与唐主文武惠德皇帝甥舅商量社稷如一统，结大和盟约於唐之京师西兴唐寺前，时大蕃彝泰七年，大唐长庆元年，……又盟於吐蕃逻些（拉萨）东哲堆园，时大蕃彝泰八年、大唐长庆二年也。

碑文上清清楚楚地标出了拉萨的名字。

就这样，拉萨的地名，不但在民间普遍使用，而且为官方正式承认，记载于金石碑刻，流传于历史长河。拉萨当然名正言顺地称之为拉萨了。至于具体时间，我认为不会早于金城公主进藏的710年，也不会晚于桑耶寺落成开光的779年。

金色圣殿大昭寺

拉萨古城的中心，屹立着一座四层的金色圣殿，殿宇巍峨，凌空御风，神烟缭绕，金碧辉煌。这就是被誉为雪域西藏万神殿的大昭寺①，藏话称为“祖拉康”。这座神庙是公元643年，藏王松赞干布在尼泊尔赤尊公主和唐朝文成公主的协助下兴建的，到现在已经一千三百多年了。提起大昭寺的历史，还有着许多历史故事和神话传说哩！

雪域第一座神庙

公元633年，藏王松赞干布和尼泊尔王国通婚，迎娶了尼泊尔公主赤尊。公主带来一尊佛祖释迦牟尼八岁等身像，名叫不动金刚明久多吉，还有弥勒菩萨、旃檀度母像等。她到了拉萨吉雪沃塘，一直想修造一座神庙，供奉释迦牟尼的金身。那时吉雪沃塘到处是泥潭水沼，刺树丛林，往地上一挖，很快便涌出大量积水。神庙修

① 大昭寺：公元7世纪40年代首建的寺庙，位于西藏首府拉萨市中心。由唐朝文成公主勘察地形，藏王松赞干布、尼妃赤尊公主建造。

了又垮，垮了又修。最后，公主只好自认运气不好，放弃了修庙的想法。

文成公主远嫁吐蕃，和松赞干布结为夫妇，带来一尊释迦牟尼佛祖十二岁等身像。赤尊公主听说她是大唐才女，精通阴阳五行，擅长地形勘察，便派了一位侍女，带一升金沙，请文成公主帮助勘测建庙的地点。当时吐蕃盛产黄金，金沙是通行的货币，一升金沙算是一份厚礼。文成公主经过仔细测算，认定雪域藏土的地形是魔女仰卧图，吉雪沃塘是魔女的心脏，沃塘湖是魔女的心血，只有填平沃塘湖，在上面建寺，才能保证吐蕃繁荣，佛法兴盛。

文成公主的建议，得到了藏王松赞干布的赞同。他率领大臣、士兵和大批男女属民，还有乐队和歌舞队，来到沃塘湖边，举行了隆重的开工典礼。第一项工程是切断吉曲拉萨河北面的河道，河道干枯，湖水跟着大幅度下落。第二项工程是填平湖沼。藏王拿出丰富的酒食，征调大批百姓参加建庙工程。先用无数的石块，抛掷在湖中。再砍伐大量的树木架在湖上，像水磨的轴心，像巨伞的龙骨，木架上铺满刺黎树枝。最后，调动一切运输工具，像牦牛、毛驴、白山羊等，成群结队，熙熙攘攘，从北山驮运泥土和石头，铺盖在沃塘湖上面。就这样，填湖工程圆满完成了。后来流传着这样一首民歌：

大昭寺未建大昭寺建，
大昭寺建在湖上面。

经过整整一年的努力，土建工程完成了。这是一座两层高的藏式碉楼，像倒扣的藏斗，又像一条中等规模的航船。佛殿装修和神像塑造的时候，松赞干布亲自参与，带头做工，又做泥工又当木匠，忙得不得了。有一次，他化身一百零八个木匠，每个木匠手里拿一把斧子，雕刻房檐上的狮头人面像。赤尊公主派一位侍女，给藏王送酒食，从门缝里看见一百零八个木匠，穿一样的服装，做一样的动作，不由得“扑哧”笑了出来。藏王吃了一惊，斧口错乱，使所有狮头的鼻子，全部被砍掉了一块。这些被砍掉的痕迹，至今人们还能看到哩。

这座寺庙建成后，取名“热萨曲弄祖拉康”，意思是羊土幻化释迦庙，俗称大昭寺。同时，文成公主领头修造的小昭寺也圆满完工了。两座神庙同一天开工，同一天建成，同一天开光。藏王松赞干布和汉妃文成公主、尼妃赤尊公主，还有吐蕃的大臣、百姓，都感到特别高兴，他们摆上大量的供品，举行盛大的庆典。大地现彩虹，天空降花雨，无数少男少女，手持伞盖宝幢、彩幡流苏、璎珞宝幔，演奏天鼓、笙箫、铙钹、螺号等，人们高歌劲舞，欢庆史无前例、无限神异的神庙在沃塘平野上出现。

最早建成的八座神殿

依据《西藏王统记》等史籍介绍，大昭寺最早只有八间神殿。第一间是坐东朝西的释迦牟尼神殿；第二间是佛祖神殿左侧的弥勒菩萨神殿，弥勒菩萨像是赤尊公主从尼泊尔迎请来的，它的周围簇拥着八难度母；第三间是佛祖神殿右侧的无量光神殿；第四间是坐北朝南的十一面观音神殿，周围有八大门徒，内装松赞干布从南亚迎请来的檀香观音圣像，藏话叫“托及钦波”，意为大悲观音；第五间是坐南朝北的八岁身量的释迦牟尼不动金刚神殿；第六间是大门北侧的夜叉殿，里面有五尊泥塑的夜叉像；第七间是大门南侧的地神殿，里面有三尊泥塑地祇像；第八间是门楼顶上的神殿。

两尊佛像换了位

两座神庙刚建成的时候，文成公主带来的释迦牟尼十二岁等身像，供在小昭寺的主神座；赤尊公主带来的释迦牟尼八岁等身像，供在大昭寺南面的神座。到了公元663年，松赞干布的孙子芒松芒赞在位的时候，不知从什么地方传来了谣言，说是唐皇派了一支军队，要把文成公主带来的释迦牟尼像夺回去。吐蕃王臣十分惊慌，便把文成公主带来的佛像，转移到了大昭寺，藏在南门的夹墙里，墙上还画了一幅文殊菩萨像。又把尼泊尔公主带来的佛像，搬到了小昭寺，安放在寺庙的主神殿。过了六十年，金城公主进藏，和藏王赤德祖赞结为夫妇。她到拉萨以后，马上提出要朝拜姑祖母带来的释迦牟尼宝像。先到了小昭寺，没有看到；又到了大昭寺，也没有看到。找老人们打听，知道佛像藏在南门的夹墙里，便从里面请了出来。金城公主非常高兴，要给文成公主带来的佛像，举行一个见面礼。她摆出盛大的供养，举行了隆重的法事，并把佛像供奉在大昭寺的主神殿。

就这样，文成公主和尼泊尔公主带来的佛像，从此换了位置。从这个时候起，吉雪沃塘改名为拉萨。过去叫吉雪沃塘，意思是吉曲河下游的牛奶坝子；现在改名叫拉萨，意思是释迦牟尼佛祖所在的地方。大昭寺周围的八廓街，也是在这个时候形成的。

两次可怕的劫难

大昭寺并不总是一帆风顺，释迦牟尼佛像也并不总是稳坐圣坛。藏王赤德祖赞过世后，大权落在大臣玛香·春巴杰[①]手中。玛香是吐蕃最有权势的豪门贵族，又是坚定不移的苯教拥护者。他迫不及待地抛出一个名叫“小法”的政令，禁止任何臣民信仰佛教，驱赶所有的汉族和尚和尼泊尔僧人，释迦牟尼佛像也被弄到西藏和尼泊尔交界的吉隆地方。大昭寺改成了屠宰场，里面不断传出牛羊的惨叫声，鲜血流淌，神佛的手上、身上挂满了牲口的下水和肉。若干年以后，金城公主的儿子赤松德赞渐渐长大，登上了藏王的宝座。他用巧计铲除了玛香·春巴杰，并把坚决反佛的将军达扎路恭流放到藏北荒原。从吉隆地方请回释迦牟尼佛像，重新归位在大昭寺的主神座。修建了西藏历史上第一座拥有佛、法、僧三宝的桑耶寺。寺庙开光时，召集所有后妃、大臣、将军、百姓，发出钳子一样的重誓，千秋万代永远皈依三宝，崇信佛法，任何人不得背弃。

时间不到五十年，西藏又掀起了第二次反佛狂潮。这次运动的发动者是赤松德赞的孙子、藏王达玛·乌东赞，因为他毁法灭佛、倒行逆施，引起佛教徒们的痛恨，给他取了个外号叫朗达玛，意思是鲁莽粗暴的公牛。这次反佛运动声势之高，规模之大，远远超过前一次。当然又是大昭寺和大昭寺的释迦牟尼佛像首当其冲。主要表现在以下几个方面：一是查封大大小小的寺庙，大昭寺门口贴上了僧人饮酒图的招贴画；二是焚烧经书，捣毁佛像，大昭寺的释迦

① 玛香·春巴杰：《巴协》(藏文古籍)说他是藏王赤松德赞的舅父，属堆龙乃囊家族。赤松德赞年幼时他摄理政务，权势很大，崇苯反佛，被赤松德赞和崇佛派剪除。

牟尼佛像，一度又被扔进拉萨河。后来，佛教信徒们把它偷偷地埋了起来；三是杀害著名的高僧和佛教领袖，至于一般的出家人，或者当屠夫猎手，干杀生作孽的勾当，或者还俗回家，娶妻生子当老百姓。

藏王朗达玛的暴行，把西藏佛教弄得白茫茫一片真干净。将近一百年的时间，卫藏地区看不到喇嘛的袈裟，听不到诵经念咒的铃杵声，大昭寺成了狐狼出没的废墟。

桑噶尔译师进行修复

公元1076年，古格王孜德在阿里托林寺举行盛大的火龙年大法会，前后藏的宗教领袖和佛学大师们汇聚一堂，讲经论道，弘扬佛法，以纪念后弘期祖师阿底峡。人们在法会上提出，大昭寺是雪域藏土的佛教圣殿，释迦牟尼佛像是民众信仰的中心。朗达玛灭佛二百年来，这座寺院一直荒弃，香火冷落，必须进行大规模的维修，重新对广大信徒香客开放。阿里桑噶尔译师帕巴西饶挺身而出，担负了这个艰巨的任务。他从阿里来到拉萨，主持大昭寺的第一次维修工作。他召集信民，清除杂树野草，赶走了狼狐野兔，对大殿进行了修复，重新塑造了多尊佛像。主殿里一些佛像过小，不雅观，全部搬到了楼上，重新塑造了以吐巴岗青措杰为主的六男六女高大神像，主殿上的三层楼就是那时候建成的。桑噶尔译师还把当年藏王松赞干布和文成公主洗头沐浴湿润过的泥土，挖出来掺上香料和药物，塑造成一尊弥勒佛像，供奉在十一面观音像的左侧，这尊佛像被称为慈尊沐浴，藏话叫“强巴曲西坚”。

过了一百多年，阿里亚泽王日乌美和他的管家阿初，带着一百零四驮铜和五百两金子（每驮黄铜大约五百斤）建造了释迦牟尼宝座上的金顶，余下的金子和黄铜，在十一面观音的宝座上面，也建了一个金顶。两个金顶，金光闪闪，交相辉映，成为拉萨圣城的新景观。

蔡巴首领青史留名

公元 10 世纪后期，以鲁梅为代表的卫藏十位青年，北上青海丹斗寺剃度受戒，学经求法。他们重返藏土后，纷纷建寺授徒，热火朝天。后来他们的徒弟，还有徒弟的徒弟，形成了多个不同的教派和僧团，进驻拉萨大昭寺，为了各自的利益，发生冲突并争吵起来。刚开始还是小打小闹，后来大打出手，互相攻击，推倒墙壁，火烧屋宇。这引起拉萨老百姓的抗议，也引起整个佛教界的愤怒。噶举派高僧次诚宁布老先生，风尘仆仆地从塔波赶到拉萨。他是噶举派创始人塔坡拉杰的侄儿和首席弟子，又是年高德重的佛学大师。他把这几个僧团的喇嘛通通赶出寺庙，不准他们再插手大昭寺的事情；还调集力量重修了围墙、转经廊、柽柳墙和经堂佛殿。

维修工程结束后，次诚宁布大师把大昭寺的管理权交给了他的弟子、拉萨东郊蔡寺和贡塘寺的创建者喇嘛向·尊珠扎巴，规定由蔡寺和贡塘寺选拔香灯师，管理这座西藏最神圣的庙宇。

喇嘛向·尊珠扎巴去世以后，他的门徒继续管理和维护这座寺庙，多次进行较大规模的维修和建设。13 世纪前期，蔡巴教派有一位首领，名叫拉杰戈瓦奔，重新翻修了大昭寺的外墙，更换了楼上的檐木，加固了拉萨河的河堤，解除了洪水对大昭寺的威胁。那时，拉萨河的河堤，并不是现在的地方，而在林廓南路一带，夏季山洪暴发，河水猛涨，洪波巨浪汹涌澎湃，从上游奔腾呼啸而来，不但拉萨市区被洪水围困，大昭寺也有被淹没的危险。拉杰戈瓦奔做了一件大功德，后人非常感念他，把他的塑像供奉在释迦殿南侧的神殿里。

元朝把西藏划分为十三个万户，蔡巴是十三万户之一，统治着拉萨河流域的整个地区。蔡巴万户长噶德贡布和他的长子仁钦森格、幼子莫朗多吉，曾经铺设了拉萨八廓街的转经路，在大昭寺主殿西边二楼上，塑立了藏王松赞干布、文成公主和尼泊尔公主以及大臣们的像，接受广大信众的顶礼和供奉。同时，又在主殿东南角的二楼上，塑立了吉祥天女班丹拉姆的像，以及她的化身白拉姆、白巴东赞神像，这些神像都是当时著名的塑像大师“四方头”活佛的杰作。

宗喀巴大师首创传召大法会

公元15世纪初，宗喀巴大师在西藏研修佛法数十年，宗教理念已经趋于完整和成熟，创建了新兴的格鲁派。他看中了大昭寺在僧俗民众中的影响和地位，决心要在这里创办一个大型的宗教法会，宣传自己的主张、扩大教派的影响。他的设想得到当时西藏的最高领导阐化王扎巴坚赞强有力的支持。扎巴坚赞责成柳乌宗和扎噶宗首领，对大昭寺进行彻底的修缮。从北部山区运来大量的土和石板，把庭院和转经廊道的地面铺成石板地。宗喀巴大师给释迦牟尼圣像敬献了一顶五佛金冠。从此，释迦牟尼像被称为“乔瓦仁布切”，意思是“佛尊大宝”。他的弟子们又在释迦牟尼佛像右边塑了一尊宗喀巴大师的肖像，请大师来察看和开光。大师惊讶地说：“呀!

安扎瓦!”意思是“真的很像我!”从此，这尊宗喀巴大师像，便被叫成“很像我”了。

公元1409年藏历正月初一，传召大法会正式启动。数以万计的僧侣汇集到这座金色圣殿，讲经布道，诵经祈福，各地僧俗施主纷纷慷慨解囊，发放布施，场面之盛大，气氛之庄严，活动之隆重，物资之丰富，在中外佛教史上是非常罕见的。

五世达赖增修和扩建

17世纪中叶，格鲁派领袖五世达赖喇嘛在青海蒙古部落首领固始汗[①]的武力支持下，推翻了日喀则的第司藏巴汗政权，在拉萨建立了甘丹颇章政权。五世达赖掌权以后，马上着手做两件事情，第一件是大规模修葺和扩建大昭寺；第二件是重建红山上的布达拉宫。蒙古军在日喀则摧毁了噶玛噶举派的大寺院，把一百根大柱和许多木料运来献给五世达赖。五世达赖用这些木料，将大昭寺门楼扩建为上下两层，兴修了达赖的寝宫和摄政王的住室。从此，大昭寺成为西藏地方政府直接管理的重要寺院。按照五世达赖的设想，摄政王索朗饶登具体实施，从西藏各地征集大量的匠师和民工，把大昭寺的三楼重新整修和扩建。东面的旧金顶因年深日久，失去了光泽，再次进行更换；西边的琉璃瓦换成了金铜屋顶；在南边新修了一个金顶；加上北面十一面观音宝座上的金顶，大昭寺顶层四面都有了相对称的金顶。在三楼还修了四个角楼神殿，每个神殿的顶上都竖立一个金铜做的胜利幡。四周的紫

① 固始汗(1582—1654年)：清代漠西蒙古卫拉特四部之一和硕特部首领。应达赖、班禅之邀率部入青海、康区及西藏，灭掉格鲁派的几大敌对势力，掌握了藏区的统治权。

红色柽柳墙上，镶嵌精美的金铜图案；二楼所有的空房子，全部变成了灯火长明的佛殿神堂。这样整个大昭寺的内外，都有了巨大的变化，从上到下金光闪闪，灿烂辉煌，和新落成的布达拉宫交相辉映，使整个拉萨显得更加庄严雄伟，焕然一新。

七世达赖建成政教中心

公元1753年，乾隆皇帝授权七世达赖格桑加措实行政教合一制，统管僧俗大权，组建了“噶厦”政府。政府就设在大昭寺南边的二楼上，东边二楼上设置了管理财政审计和俗官任免的“孜康列空”(审计局)，北面二楼上设立了主管诉讼司法的机关“协邦列空”。还有许多地方政府的机关，都设在大昭寺的各个楼层。从此，大昭寺不仅是西藏最古老、最神圣的寺庙，又是政教合一的中枢机关所在地。在人们的心目中，显得更威严、更重要了。

公元1736年，总理西藏事务的郡王颇罗鼐，在释迦牟尼佛像前面的天井里，立了一尊坐南朝北的黄铜镏金弥勒强巴佛像，人称“米旺强巴”。过了二十多年，首席噶伦、著名学者多仁·乌珠饶丹，又立了一尊千手千眼观音像，人们习惯地称其为“多仁观音”。

佛教徒心中的圣殿

经过一千多年的漫长岁月，大昭寺成为西藏历史和文化的象征，成为雪域藏土的第一寺院。释迦牟尼佛像，已经成为所有藏传佛教信徒心中的至宝。拉萨市区和郊区的佛教徒们，每逢吉日良时，习惯性地围绕大昭寺转经，到释迦牟尼像前朝拜。历史上，达赖喇嘛或者班禅大师，每次从祖国内地回来，或者在西藏各地巡视结束，返回拉萨的第一件大事，便是到大昭寺朝拜释迦牟尼，在这座金色圣殿住上几天。1653年，五世达赖晋见顺治皇帝后回藏，1735年七世达赖从康区惠远寺回来，都是先到大昭寺朝拜佛祖释迦牟尼。1983年，十世班禅大师在祖国内地待了近20年后，进藏视察，也是首先住在大昭寺，接受僧俗各界的朝觐。

青藏各地的藏族民众，都把一生一世能进一次大昭寺，朝拜一次释迦牟尼佛，看成此生此世最高的理想和最大的幸福。他们成群结队，带着饮食用度，从边远地区，甚至四川、云南、青海、甘肃藏区，一步一个长头地磕到拉萨，磕到释迦牟尼像前。一路上，山高路险，风雪严寒，不知要吃多少苦，受多少罪，甚至雪崩地震，恶疾缠身，失去宝贵的生命，他们不但不感到后悔，反而看成是人生最好的归宿。死后可以转生三善趣，获得优异人生。

从1961年开始，我在大昭寺附近的拉萨旧城居住了二十多年，和这座金色圣殿朝夕相处，能听到寺庙法号鸣奏，看到它袅袅升起的神烟。当时，大昭寺对公众开放。每天来转经朝佛的人熙来攘往、络绎不绝，热闹得很。每年藏历新年传召法会、萨嘎达瓦节、世界煨桑节、神降节、燃灯节，等等，大昭寺里都有宗教活动。这些情形都是我亲眼所见、亲耳所闻，有时自己也参与其中。

新时期重显辉煌

20世纪70年代初，据说西哈努克亲王要到拉萨参观访问。在那个年代，西哈努克是我们国家为数不多的贵宾之一。中国各个省市他从南到北都走了个遍，想到拉萨来看看，也不是空穴来风，无中生有。西哈努克是个虔诚的佛教徒，到大昭寺朝拜释迦牟尼像也是情理中的事情。当时拉萨做了两件事，第一件是修复大昭寺，让佛祖重光；第二件是全城打狗，营造一个好的环境。我认识的一些著名画师和塑像师，如多布杰、扎西次仁等，都被征调进大昭寺夜以继日地修复壁画，重塑神像。大昭寺修好了，西哈努克亲王却没有来。这里改成了上层人士集中学习的地方，他们非常尽职尽责，每天轮流站岗守卫，客观上起到了保护文物古迹的作用。

改革开放之后，随着民族政策和宗教政策的落实，大昭寺重新对公众开放。每天来转经朝佛的人一拨接着一拨，比“文化大革命”前显得更为热忱和踊跃。从1984年开始，拓建大昭寺广场，寺庙周围许多古建筑都被拆除，是一个巨大的损失。不过客观地说，寺庙的周围，确实开阔了很多。以前，庄严神圣的寺容，巍峨高耸的金顶，被层层的藏式楼房遮挡着，很难看到它的真像。现在遮挡它的楼房不复存在，大昭寺向外敞开，展现它极富魅力的形象，成为圣城拉萨最热门的旅游景点。

说不完道不尽的布达拉

红山上出现美丽的宫堡

松赞干布十七岁的时候，从墨竹工卡的甲玛沟明久林宫堡，来到吉雪沃塘地方，着手兴建一座永久性的都城。都城的第一个建筑工程，是在红山顶上修筑一座坚固而美丽的宫堡，名叫红山宫寨，作为吐蕃王朝的中心。

松赞干布选择红山这样一个独立的崖峰修筑宫堡，至少有三方面的原因：首先，是他的祖先，第二十七代赞普拉托托日年赞，往年曾驻足此山，预言他的子孙如果在这里兴建城堡，必将繁荣昌盛。其次，当时雪域藏土刚刚统一，吐蕃王朝刚刚建立，这个王朝是靠刀矛弓箭打出来的。内部叛乱，外敌入侵，还时不时发生。红山地处沃塘盆地中心，扼山南藏北通道要冲。这里居高临下，视野宽广，地势险要，易守难攻。在山头修筑坚固城堡，不但可以及时观察周围的动静，还可以防止远近敌人的进攻，起着重要的军事堡垒作用。王忠先生在《新唐书吐蕃传笺证》一书中

布达拉宫

说："吐蕃城郭即为宗寨，以官寨为主，农牧民于其四围依之居住，获得其保护。一旦外族入侵或有盗贼，全部人员，即携其财物迁居寨中据之死守。"再次，它是吐蕃赞普权势、地位和威望的象征，各国使节和各地首领来吐蕃王都，远远地就能看见红山宫堡雄伟壮观的身姿，立刻产生一种敬畏和崇信，对属民百姓来讲，更有一种威慑作用。即使到了21世纪的今天，佛教信徒们从各地到拉萨朝佛，远在数十公里之外，一眼看见布达拉宫的金顶，便会立刻趴倒在地顶礼膜拜。用现代话来说，它是一个城市权威性、标志性的建筑。

在中世纪的西藏，城堡绝不止红山堡寨一处。几乎每一个地方，每一座城镇，都有一座这样的建筑，既是官府，又是军事堡垒，也是各个时期历史、文化、建筑艺术、雕塑绘画的集中体现。由于年代久远，风雨剥蚀，很多城堡都已残破不堪，特别是20世纪60年代"文化大革命"期间，破"四旧"、立"四新"，这些构筑在高山岩峰上的古老建筑，大都遭到人为的破坏和摧毁。唯有布达拉宫毫发未损，保存完好。

松赞干布建造的红山堡寨（绘制在布达拉白宫门厅的壁画） 陈宗烈摄

根据藏史记载和民间传说，藏王松赞干布时期，红山宫堡大约进行过三次重大的扩建。

第一次施工是633年，藏王征调大批属民百姓，在四周山上挖土取石，用牦牛、骡马、毛驴驮到红山下面，或者用牛皮船运到柳乌塘附近，再从这里用人背上山顶，垒石建造碉房。五世达赖喇嘛在他的《西藏王臣记》一书里，描绘了第一期建筑后的红山宫堡壮美景观："其宫如帝释天堂移来人间，华丽悦目，如天庭玉阶，高峻威严。宫成，遂与神变大军同住其内。"

第二次施工大约在635年，那时尼泊尔公主已经到了沃塘，她看见松赞干布虽然英俊神武，可是爱待在深宫古堡沉思默想，很少到外面巡视，如果出现了边患，事情就不好办了。她向藏王建言，对红山宫堡进行扩建，藏王同意了她的主张。于是，红山上又开始了第二期扩建工程。依照藏文古籍《柱间史：松赞干布遗训》《西藏王统记》《贤者喜宴》等书记载："藏历羊年为新城堡奠基，墙高约三十板土墙之度，高而且阔，每侧长约一由旬[①]余。大门向南，红宫九百九十九所（间），合顶上赞普寝宫共计宫室千所（间）。飞檐女墙，走廊栏杆，以宝严饰，铃声震动，声音明亮，建造堂皇富丽。论其精美，则等同于大自在天之胜妙宫殿，视无餍足，诸宝严实，并以各种绫绸，作为采帏瓔珞，美妙如意；论其威严，则等同罗刹城邑楞枷布山。诸宫室顶，竖立刀枪箭矛，每十长矛，悬挂红旗，而以采绫联系之；论其坚固，设有强邻寇境，仅以五人则可守护。又南方城垣，掘有城壕，深约十排，上铺木板，再上铺以火砖，砖上仅纵一马，即有十马奔腾之声。王宫及后妃宫二者之间，通以铁桥，桥下幔拂炫目，铃声铿锵，王与王妃相互往来其间，如是王宫妙丽庄严，世绝其伦。"

第三次施工在641年，文成公主进藏以前。《新唐书·吐蕃传》上说，赞普松赞干布"归国，自以先未有昏帝女者，乃为公主筑一城以夸后世，遂立宫室以居"。《旧唐书》吐蕃传也有记载："赞普及与公主归国，谓所亲者曰：'我父祖未有通婚上国者，今我得大唐公主，为幸实多，当为公主筑一城，以夸后世，遂筑城邑，立栋宇以居处；慕中国衣服，仪卫之美，为公主另筑城郭宫室而处之。"以上三段记载，我认为包含这么几个意思，一是藏王松赞干布以求得上国公主为荣，要为她修一座华美的宫室居住；二是这座宫室与以前的建筑并不一样，它是"别筑城郭宫室而处之"；三是这处建筑是修在红山上的，是红山建筑群的一部分。

可惜这些古老的建筑，先是公元8世纪中叶藏王赤松德赞时

---

① 由旬：古印度计算长度的单位。有大、中、小三种，大由旬为60里，中由旬为40里，小由旬为20里。

期，遭到雷击引发大火，后来在朗达玛灭佛和王子维松、云登内战以及属民暴动时期，又遭到更多的破坏，变成了一大片废墟。

早期红山宫堡雄伟壮观的景象，当时松赞干布指示画师画在大昭寺鲁康（龙王殿）的西墙，五世达赖重建布达拉宫时，又让画师临摹在白宫门厅的北边墙壁上，读者诸君假如到布达拉宫和大昭寺参观时，可以去细心观赏领略。

布达拉的灵魂：鲁格夏热圣观音

刚听到“鲁格夏热”这个名字时，好生新鲜，好生奇怪呀！后来才知道，这是一尊观音菩萨像，高九十三厘米，宽十厘米，形体并不高大，名望却和大昭寺的释迦牟尼不相上下。他成像于遥远的吐蕃王朝初年，是藏王松赞干布的本尊神、布达拉宫的镇寺之宝，也是这座千年神阙的灵魂。在布达拉宫的帕巴拉康（圣观音殿），他待了一千三百六十多年。在漫漫的历史长河中，在战火纷飞的年代，这尊神

供奉在布达拉宫观音殿的鲁格夏热观音菩萨，相传此像是松赞干布从南亚请来

圣的佛像，不止一次地被战胜者或者战败者带出拉萨，奔突于兵荒马乱之中，流传于各个强权之手，几乎湮没于时空的永远，但每次却又奇迹般地物归原主，重返布达拉宫，安然伫立于帕巴拉康神座。也许正是这些传奇般的经历，使他在藏传佛教信徒的心目中更加神圣，更加灵异了。

来自尼泊尔南部森林

相传鲁格夏热是自然天成的檀香木像，他来自尼泊尔南部森林。

书上确有记载呢!

成书于1388年、由萨迦派大德索朗坚赞撰写的《西藏王统记》，有这样一段记载：藏王松赞干布创建吐蕃王朝，迁都吉雪沃塘（拉萨），在陡峭的红山之巅修筑了红山宫堡。作为在雪域藏土首倡佛法的他，很需要一位本尊神作为修持的依怙。于是他化身为一位比丘，到南方尼泊尔等地去寻求佛像，因为那里是佛祖释迦牟尼的故乡。他渡过雅鲁藏布江，来到中尼边境的芒域贡塘地方，这里正发生一场可怕的瘟疫，成千上万的人悲惨地死去；他翻过冰封雪盖的喜马拉雅山，来到尼泊尔扬布亚孜城，一种恶疾正在城里城外发生，到处可以看到死者的尸体和听到他们亲人的哭声。最后他来到尼泊尔南部地区，这里的人们也被恶曜折磨，人们痛苦不堪，伸出双手向苍天呼救。

在一片庞大无比的森林边缘，一个牧牛的孩子告诉他一件怪事：牛群里有一头水牛，总是跑进森林围绕一棵檀香树转圈，把乳汁滴在树上。那棵树很大，常常放出照耀四方的光。比丘断定这是一棵神树，准备用它塑造一尊藏王的本尊神。他拿起一把斧头，朝檀香树砍去，没想到这棵树竟然说话了："上师，不要动斧，请把我送到西藏芒域地方去。"比丘剖开树皮，里边居然站着一尊自然生成的观音像。他把观音像请出，继续砍伐起来，树里面又说话了："上师，不要动斧，请把我送到尼泊尔扬布亚孜城去。"比丘剖开树皮，里面又出现了第二尊观音像，他把观音像请出，准备再砍的时候，树里发出了同样的声音："上师，不要动斧，请把我安置在印度和尼泊尔交界处。"比丘剖开树皮，里边还有一尊观音像，他第三次取出了天然生成的神像。这一回，没有等他扬起斧头，这棵树又发出了声音："上师，不要动斧，我叫鲁格夏热，是藏地之王松赞干布的本尊，请把我带到西藏拉萨去。"比丘从一棵檀香树里，得到如此殊胜的四尊天然生成的神像，当然非常高兴，按照每尊神像的愿望，把他们安置在各自希望去的地方。安在印、尼边境的名叫圣甲玛里，安在扬布亚孜城的名叫圣武岗，安在芒域贡塘的名叫圣哇底。而且，在这些地方，奇迹发生了：瘟疫解除，恶疾自消，人们一夜之间恢复了健康，过上了快乐的生活。他把名叫鲁格夏热的神像带回拉萨，供奉在红山堡寨神坛，高兴地说："有了殊胜观音护佑，雪域众生再也不会有违碍之事发生了。"

这段历史虽然近似神话，但是至少说明了几点：这是尊檀香木像，来自尼泊尔南方的森林，从他进入红山堡寨之日起，就一直被神秘而殊胜的光环所环绕了。

两次失而复得

然而，神座也不是那么安稳。

藏王赤松德赞时代，红山堡寨遭到雷击，好多宫室都倒塌了：

藏王达玛乌冬赞时代，佛教遭到灭顶之灾，紧接着达玛乌冬赞的两个王子维松和云丹互相攻战，拉萨是他们你争我夺的主战场。后来各地平民暴动，战乱连年，这座作为吐蕃王朝象征的神宫仙阙便成为一片废墟了。

“鲁格夏热”观音并没有能消除这些违碍，但是在雷击、兵燹和战火之中，他却奇迹般地在断壁残垣之中完整无损地保存了下来，确实也是很令人惊异的。大约在公元11世纪后期，噶当派大师博多哇和他的弟子把这尊神像转移到拉萨北郊的帕崩岗寺保存，据说后来又移供于小昭寺神座。

分裂时期、萨迦时期、帕竹时期，好几百个春天和秋天，在雪域高原悄悄地过去了。

历史走到了17世纪的前期，拉萨又面临着非常严峻的局面。当时统治西藏的藏巴汗政权，正对以拉萨三大寺为基地的藏传佛教格鲁派施加巨大的压力。公元1616年底，年仅二十八岁的四世达赖喇嘛突然死亡，格鲁派领袖们认为是藏巴汗派人谋害的。在这以前，藏巴汗的军队攻占了拉萨河南岸的柳乌城堡，还有北面的澎波地区，历史上称为“鼠、牛年战乱”，把格鲁派几乎逼入了绝境。在这危急关头，支持格鲁派的拉萨地区首领吉雪第巴想出一个绝处逢生的好办法，派遣心腹带上雪域至宝鲁格夏热，十万火急北上青海地区，请喀尔喀蒙古首领阿巴岱派兵营救。阿巴岱非常崇信藏传佛教，与三世达赖索南嘉措早已建立了法缘，这回又看到西藏方面送来无比殊胜的礼物，立即派他的四弟图蒙肯带领三千骑兵赶到拉萨以为援手。图蒙肯的兵马刚开始打了几次胜仗，但是不久吉雪第巴的民兵和色拉、哲蚌的僧兵发生内讧，藏巴汗彭措朗杰率兵一万进行反攻，攻破色拉、哲蚌两寺，杀死僧俗人众五千多名，图蒙肯的蒙古军队被迫撤走，色拉、哲蚌两寺被迫向藏巴汗缴纳大量罚金。

这一下得不偿失，既吃了败仗，又丢失了布达拉宫的镇寺之宝，真是“赔了夫人又折兵”。

此后的二十七年，西藏的变化叫人眼花缭乱。

1642年，五世达赖喇嘛在和硕特蒙古首领固始汗的支持下，战胜了藏巴汗，建立了甘丹颇章政权。他决定重修布达拉宫，作为政教合一的首脑机构所在地。由于没有了镇寺之宝鲁格夏热，格鲁派的领袖人物心里都是空空的，好像缺了点什么。没想到1645年藏历三月二十九日，即重建布达拉宫举行净地典礼的前一天，固始汗的妃子达拉贡吉，从康区东科尔寺得到鲁格夏热神像，专门派曼殊室利曲杰送抵拉萨。正是因缘际会，天赐良机，物归原主，吉祥圆满。

陈庆英先生翻译的《五世达赖喇嘛传》中，记载了鲁格夏热神像重返布达拉宫的情形：“藏历四月初一日上午，举行了净地典礼。盘德勒协林的固有僧众列队迎接‘鲁格夏热’像。从大昭寺迎请鲁格夏热像启程时，曲科林扎仓的僧人和木鹿寺四部的僧众夹道迎送。拉萨四乡的男女老少盛装打扮，僧俗人等持伞盖、法幢、旗幡、花束、神馐、熏香、各种乐器等供品，以我和固始汗福田施主二人为首，带领大队蒙藏骑兵随后护送，将这尊殊胜无比的如意宝贝——自在观音像又重新送回到藏地民众的福田的中心……‘鲁格夏热’像被迎请到布达拉宫的后殿中，福田施主在圣者的像前大摆筵席，讲论此佛像的历史。”神像失而复得，简直成了拉萨全城的节日。

不过，过了六十二年，“鲁格夏热”再一次遭到了厄运。那是公元1717年，强横而好战的蒙古准噶尔部落，派出六千骑兵，从新疆北部经南疆、阿里夜行昼伏，奔袭西藏。他们扬言是为护送七世达赖喇嘛格桑嘉措而来，是为了支持格鲁派而来，因此他们没有遭到猛烈的抵抗便攻进了拉萨城，杀死了清朝中央封赐其管理西藏地方事务的和硕特蒙古人首领拉藏汗。但是，他们进城以后，立即宣布进行全城搜索，公开抢劫三天，连寺院、神殿也未能幸免。拉萨城遭到了空前的劫难，很多高僧大德和无辜百姓被残忍杀害。公元1720年，康熙皇帝派出两路大军，从东、北两路向拉萨进击，准噶尔军队在那曲、当雄等地狙击清军遭到挫败，他们的首领便带着从西藏各地劫夺的珍宝，包括从布达拉宫劫夺的"鲁格夏热"神像在内，取道藏北、阿里朝新疆伊犁地方逃奔。

如果"鲁格夏热"被带到新疆，这尊神像可能与布达拉宫永远无缘了。因为当时被劫走的经书佛像可以说是成千上万，都在西北滚滚黄沙和战争烈火中消失殆尽，没有一件返回雪域藏乡。然而，"鲁格夏热"神像却大难不死，奇迹般地被当时的阿里总管康济鼐·德钦巴图鲁截获。

西藏18世纪的著名人物多仁·丹增班觉，写了一部《多仁班智达传》(汤池安译)，记载了这段故事："我祖父恩主(指多仁班智达)的伯父康济鼐即德钦巴图鲁，藏王拉藏汗时任上阿里三围营官。准噶尔部策零敦多卜发兵入藏。杀拉藏汗。就在准噶尔统治卫藏期间，阿里仍由其掌握，未降准噶尔。大皇帝天兵至，准噶尔部兵败，其台吉、宰桑等显贵携政府之珍宝以及贵重之服饰和布达拉宫之'圣鲁格夏热'等一些佛像圣物，经阿里归去。营官康济鼐骗其入帐，设宴款待，随即推倒帐篷。仅少数未进帐内之随从逃逸，主要将领多被执杀，复将准噶尔所携之神圣佛像和珍宝等政府之服饰送归。最上供处檀越封德软巴图鲁为贝子，委为首席噶伦。”

康济鼐在阿里狙击了北窜的准噶尔头领，因此在反抗准噶尔侵略者中立了头功。其中之一的贡献，是使雪域之宝“鲁格夏热”失而复得，重返布达拉宫。

独立红山，雪域至宝

“鲁格夏热”神像再一次重返帕巴拉康圣观音殿，至今已两百七十多年了。二百多年来，这尊神像越来越神异，这座神殿越来越辉煌。他的左侧，供着七世达赖喇嘛亲自加持的檀香木自在观音像；他的右侧供着八世达赖喇嘛亲自加持的青铜自在观音像。西边佛龛里，还有一尊六面阎王像。这尊像非常古老和珍贵，始塑于吐蕃赞普赤德松赞时期，原先供养在拉萨河南岸的乌香朵九层神宫，后神宫失火移到布达拉宫内，五世达赖喇嘛时期迁到布达拉宫圣观音殿。神殿门楣上的“福田妙果”匾额，是道光皇帝御笔亲书的。

历世达赖喇嘛所有政教事务，甚至饮食起居、闭关修习，几乎都与这尊雪域之神息息相关。

也许因为达赖喇嘛自诩为观音菩萨化身，他们之间有着某种内在的联系吧，根据历辈达赖喇嘛传记载，达赖无论离开还是回到布达拉宫，都要亲自给鲁格夏热神像敬献哈达，祈祷平安和感谢护佑；每逢吉日良时，照例在神像前点千灯。特别是藏历十月二十五日燃灯节，这是纪念宗喀巴大师圆寂的日子，达赖喇嘛必须亲临神像前朝拜，并且细心观察酥油灯的光焰，预言来年的吉凶丰歉。往年盛夏之际，拉萨河水猛涨，居民饱受洪水泛滥之苦。

洪水期间，达赖喇嘛照例要把鲁格夏热神像从观音殿请到布达拉宫顶上，面朝河面而立，以三宝的悲力凝视河面。据说经鲁格夏热加持，能使“河浪平息，水位下落，置万民于无限欢乐吉祥”。每年藏历十一月二十九到十二月二十八日，达赖喇嘛照例闭关坐静，不与外界往来。鲁格夏热也要移到达赖的寝宫日光殿内，供于达赖身边，他是达赖修习的本尊之神。

还有，每当西藏遇到什么重大的难以决断的事情，都是到鲁格夏热神像前进行食团问卜。远的不说，20世纪30年代初期，十三世达赖喇嘛圆寂了，由谁出任西藏地方政府的摄政，众说纷纭，无法决定。于是，由卸任甘丹寺法台强巴曲扎主持，在鲁格夏热像前问卜。他分别写上热振活佛强白益西、普布觉活佛强巴楚臣和甘丹寺法台木雅阿麦的名字，装进糌粑团，当着司伦、噶伦等高级僧俗官员的面，祈祷祝愿，摇动装糌粑团的碗，结果卜定热振活佛出任摄政，从此这位二十四岁的活佛荣登摄政的宝座。

鲁格夏热真是神了。

迎娶尼泊尔公主的盛典

藏王松赞干布，共有五位王妃：三位藏妃，一位尼妃，一位汉妃。汉妃是唐朝文成公主，关于她，无论是历史传记，还是民间传说，以至歌谣、戏曲和说唱，都有详尽的记载和热情的赞颂。而尼泊尔赤尊公主，就不那么为人所知了。其实，她的作用不容忽视，有一个传统藏戏叫“甲萨帕萨”，意思是“汉公主和尼泊尔公主”。

藏王松赞干布一天清早起来，把最亲近的大臣嘎瓦·东赞域宋召到新建成的红山宫堡，说自己昨天晚上做了一个梦，不是噩梦是好梦。梦见喜马拉雅山南边的尼泊尔王国，有一位白度母化身的妙龄公主，皮肤雪白，脸色红润，口含白莲，妩媚动人，和我有着夫妻的缘分，你和其他的大臣商议商议，能不能替我到尼泊尔去求婚。

聪明透顶的东赞域宋一听，立刻称赞这是天上人间最美好的联姻，是造福吐蕃王臣百姓的好事情，我们一定要让大王的美梦成真!

尼泊尔公主塑像　　陈宗烈摄

嘎瓦·东赞域宋立刻通知吞米·桑布扎、直·塞宇贡顿等六位大臣，各自带着饮料和肉食，第二天清早到红山前面柳乌塘大核桃树下聚会议事。第二天，七位大臣全部按时到了，两人带来羊前腿，两人带来羊后腿，一人带来羊前胸，一人带来羊后臀，还有一人带来了羊头和羊脖子，合起来刚好是一只全羊。东赞域宋说：“今天我们带来了食物，刚好是头尾齐全一只羊，预示我们大王希望迎娶尼泊尔公主的事，一定能吉祥圆满!”

藏王松赞干布十八岁那年的藏历七月初八，当太阳照到红山之巅的时候，嘎瓦·东赞域宋、吞米·桑布扎领着百人使团，带着一百枚金币作为聘金，一袭珠宝镶嵌的铠甲作为给公主的彩礼，还有送给尼泊尔王的珍珠璎珞披风等贵重礼品和藏王临行前给他们的三封密信，跨马起行，浩浩荡荡，翻山越岭，白天赶路，晚上宿营，用了一个月的时间，到了尼泊尔的王都阳布亚孜城。

使臣们觐见尼泊尔国王提婆拉，嘎瓦·东赞域宋很礼貌地献上一百枚金币，又把黄金铠甲等请婚礼物，呈放在国王座前，亲手把珠宝璎珞的披风，披在提婆拉国王身上，然后开始致词。吞米·桑布扎担任翻译，他说："吉吉，尊敬的大王，这副黄金铠甲，具有无量的功德，如果发生瘟疫，穿上它绕行一周，可将瘟疫祛除；如果遇上冰雹穿上它绕行一周，能让冰雹消隐；如果发生战争，穿上它上前线作战，可保战争胜利。我受吐蕃赞普的委托，献上这件南瞻部洲至宝，请求国王同意将贵国公主嫁给我们赞普做妃子！"

尼泊尔国王听了，很不自在，提高声音说："你们的赞普想和尼泊尔攀亲，真是太不量力了！我国自迦叶佛以来，一直摒弃恶业，颁行金轭般的十善法。王统不曾中断，锅底不曾朝天，歌声不绝于耳，边地吐蕃能做到这些吗？快回去问问你们的赞普吧！"嘎瓦·东嘎域宋很客气地说："报告大王，阳布亚孜离吉雪沃塘有千万里，翻山越岭，肯定会耽误迎娶公主的时间，我们赞普事先留了一个信匣，请大王过目。"

尼泊尔国王打开匣子，里面有一封尼文写的书信，信中写道："虽然吐蕃暂时没有十善法，只要国王同意许配公主，我可变成五千化身，在一个早晨之内，颁行具足十善法律。"国王读过信，心里暗暗称奇，可是并没有许婚，他说："我国自饮光古佛到现在，一直尊信佛、法、僧三宝，在雪山各处筑建寺庙伽蓝，对上师、僧侣和善知识，也殷勤侍奉，边地吐蕃能做到这些吗？快回去问问你们赞普吧！”

嘎瓦·东赞域宋又递上一个匣子说：“大王，尼蕃两地相隔千山万水，假如为了讨个回话，往返奔走于途中的话，贵国公主几时才能嫁到吐蕃呢？好在我们赞普有一个信匣在这里，请大王过目吧！”

国王打开一看，上面这样写着：“吐蕃暂时虽然没有佛寺伽蓝，但是赞普是无量寿佛的弟子观音菩萨的化身，我可在一日之内开创崇信佛法的风尚，建造出一百零八座寺庙，大王您对此难道不感到惊奇吗？”

读完信，尼泊尔国王心想，真的能做到这些，那吐蕃赞普不远远地超过我了吗？不过他还是故作镇静，对吐蕃使者说：“你们赞普口气倒是不小，但是不知道你们雪域之邦五欲受用如何？我国自讫栗枳王时起，就炊烟不断，百姓欢颜，物富财丰，胜过财神朗色。如果你们赞普也能像我一样富有，我就把公主嫁给他，你们快快回去奏明再说吧！”

大臣嘎瓦又递上一只信匣，说：“吉吉，报告国王，如果为了这么一句话，还要回到吐蕃听命的话，我们的赞普何时才能和公主结成百年之好呢，还是请大王看看我们赞普预先写好的书信怎么答复的吧！”

尼泊尔国王第三次打开松赞的书信，大致内容是：“我要雪域之地五谷丰登、六畜兴旺、衣食宽裕、财货充盈，可以任意享用色、声、香、味、触五欲，我可让苍天降下五谷之雨，让大地流遍如意奶汁。我会打开雪域的宝藏，让你尼国也能享用吐蕃的金银财宝。你说你富比财神，却说我一贫如洗，如此嫌贫爱富，我感到无限惊奇。你若不把公主嫁给我，我会化身五万大军，杀奔阳布亚孜城，让你山河破碎，国土沦丧!”

读了松赞干布的第三封信，尼王提婆拉心想，这位吐蕃赞普，莫非真是神佛的化身，为什么他身在雪域藏土，预先知道我要提的每个问题。如果不把公主嫁给他，他定会率领化身大军来征讨，破我城池，毁我江山，最后我心爱的公主也会被劫持而去。

于是，尼泊尔国王答应了吐蕃赞普的请婚，并且给了她特别丰厚的嫁妆。最为殊胜的有，释迦牟尼八岁等身坐像不动金刚，释迦牟尼亲自加持过的天成弥勒转轮佛像，能够救度八难的天成旃檀救度母像等。

到了启程进藏的吉祥日子，尼泊尔国王夫妇亲自为女儿送行。国王派出七头大象，运载着七大驮子的财货珍宝。公主骑在大象背上，手捧旃檀度母像走在最前面。不动金刚像和弥勒法轮像，专门用两头白犏牛驮载走在中间。吐蕃使臣还有尼泊尔送亲大臣护卫左右，最后是精通各种工巧技艺和制作神妙器皿的能工巧匠以及仆役随从，浩浩荡荡离开了尼都。国王夫妇一直送到藏尼边境，最后难分难舍地流着眼泪告别。

这支长长的队伍在起伏不平的山路上蜿蜒行进，一路上经历了千辛万苦，特别是穿越喜马拉雅雪山深谷的时候，因为道路太险，崖水相逼，公主也不得不下来徒步跋涉。到了芒域吉隆，公主改乘白骡，佛像、经书转由七头牦牛驮载，七头大象运来的财物，由五百头走骡转运。

终于，有一天早晨，当金色的太阳从东山升起的吉祥时分，尼泊尔公主一行沿蓝色的吉曲河而上，到了吐蕃王城吉雪沃塘。吐蕃臣民百姓，歌舞奏乐，前往迎接，簇拥她进入红山宫，与赞普松赞干布吉祥欢会，举行了隆重热闹的婚礼，交杯喝着肉汤美羹，换盏品尝了马奶子酒，藏王和公主情意深厚，永结百年之好。

尼泊尔公主和赞普松赞干布成亲以后，在铁山（药王山）上修筑了吉祥无量宫，又为红山宫堡增修了高大的围墙。在文成公主的协助下，修建了大昭寺，供奉从尼泊尔王城带来的释迦牟尼八岁等身像和弥勒佛像、旃檀度母，积累数不尽的公德，受到藏民族千年传颂。

文成公主到拉萨

像文成公主这样一位古代汉族女子，整个藏民族对她记得这么久，崇信这么深，流传这么广，真的让我由衷地感动。其他的国家，其他的民族，有没有这样的事例，我不敢肯定。至少我在西藏几十年的生活中，无论是阅读藏文古史，还是到民间采风，关于文成公主的歌谣、故事、风土习俗、风物传说，真的比比皆是。她在西藏和各地藏区可以说是家喻户晓，老幼皆知，她是藏族人心中永远的至爱，永远的宝贵，永远的尊敬，真是“家家户户说公主，村村寨寨有文成”。

藏族人民之所以这样热爱和怀念这位汉族公主，在很多个世纪的漫长岁月中长盛不衰，永远新鲜，我想首先是文成公主的人格力量、献身精神所使然。她离开繁华富贵的长安帝王之家，虽然她不是唐太宗的亲生女儿，但也是皇室的金枝玉叶，来到边远、蛮荒、贫瘠的风雪高原，这就已经走进了这个民族，走进了这个民族的人民，走进了这个民族的心灵深处，这就得到他们的认同

布达拉宫法王洞内的文成公主塑像（塑于吐蕃时期） *陈宗烈摄*

和信赖了。她到西藏以后，并没有养尊处优，并没有安闲享乐，也没有叫苦抱怨，而是和这里的人民打成一片，苦乐与共，艰辛同尝，建寺庙、修宫堡，行医送药，把中原汉土的生产技术和生活方式传到文明刚刚起步的雪域藏土，使之造福于藏族的世世代代、子子孙孙。这也是西藏人民不能忘记她的地方。当然有些农具、种子、生产技术，确实是文成公主带进藏的，有些则不是，或者西藏早已有之，或者在她以前或以后传进藏的，藏族人民通通归结在文成公主身上，这也符合这个民族的性格，他们总是把一切美好的东西，集中于他们所热爱和信赖的人身上。

还有一点我们也不能忘记，通婚这件事是这个民族强烈的自豪感和民族自信心的体现。当时西藏高原刚刚统一，吐蕃立国不到十年，正以怯生生的表情试探着走进东方世界这个大环境，他居然战胜了、至少在西藏的历史和民间传说中被认为战胜了印度、大食、格萨尔诸国的使者，求娶到了大唐公主，不但给这个民族心理上带来了极大的满足，而且使这个民族有了充分的自信向前走去。藏王松赞干布自己也骄傲地宣称："自以先未有婚帝女者，乃为公主筑一城以夸后世。"

人们最为津津乐道的是唐大宗"五试婚使"，或者"七试婚使"。我在这里不打算再作详述，只想提一个细节。唐太宗首试婚使时，让各国使者用丝线穿过九曲明珠，各国使者都束手无策，只有藏王的使者东赞域宋把丝线拴在蚂蚁腰上，让它从一端爬进去，而在另一端涂些蜂蜜，吸引蚂蚁奋力爬行，加之他轻轻地吹气推动前进，最后大功告成，西藏民间有这么一首广为流传的民歌：

拉萨城当然有江森夏[①]，
江森夏树林里当然有蚂蚁，
蚂蚁的腰为什么这么细？
那是拉线穿珠勒成的。

---

① 江森夏，拉萨西城的一片柳林。

哎啧，蚂蚁！你的腰是多么痛，
多么痛啊！不过，
你对迎娶文成公主有贡献，
你的功绩我们世世代代不忘记！不忘记！

关于文成公主到达当时吐蕃首府吉雪沃塘时的情形，藏文古籍《柱间史：松赞干布遗训》上说：文成公主由吞米·桑布扎、直·塞乳恭顿、聂吉南拉等大臣陪同，释迦牟尼像由大力士拉噶（神乐）和鲁噶（龙喜）引驾，还有五百多位年轻侍从和五百多名妙龄少女随行，带着无数嫁妆，车水马龙，浩浩荡荡离开“东方明珠”长安城，朝雪岭摩天的吐蕃进发。父皇母后亲自送行，依依不舍地一直送到长安城外的柳桥，才挥泪惜别。公主向母后说了这么一段告别话，完全是一曲优美深情的抒情诗：

女儿此行去吐蕃，
远离母后要久别。
时逢每月初八日，
您就说“今天初八了”，
我也说“今天初八了”；
时逢每月望月时，
您就说“月儿又圆了”，
我也说“月儿又圆了”；
时逢每月新月时，
您就说“新月升起了”，
我也说“新月升起了”。
山高路远难相见，
只好如此长相忆。
时逢每月初八日，

每当月圆月缺时，
我都虔心上供奉，
感谢父母养育恩，
父母兄长的教诲，
我都铭记在心中。

公主跋山涉水，晓行夜宿，用了一年多的时间，到了一个名叫“雪尼布”的森林峡谷(“雪尼布”具体地望不大清楚，据说是那曲比如一带)，这时留在长安的东赞域宋赶了上来。请婚使臣之

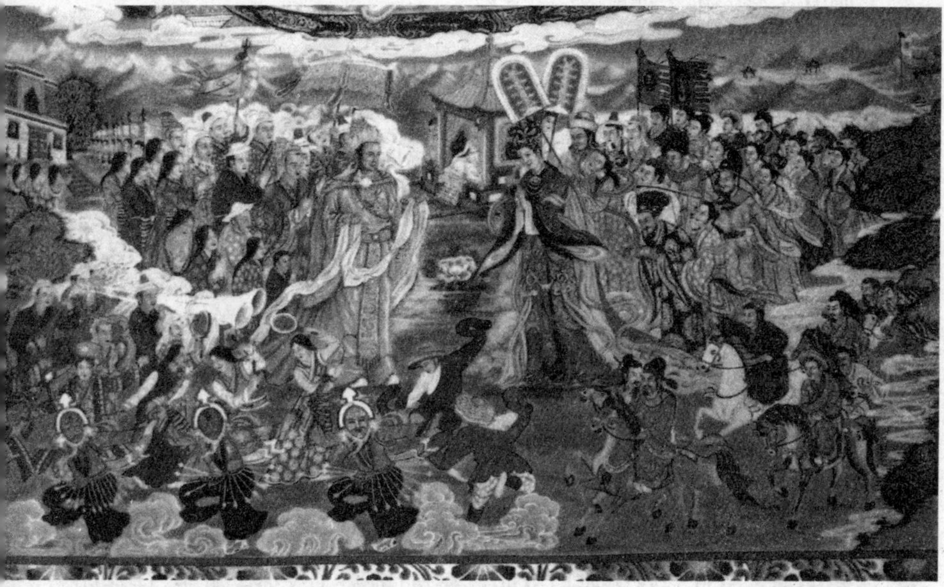

松赞干布和文成公主的婚礼（唐卡） 陈宗烈提供

一的聂吉南拉已经提前赶到吉雪沃塘王城，向藏王松赞干布报喜请功去了。藏王问：“你带有大唐皇帝的文书和信物吗？”聂吉南拉什么也没有，只好像冬天的杜鹃鸟一样不吱声了，后来西藏民间有一条谚语：“嘎瓦辛苦，聂吉邀功”讲的就是这件事情。

过了几天，嘎瓦东赞骑着唐太宗送给他的枣红骏马，赶到吉雪沃塘，向藏王报告说："绿度母化身的文成公主，还有至尊释迦牟尼佛像，很快就要来到，和我同来的四位大唐使臣和四位护卫可以作证。"松赞干布听了特别高兴，连连称赞嘎瓦东赞："劳苦功高，积德无量!你为吐蕃做了一件大好事!"

嘎瓦东赞提出建议："文成公主和尼泊尔公主心智有所不同，大王要亲自举行盛大典礼迎接，要不公主可能不肯在雪域吐蕃安身立命。"藏王立刻宣布："一切欢迎文成公主的事宜，都由大臣嘎瓦东赞安排、调度。"

嘎瓦东赞立刻发出通知："吐蕃千家万户听我说，大唐文成公主具有神通，不知她取道哪个方向进入吉雪沃塘，所有各条通向王城的道路，必须进行维修，保证通达无阻。"于是，整个吐蕃卫藏地区，上至达官贵人，下到平民百姓，把条条道道路培修平整，洒上雪山净水，绘上吉祥图案，人人穿上节日盛装，梳妆打扮一新，争先恐后聚集路旁，等候迎接从长安远道而来的大唐公主。

有意思的是，从四面八方赶到吉雪沃塘的人，都说自己看到了文成公主的仪容。南面的人说，亲眼看见了公主一行，从芝普山沟过来，她用手中的银鞭，指着山上的冰说："那块冰很像右旋白海螺!"东边的人说，亲眼看见公主一行在卡拉洞渡口，渡过了吉曲河，从此，这个渡口就叫"嘉莫饶嘎"（汉公主渡）；住在西面的人说，亲眼看见公主一行从堆龙山口过来，这里地门打开了，山势像猪鼻，天门也开了，峭壁像利剑，公主让汉唐工匠雕刻"姐妹护法"镇伏，人称"岩神怙主"，现在叫"帕纳顿"；北面的人说，我们在果拉山下果普村迎到了公主，从此果普村改名为"拉斯村"（迎公主村）。

《西藏王统记》（索朗坚赞著，1388年成书，刘立千译）上说：其实公主一行确实是从澎波地方翻过果拉山过来的，到了北面的绕木齐沙洲，装载释迦佛像的车子陷了进去，推车的大力士拉噶和鲁噶，怎么也弄不出来，公主测算了一下，绕木齐下面是一个龙宫，佛祖可能想在这里调伏龙王，便吩咐拉噶和鲁噶将佛祖像供在这里，四周用白绸遮挡，进行供祭，“明日，公主衣各种锦绣之衣，佩带金玉珠宝之饰，率其侍婢二十五美女，亦各以绫罗为衣，佩珠玉为饰，携琵琶乐器，经扎拉乌塘（今布达拉宫广场一带）游赏，斯时吐蕃臣民，皆来会聚，观瞻感慨，歌舞戏乐，一片欢腾”。

藏文古籍《汉藏史集》（达仓宗巴著，1434年成书，陈庆英译）上也说：“此时，使臣派人向国王请求说：汉地公主携带大量陪嫁物品前来吐蕃国王驾前，吐蕃臣民都应前来欢迎，举行盛大宴会。国王命令玛波日山（红山）上了望四方的守卫者，观察公主来的方向，并在各个路口布置了欢迎的人群，公主显现化身，如同一天中四方道路上有完全一样的公主前来，到圣宫殿门前才合成一个，进入宫中。”

至于藏王松赞干布和文成公主在红山宫堡举行婚礼的情形，《柱间史：松赞干布遗训》里是这样记述的：“至尊绿度母化身为汉妃文成公主，携世尊释迦牟尼金像来到吐蕃与赞普联姻。赞普与文成公主会面之际，两人浑身光芒四射，普照雪域，刹那间吐蕃众生烦恼尽除，犹如获得‘金刚三摩地’般的安逸福乐。”而在凡人们眼里所呈现的景象，是赞普松赞干布与汉妃文成公主喜结良缘：

鸾凤频频眉目传情，
鸳侣双双互敬奶茶，
佳偶津津品尝美酒，
伉俪二人嬉戏“骨臼”[①]。

最后，我想用一首藏区许多人都会唱的民歌来结束这篇文章。这首民歌，充分体现了藏族人民对文成公主的热爱、祈盼和呵护。

正月十五那一天，
文成公主答应来西藏。
莲花平川不用怕，
有百匹善走骏马来接你；
高山雪岭不用怕，
有百头力大犏牛来接你；
大河滔滔不用怕，
有百只黑色皮船来接你。
来到拉萨的“拉通”[②]渡口时，
有百只马头木船来接你；
来到拉萨的“吾吉”[③]滩时，
有百辆双轮马车来接你；
来到拉萨的“东孜苏[④]”时，
有百名英俊青年来接你；
来到“卡阿东[⑤]”的山脚时，

① 骨臼：藏语译音，羊关节骨。藏地一种游戏用具。
② 拉通：拉萨河上的渡口。
③ 吾吉滩：拉萨北边的旷野。
④ 东孜苏：拉萨八廓街东边一街口。
⑤ 卡阿东：布达拉宫东边山口。

有百名美丽姑娘来接你；
来到布达拉宫时，
有百名亲信大臣来接你。
今天公主来到西藏，
好像狮子进了大森林，
好像孔雀飞落大平原，
好像不落的太阳升起来，
西藏从此幸福又繁荣，
这是藏汉友好的象征。
一祝松赞干布身体健康，
再祝文成公主平安福绥，
三祝西藏人民幸福安乐，
今天真是三喜全光临！

布达拉为什么叫布达拉

屹立在拉萨城西的布达拉宫，善男信女争相顶礼膜拜，现在越来越多的国内外游客，更是纷至沓来，争相瞻仰。

有人这样问我，布达拉为什么叫布达拉？我说布达拉是普陀山的谐音，普陀山是观音菩萨教化雪域众生的道场。他们又问：观音菩萨不是天上的神吗？怎么会到这座山上，到这座宫堡里来呢？

他们这一问，我也有些为难。好在读了一些西藏历史和宗教方面书，请教了高僧和学者，知道了一些观音菩萨和布达拉宫的关系。

大海莲花中诞生

据《西藏王统记》记载：古代印度有位妙贤法王，想用香花供佛，便带领侍从，到大海边采集鲜花。忽然看见一朵巨大的莲花，花秆有手臂那么粗，荷叶有华盖那么大，莲花苞立在上面，像一个巨大的银瓮，放射出五色的光芒。法王感到非常惊讶，开了一条大船，带着各种供养，在莲花面前顶礼致敬，诚心祈祷。忽然莲花裂为四瓣，里面出现一个化身菩萨。“两足作金刚正坐，一头四臂，前二手合掌于心，后右手持水晶念珠，后左手持白莲花，曲达耳旁，作开放状。菩萨相好庄严，以诸种珍宝为饰，诸种绸绢为衣，身色洁白，如日照雪山。左肩披热拉那兽皮，遮及乳部。具五发髻，头顶复以诸宝严饰，面含微笑，如意美妙，白毫光像，遍照十方。”于是，法王和大臣们非常高兴，演奏各种乐器，用船把菩萨迎回王宫。又向阿弥陀佛做了报告，阿弥陀佛给他取名为“大慈大悲观世音”。

大慈大悲的菩萨

观世音菩萨成了西方佛土的神，和阿弥陀佛、金刚手菩萨合称“西方三圣”。阿弥陀佛有两个名字，从时间而言，叫无量寿佛；从空间而言，叫无量光佛。阿弥陀佛是主神，观世音和金刚手是伴神。在佛教的万神殿中，他还是佛祖释迦牟尼八大弟子之一，坐在释迦牟尼的右侧，称为右胁侍。观音和文殊、普贤、地藏合称佛教四大菩萨。文殊为大智，普贤为大行，地藏为大愿，观音为大悲。观音菩萨的本愿就是救苦救难、大慈大悲。大慈就是关爱众生，大悲就是同情弱者。凡是有苦有难的生灵，只要口里念诵观音菩萨的名字，心上浮现他的面容，菩萨就会像光和电一样，出现在他的面前，解除他的痛苦，置其于安乐的境地，使痛苦变为欢乐，使灾难变为幸福，把疾病化为健康，使分离变为团聚，使绝望变为希望，使贫穷变为富有。观音菩萨是最具同情心和亲和力的神，相信他的人最多，敬奉他的人也最多。

驻锡普陀珞迦

观音菩萨成道，据说是在印度南部一个称为普陀珞迦或布达拉的海岛。“普陀珞迦”为梵语，意思是光明山、海岛山、小花树山。唐代玄奘大师在《大唐西域记》一书里，记述了自己亲眼看到的情形：“秣剌耶山东有布旦珞迦山，山迳危险，岩谷危倾，山顶有池，其水澄镜，……池侧有石天宫，观自在菩萨往来游舍。”《华严经·入发界品》中也说：“其西面岩谷之中，泉流萦绕，树林芬郁，香草柔远，右旋布地。观自在菩萨于金刚石上，结跏趺坐，无量菩萨皆坐宝石，恭敬围绕，而为宣说大慈大悲法，令其摄受一切众生。”

救度雪域有情

藏文古籍《西藏王统记》记载：有一天，阿弥陀佛把观音菩萨叫到座前，用手加于他的头顶，恳切地说：“善男子，北方雪域藏土众生横野，过去诸佛未能调化，未来诸佛尚未调化，现在诸佛难于调化。你应该完成你的本愿，去调化和救度雪域众生，你若到了雪域藏土，有情众生看到你圣者之身，听到你诵念六字明咒，立刻会解脱三种恶道，求得善趣上界之身。”

“唵、嘛、呢、叭、咪、吽”是阿弥陀佛传授给观音菩萨的“六字真言”，也是他解除众生苦难的无尚妙法，据说念“唵”能除天道生死之苦；念“嘛”能除阿修罗道争斗之苦；念“呢”能除人道生老病死之苦；念“叭”能除畜生道劳役之苦；念“咪”能除饿鬼道饥饿之苦；念‘吽’能除地狱寒热之苦。于是，观音菩萨领受阿弥陀佛的旨意，带着六字真言到北方的雪域藏土去了。观音菩萨到了众山之根、众水之源的雪域高原，眼观上部阿里三围，形如池沼，乃野兽之州；复观下部朵康六岗，形如田畴，乃禽鸟之州；中部卫藏四如，形如沟渠，乃猛兽之州。最后，驻留在雪域红山之巅，从上向下望，整个沃塘湖像可怕的阿鼻地狱，无数生灵在里面煎熬，受饥饿苦，不堪忍受，发出诸种痛苦的哀号。观音菩萨顿时感到一阵痛楚，他流泪了，从右眼里流出一滴，化为救苦救难的绿度母；从左眼里落下泪珠一滴，化为美丽善良的白度母。

以后，观音菩萨以吉雪红山为道场，不知疲倦地救苦救难，使雪域众生登于解脱之道。他一丝一毫也不敢懈怠，一分一秒也不敢偷闲，但是雪域需要解救的生灵实在太多、太多了，他们的痛苦实在太深、太深了。观音菩萨的头颅，像苞米一样裂成十片，他的身体，像莲花一样裂成了千瓣。阿弥陀佛知道了，赞扬和鼓励了他的行动，进行了祈祷和加持，使他的头变成了十个头，加上阿弥陀佛的头，成了十一面观音；又使他裂成千片的身子，长出一千只手，每只手长出一只眼睛，成了千手千眼观音。从此，他用十一个头关注芸芸众生的痛苦，用一千只眼睛观察生灵的苦难，用一千只手去给他们提供帮助。所以，十一面观音和千手观音，成了雪域藏人最为相信和最为亲近的神。

有一天，观音菩萨静坐在红山之巅，觉得教化藏土百姓的机缘已到，便从身上放出三道光芒：第一道光芒从右眼放出，变成尼泊尔赤尊公主，第二道光芒从左眼放出，变成了大唐文成公主，第三道光芒从胸间放出，变成了吐蕃王朝的缔造者藏王松赞干布。

后来，松赞干布统一了西藏高原，建立了吐蕃王朝，在吉雪沃塘建筑了王城，在红山之巅修筑了红山堡寨，专门到尼泊尔南部圣地迎来一尊檀香木制作的大悲观音菩萨“鲁格夏热”，“鲁格夏热”成了红山宫堡的主神、藏王松赞干布的本尊神。一千年后，五世达赖喇嘛阿旺洛桑嘉措成为西藏政教首领，在红山宫堡的原址上重修了布达拉宫，他跟松赞干布一样，也被认为是观音菩萨的化身。

这座宫堡叫作布达拉

依据民间传说和宗教史的记载，大慈大悲的观音菩萨，在南瞻部洲有三处道场，一处是印度南边的普陀珞迦山；一处是中原汉土的南海普陀山；一处是雪域吉雪沃塘的红山。红山是观音菩萨最早来到雪域的驻锡之地，藏王松赞干布是观音菩萨的化身，他的两位妃子分别是绿度母和白度母的化身。红山宫堡的主神，是圣观音菩萨鲁格夏热。因此，在非常古老的年代，红山便被称为布达拉山。公元17世纪中叶，五世达赖喇嘛在红山宫堡的基础上，重建了一座宫堡，取名布达拉宫，那更是顺理成章的事了。

五世达赖兴建白宫

布达拉宫是公元7世纪中叶，吐蕃王朝的缔造者藏王松赞干布始建的，当时的名字叫作红山堡寨。公元17世纪中叶，由五

五世达赖修建的布达拉白宫　　陈宗烈摄

世达赖喇嘛阿旺洛桑嘉措重建，名为布达拉宫。从那时候到现在，经历了三百五十多年，这座宫堡一直以其雄伟壮丽、巍峨挺拔的姿容，屹立在拉萨城西的红山之巅，成为藏传佛教信徒顶礼膜拜的圣地，举世瞩目的西藏人文景观。

五世达赖喇嘛的决策

公元1642年，藏历三月二十五日，在日喀则城堡的大厅里，举行了一个具有特殊意义的典礼。那时候，格鲁派势力在青海和硕特蒙古部落首领固始汗的武装支持下，推翻了首府设在日喀则的藏巴汗政权，俘虏了藏巴汗王噶玛丹迥旺波。在这个盛典上，固始汗王将释迦牟尼舍利、八思巴法王的宝饰、仁蚌巴的精美帐幔，特别是将包括日喀则在内的藏地十三万户，献给了达赖喇嘛。从此，五世达赖登上了西藏地方政教最高首领的宝座。在他和固始汗的领导下，成立了甘丹颇章地方政权，哲蚌寺总管索朗群培被任命为第一任执政官（第悉）。

有一件非常重要的事情，提上了五世达赖喇嘛的议事日程：是不是应该在拉萨建造一座规模庞大的坚固城堡，作为号令整个西藏的权力中心？

1643 年春天，五世达赖住在色拉寺，他的师傅林麦夏仲·贡觉群佩，从拉萨河南边的桑普寺赶来看望他。两个人在寝宫的楼顶上，一边眺望拉萨城内外的风光景物，一边推心置腹地交谈。林麦夏仲大师说："我听到过这样一种说法，如果红山上建造一座红白相间、规模巨大的城堡，就能把色拉寺和哲蚌寺连结起来，从目前和长远来看，都是很好的事情。红山是大悲观音菩萨的道场，如果在山上建立一座修行的庙宇，对于剔除福田和施主身上的罪孽也会大有好处。"五世达赖喇嘛说："我只希望蒙古人留在西藏期间，不发生大的动乱，对于修筑坚固的城堡一类的事情，我没有什么特别的贪图之心。"林麦夏仲从目前、长远和最终三个方面，进行了详细的分析。最后，他非常严肃地对达赖喇嘛说："如果没有一个按照地方首领的规则修建的城堡作为政权的中心，从长远来看，有失体面，从眼前来看，也不甚吉利。南边虽然有贡噶城堡，但是距离拉萨太遥远。因此新的城堡最好在布达拉山上修建，如果完成了这项工程，就能使宗喀巴大师的教法不会付之东流，必须咬紧牙关，要有刀枪不见血不收回来的决心。"林麦夏仲是位年过七旬的老人，不但是德高望重的佛学大师，在政治和军事方面，也具有远见卓识，超过常人，他是第一个力劝五世达赖喇嘛重修布达拉宫的人。五世达赖喇嘛听从了师傅的建议，最后作出决断，在拉萨红山上重修布达拉宫。(见陈庆英、马连龙译：《五世达赖喇嘛传》)

隆重的开工典礼

1645年藏历四月初一，布达拉宫重建工程正式开工。前一天，拉萨发生了一件轰动全城的大喜事。原来，在松赞干布时代，红山宫堡有一尊名叫“帕巴鲁格夏热”的檀香木观音菩萨像，被固始汗的妃子达勒滚吉从康区邓科地方找了回来，专门派曼殊室利曲杰送到拉萨，供奉于大昭寺。就在举行开工典礼的时候，专门把“鲁格夏热”圣像从大昭寺迎请到布达拉山。拉萨四乡的男女老少盛装打扮，僧俗人等各持伞盖、法幢、旗幡、花束、神馐、熏香、各种乐器等，以五世达赖和固始汗二人为首，带领大队蒙藏骑兵随后护送，将这尊殊胜无比的如意至宝自在观音像又重新送回藏地民众福田的中心。五世达赖在“自传”中说：“这时，晴空碧霄，连一丝微风都不曾吹起。红光四射、白云环绕、美不胜收，贵贱人等都亲眼目睹花雨飘落，出现了奇异的瑞兆。”“下午开始破土动工，南杰扎仓的僧人挖土，背土人的名字都带有吉字、善字，此外，还举行了埋藏宝瓶、祭祀龙类、镇伏怨敌的仪轨。”

于是，布达拉宫的重建工程，热火朝天地开始了。工程由第悉·索朗群培主持，从1645年藏历四月开工，到1648年四月底竣工。达赖喇嘛本人也从哲蚌寺的甘丹颇章宫迁移到布达拉宫顶上的日光殿居住和办公。

白宫的规模和布局

由第悉·索朗群培主持修造的布达拉宫，通体是白色的。白色是羊毛和白云的颜色，是善良和纯洁的象征，这座宫堡被称为“布达拉白宫”，特别是与后来第悉·桑杰嘉措主持建造的红宫相对比，火红和雪白，反差非常强烈。

人们从布达拉宫的南边，沿蜿蜒曲折的之字形蹬道上山，进平措堆朗（圆满会集）大门，往西进入德央夏东庭院，迎面就是布达拉白宫了，它像一座雄伟的雪山高耸云天。白宫地面上一共有七层，朝东的三排楼梯为第二层，楼梯上面白宫门厅为第三层，这两层都是坚固厚重的石头建筑。下边还有一层是地垄。因为布达拉宫是建筑在红山顶上的，山头高低起伏，岩石凸凹不平。建设者们便在山头岩石间纵横交错地构筑石墙，上面用巨木铺盖，再用树枝、土石填充，打成阿嘎地面，形成一个巨大而坚实的人造平台。整个的白宫，就修建在这个人造平台上面。从一层的地垄到二、三层的碉房，平时是仓库，存放柴薪、粮食、酥油和茶叶，遇到危急情况，这些房屋就是守卫布达拉宫的明碉暗堡，从里面放枪射箭，进行出击。靠南边的宫墙上，有一排排或明或暗的窗，既便于通风通气，又使整个建筑形成一个整体，有一种雕塑美和立体感。

白宫门厅虽然不大，却是布达拉宫的重要建筑。墙上绘满壁画，现已成为珍贵的历史文物。北墙上绘有七世纪时的红山宫堡全图和文成公主进藏图。南边墙上有五世达赖喇嘛任命桑杰嘉措为执政官（第悉）的诰命和十三世达赖喇嘛加盖的手掌印。

第四层为东大殿，是白宫最大的殿堂，面积七百一十七平方米，有大柱三十四根，内设达赖喇嘛宝座，宝座上悬同治皇帝御

布达拉宫壁画：顺治皇帝会见五世达赖喇嘛

书亲书“振锡绥疆”匾额。每逢达赖喇嘛坐床、亲政等重大典礼，都在这里举行，大殿东侧是布达拉宫的供品制作室和仓库。

第五层是布达拉宫管理处，藏语叫“砌德勒空”。西侧为一排排门禁森严的库房，译为“财神库”。珍藏着金银珍宝、钱币、铜器、唐卡、佛像、绸缎、氆氇等达赖喇嘛的珍贵财物。

第六层为藏王或者摄政王的办公区。有一处叫“荣增康”，是达赖经师的住地。另一处叫“德瓦坚”，是噶伦们的临时办公室。

第七层是白宫的最高处，为西日光殿和东日光殿。这是达赖喇嘛生活起居、接待宾客、会见官员们的宫室。西日光殿是五世达赖喇嘛时修建的，由“福地妙旋宫”、“福德欲聚宫”、“喜足绝顶宫”、寝宫和护法神殿组成。东日光殿是1924年十三世达赖喇嘛扩建的，由“喜足光明宫”、“永固福德宫”、护法殿、长寿尊胜宫和观戏阁等组成。

东西日光殿，高居布达拉之巅，宫内雕梁画栋、辉金耀银、珠光宝气，整日阳光朗照，犹如天国的仙宫，达赖喇嘛安居在这里，头上只有太阳和月亮，脚下则是农田牧地和芸芸众生，这正是当时西藏社会和达赖喇嘛地位的真实写照。

在白宫的周围，修建了德央厦（东庭院）、德央鲁（西庭院），还有夏钦觉（东大堡）、丹玛觉（地母堡）、杰布觉（国王堡）、玉结觉（凯旋堡）四座碉堡紧紧环绕和拱卫着达赖喇嘛的神座。

白宫建成后四十四年，在它的西面兴修了红宫，供奉装有五世达赖法体的金灵塔和灵塔殿。以后陆续增修了七至十三世达赖喇嘛的金灵塔，每座灵塔顶上都立了一座金顶，使红宫之巅出现了光芒四射的金顶群。在红宫和白宫中间，修建了朗杰扎仓殊胜僧院，在白宫东侧修了僧官学院，红宫西面修了新僧院、旧僧院和下僧院，南侧兴建了称为“雪”的布达拉卫城，北侧营建了美丽的龙王潭园林等。这样，布达拉宫成为一个高达一百一十七米，东西长三百七十米，南北宽三百七十米，共计十三层，覆盖整个红山山体，集寺庙、灵塔、宫殿、城堡、园林于一体的古老藏式建筑群，在红山之巅显现出金碧辉煌、高低错落、浑然一体的人间奇观。

最早把布达拉宫告诉世界的人

早先，西藏是世界上最为封闭和神秘的地方。对于西方人，这是一个绝对的禁地。对于清朝政府官员，这里高寒缺氧，气候恶劣，道路遥远，险象丛生，去一次往往是九死一生，要付出生命的代价。因此，除了战争需要或者皇帝下令，是没有人敢去的边陲绝域。但是，一旦有人突破了种种自然和人为的障碍，翻越雪山荒原，历尽千难万险，最终看到了布达拉宫宏伟建筑的姿容的时候，好比沙漠中看到了绿洲、大海里发现了仙岛，无不发自内心的欢欣鼓舞，不由自主地赞不绝口。

西方世界最先看到布达拉宫的人，应该是法国传教士格鲁伯和比利时传教士德奥维尔。1661 年他们从西宁出发，走了整整三个月，于当年十月八日抵达拉萨。他们刚刚走近古城，就为赫然耸立在蓝天白云下的布达拉宫所震慑。那时布达拉宫山上只有建成十来年的白宫，格鲁伯专门画了一张素描，它使西方世界第一次有机会看到这座宫堡的奇观。他还在山下画了一辆马车，有点画蛇添足的意思，因为当时西藏并没有马车。

后来看到和介绍了布达拉宫的西方人，应该是意大利传教士德斯德利了。他于 1716 年 3 月 18 日抵达拉萨，那时红宫刚刚落成，布达拉的景观又有很大的变化。他描述布达拉宫，是一座“奢华的宫殿，有五层楼那么高”。接着他又介绍了布达拉宫后面的龙王潭，“高高耸立的建筑物，倒映在一片小小的湖水之中，湖中央有一个规模更小的宫殿”。这位意大利传教士，在介绍布达拉宫的时候，又说：“藏族的亚当神猴和夏娃岩妖，最早是在布达拉山上结合，繁衍了民族的后代，开始了西藏的文明。”其实，在西藏的神

法国白乃心神父（即格鲁伯）1673 年绘的布达拉宫图
（原载伍昆明：《早期传教士进藏活动史》）

话里，神猴和岩女结合的地方，是山南泽当的萨当贡布日山，不是布达拉山，他有些弄错了。

清朝官员最先记述布达拉宫的，应该是1720年随大军征剿准噶尔的人泾阳县知事焦应旗，他在《藏程记略》中这样写道：“迨观藏内（拉萨）形胜，山水环秀，土田沃衍，树木浓荫，民居稠密，且风和日暖，严冬之际，冰雪不凝，洵塞城之别有天地也。平川中拥一石山，较诸峰独小，上建寺院，为活佛所居，层楼翠阁，几数百重，金光绚丽，美不胜述。”无论是拉萨，还是布达拉宫，在他的笔下，都充满了诗情画意，别有洞天。

运粮官员吴庭伟，也是1720年抵达拉萨的，他看到了布达拉宫，记述道：“藏西里许，有一座山，山上盖坐北向南大庙，乃达赖喇嘛所住。南边山下，围山有城三门，东西南各一门，相距二三里，城门宽大，上山之路用石铺好，一丈宽，有拦马墙，向东上去，山后有两条路，与前边路一般。此山上房子甚多，有千门万户，至顶九层，接连套盖，由梯而上，路径逼人，墙地皆系石灰粉成，一片雪白。第八层楼锡瓦殿，第九层楼金瓦殿，西边有一金瓦殿，内有金塔一座，四丈余高，镶嵌多是珊瑚宝石之类。南北有银塔四座，丈许高，佛像与中华喇嘛寺内一般，也有铜胎，有泥像，殿内柱子有花氆氇包裹，栅幔用花蟒缎结吊，窗格子雕刻甚精，画像巧细，不能尽述，名布达拉庙。”他记述得十分详尽，这时离白宫建成六十七年，离红宫建成二十七年左右。

1811 年，有位名叫托马斯·曼宁的英国人，拿着法国皇帝拿破仑亲自签发的通行证，走了大半个世界，最后转到了他差不多付出生命代价的拉萨城。这座城市给他最初的印象是“令人振奋的布达拉宫的完美无缺，大大地超出了意料之外”，他写道：“蜿蜒贯穿宫殿的道路相当宽阔平坦，与巍峨倾斜的宫殿奇景浑然一体。形成了气势雄伟的倚山建筑。我的目光久久凝视这座宫殿，四处打量它的各个部位。其布局毫无规律，使我难以分析，但从整体上看，它似乎是完美无缺。”

曼宁之后，又过了三十五年，法国神父胡克，穿过拉萨西边的大门，抬头看到高耸在红山上的布达拉宫，他被彻底地征服了。他像所有亲临佛教圣地的旅行者一样，肃然起敬地站在这座倾斜的建筑物的面前，他写道：“达赖喇嘛的宫殿，在某些方面是因为整个世界享有的名声而闻名遐迩。它坐落在城北的一座山势挺拔，呈锥状的山上。它屹立在平原上，仿佛是一个湖面的小岛，达赖喇嘛的崇拜者们在这个庞大天然的基座上，建起了这座雄伟的宫殿，他们的活佛就住在这里。”“布达拉宫给人一种奇异的静寂，静寂中的宗教默祷，赢得了所有人的心。”

从这以后，西方殖民主义者加紧了对中国西藏的侵略，用机枪和大炮强行地打开西藏紧锁的大门，特别是1904年以荣赫鹏为首的英国远征军攻入拉萨，在布达拉宫西大殿强迫西藏地方政府签署屈辱性的拉萨条约。从此进藏的外国人逐渐多了起来，对布达拉宫的描述，也越来越多了。

桑杰嘉措秘修红宫

白宫是五世达赖喇嘛重建的，红宫则是第悉·桑杰嘉措在五世达赖圆寂后兴修。这一红一白，两座雄伟壮观的宫堡耸立在拔地而起的红山之巅，成为拉萨古城标志性建筑，磁石般吸引着全世界人们的目光。

兴建红宫的缘起

1682年藏历二月二十五日中午时分，在政教两个方面都作出了杰出贡献的五世达赖喇嘛阿旺洛桑嘉措，走完了他六十六岁的人生旅程，在布达拉宫西日光殿福地妙旋宫阖然长逝。年轻气盛、深受五世达赖宠信和倚重的执政官第悉·桑杰嘉措贸然决定，秘不发丧，既不向皇帝报告，也不向社会公布。他对外界放出风来说，达赖喇嘛已经很老很老了，他需要独自在深宫密室里闭关坐静，冥思佛教哲理，拒绝会见任何人。为了掩人耳目，每天照例向寝宫敬送茶水和食物，重大的事宜都由侍从室长官到寝宫禀报和带出指示。各种大型的宗教典礼，则把五世达赖的法衣摆在宝座上，接受人们的朝拜。寝宫里时不时还传出法铃、手鼓敲击的声音，好像五世达赖喇嘛还在诵经念咒一样。遇到中央使臣或者

布达拉宫落成典礼（壁画）

蒙古族首领请求会见达赖喇嘛的时候，桑杰嘉措便找一位样子很像达赖喇嘛的蒙古族老僧代替，他的名字叫第巴哲饶，远远地让人看上一眼，会见的仪式便匆忙结束。但是，这个老喇嘛脾气倔强，不愿意像囚犯一样，整天关在布达拉宫受人摆布，好几次逃了出去，弄得桑杰嘉措非常恼火，又是哀求又是威胁。最使桑杰嘉措头痛的还是乃琼护法神巫的妈妈，有一回她居然对别人说，当今的如意至宝（指达赖）早已归天了。桑杰嘉措经过查对，知道是乃琼神巫泄露的消息，便悄悄地把这位巫师干掉了。事后，他又非常后悔，给乃琼寺修了一道围墙，以消除自己的罪孽。

正是在这样的情况下，桑杰嘉措知道，匿丧的事情瞒得了一天，瞒得了一年，瞒不了永远，便着手做了两件事情，一是派出亲信寻访五世达赖喇嘛的转世灵童；二是筹措财力物力，着手兴建五世达赖喇嘛的肉身灵塔和灵塔殿，也就是后来的红宫。

桑杰嘉措本人是一位精明能干的工程组织者和杰出的建筑师。按照他的构想，是要把白宫两侧吐蕃时期留下的废墟全部摧毁推平，在上面兴建一个西藏历史上从未有过的宏大建筑，作为五世达赖喇嘛灵塔殿和以后历辈达赖生活起居的宫室和殿宇。不过，他的这种大胆设想，遭到僧俗两界许多重要人物的反对。他们提出吐蕃红山堡寨的原址上，有供奉圣观音菩萨“鲁格夏热”的观音殿和藏王松赞干布、文成公主、尼泊尔公主等吐蕃王臣、后妃修行的法王洞。经过一再在圣观音和吉祥天女班丹拉姆面前问卜，都预示观音殿和法王洞不能拆除。于是，桑杰嘉措只好接受这个意见，在保留上述两座吐蕃古建筑的基础上，兴建一座新的宫堡。

征调大量差民百姓

红宫修建工程从1690年藏历二月二十二日开始，这一天离五世达赖喇嘛圆寂刚好八年。为了修建这个史无前例的宏伟建筑，第悉·桑杰嘉措发布政令，征调数以万计的乌拉差役和各类工匠。据西藏大学教授嘉措顿珠先生在《布达拉宫志》一文中介绍，在修建红宫的三年里，头一年从日喀则、拉孜、曲科杰、金东、雪卡、拉加里、吉雪等地摊派民工五千七百零七人；第二年从贡嘎、乃东、琼结、哲古、墨竹工卡、直贡、达隆、尼木、曲水、扎囊等地召集民工五千七百三十七人。

同时从各地征调石匠三百七十六名，木匠二百六十六人，铜匠四十八人，牛皮船夫八十七人，裁缝和皮匠一百五十九人，画师二百三十六人，塑像师三十九人，康熙皇帝专门派来老魏等工匠一百一十四人，还有尼泊尔裁缝和金匠一百九十人。各类匠师达到两千多人，包括工头在内，每天工地上干活的民工和工匠七千八百多人。他们中间不少人，例如门唐派总画师洛扎·丹增罗布，石匠总技师甲门达吉，木匠总技师乃萨哇·江央旺布，铁匠总技师俄章巴，金匠总技师旺秋，铜匠总技师洛·德岗巴，汉族总工头邓奇，尼泊尔总工头噶恰巴·达珍多吉，特别是工程总管波贡门巴·洛珠坚赞等，都是为红宫建造作出了杰出贡献的人物。

建筑工地一片繁忙

1690年秋天和冬天，差民百姓和各类工匠成群结队，一拨接一拨从西边的日喀则、东边的林芝和南面的山南，以及拉萨周围各个地区源源不断地向着拉萨圣城集中，在布达拉山周围的林卡和旷原上安营扎寨。拉萨一夜之间成了一座劳动之城、工匠之城、建筑之城。成千上万的工匠，在第悉·桑杰嘉措的统一指挥调度下，开始了前所未有的布达拉红宫建筑施工。

当年藏历十一月十五日，工程总管波贡门巴·洛珠坚赞和木工总工头乃萨哇·江央旺布两人根据测量图样，从白宫西面开始破土动工。红宫起基于红山山顶，这里山岩高低错落，地面凸凹不平，还有大量吐蕃时期的老房子。拆除这些老房子以后，建筑者们按照西藏宫堡建筑的传统，修筑了大量纵横交错、坚固结实的地垄，使红宫和红山牢牢地契合为一个整体，在这个巨大的平面上，再建造灵塔殿和享堂。

红山上下和整个拉萨圣城，成了巨大的建筑工地，炉火熊熊、铁锤震荡，民工们汗流如雨，劳动的号子此起彼伏，在古城内外传扬。据嘉措顿珠先生介绍，红山东面的甘丹康沙宫，设立了木工作坊；拉萨河南边的岗布隆，北面的多底山沟等，设置了采石场；帕奔岗山上为红土供应点；扎耶巴山谷是开掘阿嘎土的地方；策觉林山上开采薄石片。建筑工程需要大型梁柱木材，都是派人到工布地区的雪巴沟、山南地区的觉热山采伐。树木砍伐之后，由牛皮筏或扎成木排漂流到拉萨。然后，由人力、车马和牲口运上红山工地。加日康沙为碾磨颜料处，巴康和左母然两处为铸造佛像工场，拉章索康为缝纫作坊，曲墨林卡成为民夫和工头们的宿营地。现在人们从红宫西大殿顶层的壁画里，还能看到当时建筑工地一片繁忙的情形。

红色宫堡巍然耸立

经过两年零四个月的紧张施工，到1693年藏历四月二十日，工程全部竣工。藏历四月二十一日举行了隆重的落成典礼，第悉·桑杰嘉措在布达拉宫南坡脚下，立了一块巨大的石碑。石碑上一个字也没刻写，他也没有办法刻写。因为红宫始终是在秘密情况下兴修的。修建红宫虽然是他的大手笔，但真正的目的当时是不能讲的。

红宫地面建筑为七层，下面三层为基础建筑，中央采用上下七层贯通的竖向大窗格，与其余建筑的较小窗户和通气口、挺拔的墙体与顶层的金瓦，红宫的红与白宫的白，形成了高低、虚实、明暗强烈对比。脚下红山托举，头上蓝天映衬，在人们的视觉里，红宫比建筑本身还要高大、雄伟和威严，给人以强烈的震撼。

西大殿和灵塔殿

红宫第四层司西平措大殿，又称西大殿，是五世达赖喇嘛灵塔殿的享堂。建筑面积六百八十平方米，由四十八根巨大的方柱支撑，净高六米。殿堂四周绘满了五世达赖生平活动的壁画，例如1652年，他去北京朝觐顺治皇帝的情形。大殿中心是达赖喇嘛的宝座，宝座上方悬挂着乾隆皇帝书写的“涌莲初地”的金匾额。

殿内还有两幅精美的锦绣围幔，是康熙皇帝应桑杰嘉措的请求，在北京专门设立了一座织造厂，用金线织绣的，费工一年之久，耗银一万六千余两，为布达拉宫的稀世之宝。司西平措西大殿是布达拉宫最宽敞、最豪华的殿堂，六世达赖仓央嘉措的坐床和废黜仪式，都是在这里举行的。因为六世达赖身世坎坷，下场凄惨，此后历辈达赖喇嘛坐床和亲政典礼，再也不在这里举行了。

大殿西边是五世达赖的灵塔殿，藏话叫“孝登拉康”。北面为世袭殿，藏话叫“冲绕拉康”，主供历辈达赖喇嘛像。南边为持明殿，藏话叫“仁增拉康”，主供宁玛派祖师莲花生和莲花生的八种变身像。东边为道次第殿，藏话叫“郎仁拉康”，主供噶当派和格鲁派历辈祖师像。

灵塔殿内，安置着装藏五世达赖喇嘛法体的金灵塔。塔高十四点八五米，分为塔座、塔瓶、塔刹三个部分。塔座和塔瓶用金皮包裹，共用黄金十一万余两，塔身镶嵌价值连城的金刚钻石、红绿宝石、翡翠、珍珠、玛瑙一千五百余颗。塔前摆放着金灯、金碗、明清珐琅、瓷器、各式法器、祭器，琳琅满目，灿烂辉煌，称为“南瞻部洲一大装饰”。

灵塔的塔瓶分内外两间，里间设一张法床，床上安放五世达赖喇嘛的遗体。遗体按照西藏的传统方法，经过药物处理，按圆寂时的姿态，身穿比丘僧衣，外套全副神装，外间供奉着一尊银制十一面观音像。

壁画的长廊

红宫第五层，实际上是西大殿、灵塔殿、世袭殿、持明殿等殿的顶层，没有神堂和佛殿，但这一层回廊的墙壁上，画着琳琅满目的壁画，总面积达到一百七十平方米，是布达拉宫壁画最重

第悉·桑杰嘉措，他主持了布达拉宫红宫的建造（色拉寺壁画） 次旺仁钦摄

要的组成部分。西壁北侧的五世达赖喇嘛像，是洛扎·丹增罗布亲手所绘，他是布达拉红宫的总画师，又是西藏绘画门唐派创始人、门拉顿珠的嫡系子孙。西壁南侧有与第悉·桑杰嘉措同时执政的蒙古首领达赖汗（固始汗的孙子）的画像。回廊北壁有五世达赖喇嘛的业绩图，东壁至南壁绘制了从布达拉宫初建到红宫落成典礼的全过程。还有举行供祭法会（传小召）的全过程，这些都是当时的社会生活、宗教生活、寺庙建筑和各项民俗活动的真实记录，对于研究布达拉宫的修建历史、古代的民俗风情有着特殊重要的意义。

法王洞和观音殿

红宫的第六层北面，有吐蕃时期保存下来的曲杰扎普法王洞，此洞开凿在红山顶部的岩体当中，从此成为红宫整体建筑的一个组成部分。相传这里是藏王松赞干布修行坐静的地方，洞里有一个炉灶，灶上还有石锅、石臼，据传这是松赞干布用过的原物。还有松藏干布、文成公主、赤尊公主、芒萨赤羌、王子贡如贡赞，大臣禄东赞、吞米·桑布扎等人的塑像。有人说这是吐蕃时期的作品。这些塑像体形匀称，线条流畅，衣褶分明，表情生动，好像是国王、王妃、大臣在一起商议国事；又像絮叨家常，看起来使人备感亲切。

和法王洞同在红宫第六层的，还有西边的普贤殿、响铜殿，东面的时轮金刚殿，南面的无量寿佛殿、释迦百行殿、释迦能仁殿。无量寿佛殿里绘有布达拉宫的全景图。

法王洞的上面是观音殿，这也是红山宫堡建筑的遗存，不过几经维修，已经失去了它的原貌。殿内主供“帕巴鲁格夏热”观音菩萨像，这尊圣像一直供奉在观音殿内，后来被转移到拉萨北边帕奔卡寺庙，又被移供到小昭寺神坛。还一度流落到青海、四川藏区，最终回到了布达拉宫，成为这座主殿的灵魂。观音殿门上悬挂着同治皇帝题写的“福田妙果”匾额。

红宫顶层的殿宇

和观音殿同在一层的是红宫第七层，也是西大殿往上的第四层，这是红宫的顶层。始建的时候，第悉·桑杰嘉措计划建成五世达赖喇嘛之后的历辈达赖喇嘛寝宫，实际上也是这样做的。但是后来，他们都改成供奉神佛的殿堂了。

这一层南边的殿堂名叫殊胜三界殿，一度是六世达赖仓央嘉措的经堂。七世达赖喇嘛格桑嘉措，在殿里供奉了“当今皇帝万岁”的牌位；八世达赖喇嘛强白嘉措，又在殿内供奉了乾隆皇帝的比丘画像。从此，历辈达赖喇嘛总是在这里与朝廷大员、驻藏大臣会见。每逢新年佳节、皇帝寿诞，达赖喇嘛和驻藏大臣都要率领僧俗官员，在皇帝像前行三跪九叩的大礼。

殊胜三界殿西侧的长寿极乐殿（其美德丹吉宫），原先叫“甘丹吉”，是六世达赖喇嘛的寝宫，殿内还保留着六世达赖喇嘛的宝座。

殊胜三界殿东侧为坛城殿，藏话叫“鲁朗康”，原名叫“平措贵巴”，原先是七世达赖喇嘛的寝宫，1741年，七世达赖塑造了密集、胜乐和大威德三位本尊神的坛城，供奉在这座殿中，所以称为坛城殿。

红宫七层东侧的弥勒佛殿，原先是八世达赖喇嘛的寝宫，后来在宫内建造了高三点六六米的铜质镀金弥勒佛像一尊，周围还有各种名贵佛教造像上百尊，因此改名为强巴佛殿。在红宫顶层西侧，还有“拉玛拉康”上师殿，主供银质的宗喀巴大师像和多位上师像，特别是六世达赖喇嘛仓央嘉措八岁时的银质本身像，十分珍贵。

八位达赖长眠黄金塔

按照第悉·桑杰嘉措当初的计划，红宫就是安葬、瞻仰、祭祀五世达赖喇嘛遗体的殿堂。以后历辈达赖喇嘛生活在这里，也埋葬在这里。如果说红宫是历代达赖的陵墓，那是恰如其分的。

达赖喇嘛圆寂后，按西藏的传统进行塔葬。塔葬是保存高僧活佛法体的一种葬丧方式，也是最高级的葬仪，据说源起于公元10世纪。格鲁派祖师宗喀巴圆寂后，就是用这种方式装藏在丹甘寺里的金质灵塔中的。圆寂于公元15世纪的铁索桥活佛汤东杰布，也是用同样的方式将他的法体保存在他的寺庙里。直至20世纪60年代，虽然经历了五百多年的漫长岁月，据说遗体还非常完好，面目还很生动，肉体还有弹性。

每一辈达赖圆寂后，要把他的法体制成“木乃伊”形状，中间必须经过四个过程：第一，活佛圆寂后，立即进行洗浴，涂抹香料，戴五佛冠，穿比丘衣，作跏趺状坐定，进行供祭。第二，按照藏医的特殊方法，取出内脏，进行防腐干缩处理，用藏红花、檀香粉和藏北的纯净精盐敷贴一层，用丝绸哈达紧裹一层，让精盐吸干体内的血和水分。每天要换一次盐和丝绸哈达。后两个月，三天更换一次，直到血和水分被完全吸干为止。第三，用一种特殊的藏药和藏红花

五世、七世、八世、九世、十世、十一世、十二世、十三世八位达赖喇嘛圆寂后，都用黄金塔葬在布达拉红宫，这是十一世达赖的灵塔。

制成的药泥，涂抹在法体各处，使法体变得均匀饱满。第四，最后由塑像师用最薄的金铂敷在活佛脸上，重新描绘五官，迎请到金制或银制的塔瓮安放保存，接受僧俗各界的瞻仰和朝拜。

除了五世达赖灵塔以外，红宫还有七世至十三世达赖的七座灵塔。六世达赖仓央嘉措因为客死青海，遗体未能运回，红宫里没有他的灵塔和灵塔殿。七世达赖喇嘛格桑嘉措 1757 年圆寂，肉身灵塔建造在红宫第七层的西北侧，位于圣观音殿和上师殿中间。灵塔外裹金皮，使用黄金四百九十八公斤，塔身镶嵌珠宝、钻石近万颗，灵塔命名为“吉祥光芒”。八世达赖喇嘛强白嘉措 1804 年圆寂，灵塔建造在红宫第七层东北侧，位于圣观音殿的右方，金塔使用黄金八十七公斤，塔身镶嵌珠宝、钻石约一千多颗，塔高九点四米，金塔取名“妙善光辉”。九世达赖喇嘛隆多嘉措 1815 年十一岁时圆寂，灵塔也是建造在红宫的第七层，坐落在八世达赖灵塔的东南侧，金塔使用黄金一百一十二公斤，塔身高七米，取名“三界喜悦”。十世达赖喇嘛楚臣嘉措 1837 年二十二岁时圆寂，因为红宫顶层已经没有建造金灵塔的地方，改葬在五世达赖喇嘛的左侧，外裹金皮，使用黄金一百一十公斤，塔身镶嵌珠宝、钻石数千颗，塔高七米，取名“欲界庄严”。十一世达赖喇嘛凯珠嘉措 1855 年十八岁时圆寂，灵塔修建在红宫四层世袭殿的西侧，塔身用金皮包裹，镶嵌珠宝、钻石上千颗，塔高六点九米，取名为“利乐光芒”。十二世达赖赤列嘉措 1875 年二十岁时圆寂，灵塔坐落在五世达赖喇嘛灵塔的右侧，取名为“寿施光芒”。

1933 年藏历十月，十三世达赖喇嘛圆寂于拉萨罗布林卡，因为他的业绩和威望，西藏地方政府认为有必要建造类似五世达赖喇嘛的金灵塔，而红宫上下各层已经没有一个较为宽敞的殿堂，安放这位执政五十多年神王的灵塔，便把红宫西墙打通，在西墙外修造了一座大型的灵塔殿。殿中修造了十三世达赖喇嘛的金灵塔，塔高十四米，塔身用五百八十九点六九公斤的黄金包裹，塔身镶嵌珠宝、钻石、珊瑚、玛瑙数万颗，其价值相当于灵塔的黄金十倍以上，灵塔取名“妙善如意”。

五世、七世、八世、九世、十三世灵塔顶上各树立了一个歇山式的金顶，加上圣观音殿上面的金顶，上师殿上面的金顶，一共有七座巨大的金顶。如此巨大的金顶群，高高耸立在布达拉红宫之巅，蓝天丽日，凌空御风，远远看去，金光闪闪，使人更加感到无限的美丽和神奇。

布达拉宫顶层日光殿

布达拉白宫的顶层，有两套达赖喇嘛的寝宫。西边的一套叫西日光殿，是五世达赖喇嘛时期建造的；东边的一套叫东日光殿，是十三世达赖喇嘛时期扩建的。1959 年之前，十四世达赖喇嘛每年冬春两季都在这里生活。

这两套寝宫，高居布达拉宫之巅，再往上只有蓝天、白云、太阳、月亮和星星。终日艳阳朗照，明亮温暖，称为日光殿。在过去的年代，达赖喇嘛被认为是至高无上的，是雪域一神，住在这里很符合他们的地位和身份。再说它和雄浑粗犷的红宫、白宫等宏观巨构相比，房舍精巧玲珑，殿堂优雅别致，色泽柔和，十分舒适，比较适合居住。如果把布达拉宫比作大海波涛，这里则是小桥流水，如果布达拉宫是巍峨挺拔的雪山冰峰，这里应该是僻静清幽的园林草地了。

东日光殿的甘丹朗色宫，是达赖喇嘛的接见厅　　陈宗烈摄

西日光殿

西日光殿有八处宫室，主要是索朗列吉（福地妙旋宫）、平措堆吉（福乐欢聚宫）、嘎丹扬孜（喜足绝顶宫），还有孜嘎（接待室）、贡康（护法神殿）、朗玛康（侍从室）、才森莫康（寝宫）等。索朗列吉是五世达赖喇嘛的起居室，至今还完好无损地保存着他的卧榻、茶几、铃杵，还有他的像。

六世达赖喇嘛住在红宫顶层的甘丹吉宫，他的佛堂是萨松朗杰（尊胜三吉殿）；七世达赖喇嘛的寝宫是平措贵巴（福足庄严宫），他圆寂后改为坛城殿；八世达赖喇嘛的寝宫是甘丹平措吉（兜率福足宫），他圆寂后改为弥勒佛殿。十三世达赖喇嘛坐床后，先是住在西日光殿，索朗列吉是聚会厅，平措堆吉是接见厅，甘丹扬孜是习经室。历辈达赖住在不同的宫室，我想，也许是后一辈达赖不宜住在前一辈房间的缘故。

东日光殿

十三世达赖执政的晚年，将西日光殿往东扩展，《第十三世达赖喇嘛年谱》(《西藏文史资料》十一集)记载："公元1923年，藏历水猪年，佛龄四十八岁的时候，虑及当前和长远的安危，凡下属臣民按人畜头数征收少许赋税，作为修葺布达拉宫的基金。将白宫东头的上中下各层楼房全部拆除，扩建寝宫及配房、膳房走廊和宫后部上端的达果加布印画院。修缮期间，达赖喇嘛亲临指导。不久，全部竣工，举行开光讲经仪轨，接受政府、贵族和各界庆贺。"

新拓建的东日光殿，一共有九处宫室，主要是甘丹朗色（喜足光明宫）、达丹白孜（永固福德宫）、西美朗杰（长寿尊胜宫）、还有恰白康（图书室）、恰西康（观戏阁）、护法神殿、净厨、传达室、厕所等。

十四世达赖住在这里的时候，甘丹朗色是僧俗官员早朝厅，达丹白孜是接见厅，西美朗杰是习经室，里边摆了一台菲利普收音机。从这里开一扇小门，通往他的卧室，卧室里摆了一张钢丝床，因为这位达赖喇嘛已经不习惯跟他的前辈一样，睡在一只长方形的箱子里。寝宫最东头是观戏阁，每逢德央厦广场有盛大的演出活动，达赖喇嘛照例在僧俗官员们的陪同下，坐在这里，从上往下观看。

孜与雪

关于日光殿的情形，我请教过来北京参加全国政协会议的拉鲁·才旺多吉先生，他担任西藏地方政府噶伦多年，对布达拉宫里里外外熟悉得不得了，说起来如数家珍。

他说："从德央厦广场往西看，白宫的顶层称为夏局松琼，意思是东寝宫，你说那是东日光殿，不对，布达拉宫只有西日光殿，没有东日光殿，东寝宫只是西日光殿的延伸。东西两处都有僧俗官员朝拜达赖喇嘛的殿堂，东边的叫甘丹朗色，西边的叫索朗来吉。福地妙旋宫外面平台宽阔，参加早朝的官员往往先在这里集中，然后按官级大小、地位高低依次进入殿内，一些低级的僧俗官员，只能在走廊上，甚至楼顶平台就座。"

东寝宫的下层，有红色的柽柳墙。里边是摄政王（藏王）的住地，称为"藏王宫"。西日光殿的下层是达赖喇嘛经师的住房，称为"容尊松琼"。这一层还有一处宫室，名叫"德瓦坚"，意思是"西方极乐殿"，这是噶伦们议事和休息的地方。

日光殿在白宫从下往上数第七层，是达赖喇嘛生活起居和处理政教事务的地方。藏王宫在第六层，是历代藏王、摄政王和司伦生活起居及处理政教事务的地方。按照过去的说法，日光殿称为"孜"(上)，达赖喇嘛的办事机构称为"孜嘎"，所有的僧官称为"孜仲"，他的传令官称为"孜卓尼青波"；藏王宫称为"雪"(下)，他的办事机构称为"雪嘎"。所有的俗官称为"雪仲"，藏王的传令官称为"雪卓尼青波"。过去，无论什么人，要见达赖或者藏王，都得通过"卓尼青波"上传下达。布达拉宫的总管名叫"孜加青波"，负责管理达赖喇嘛的财产和内务，他的办公区在白宫从下往上数的第五层，这一层有一排重要的仓库，名叫"朗色更追"，意思是"财神库"，主要保管达赖的金银、货币、绸缎、珠宝等重要财物。东大殿在第四层，以下三层为地垄和碉房，是放置酥油、茶叶、盐巴、粮食的仓库。吉巧堪布住在藏王宫的下层，他是布达拉宫的总住持，“卓尼青波”（传令官）、孜加青波晚上住在德央厦广场的北面，白天才进入白宫和日光殿办公。达赖喇嘛的警卫人员叫作“松嘎”，个头都在一米八以上，平日住在德央厦广场东西的僧舍，有任务的时候才到日光殿值勤。

达赖喇嘛在日光殿的生活

根据惯例，达赖喇嘛每年藏历十月到第二年的三月，在布达拉宫日光殿生活，藏历三月至十月到西郊的罗布林卡度夏，一年大约一半时间是在日光殿度过。他在这里除了祭神、祈祷、学习显密经典、接见重要宾客以外，还有很多政务和宗教活动。

达赖喇嘛的一项重要日程，是每天早晨接受僧俗官员的朝拜。早朝，藏话称为“仲恰”。僧官每天早晨都要参加，俗官只有重大的节日和庆典才去。达赖喇嘛也不是每天都出席，有重要人物拜会或节日庆典才去。达赖喇嘛缺席的时候，他的法座上摆放一件披风，让官员们对着披风朝拜。早朝的时间一般是九、十点钟，当太阳从东方升起，阳光照耀到布达拉宫金顶的时候进行。早朝时，四品官以上的官员，达赖喇嘛照例赏赐每人一碗人参果、酥油、红糖掺拌的米饭，三碗酥油茶；四品以下的官员就没有这个福分了。早朝时间大约两个小时，照例要商议一些西藏政教方面的事情，有话则长，无话则短，有事议事，无事散会。官员们大都是骑马从后面上山，把马拴在后山的马圈里，也有人让佣人把马牵回去，自己从前门走下去回家的。

过去每年的藏历新年，布达拉宫照例要举行盛大的庆典。正月初一是喇嘛新年，正月初三有新年欢宴。初一清早，布达拉宫顶吹起海螺号角，达赖喇嘛闻号起床，进入甘丹央孜殿。他身边的官员们，都要向他敬献酥油茶、油炸果和吉祥彩斗，向他祝贺新年吉祥如意、政教平安。布达拉宫的“吉巧堪布”还有他的侍膳官、侍寝官等人把他迎请到“参松拉莫康”殿的宝座上，接受司伦、噶伦等僧俗官员的顶礼朝拜、献哈达。达赖喇嘛为他们一一摸顶祝福。然后在经师、侍读、曲本堪布、朗杰僧院轨范师等人的陪伴下，举行迎请吉祥天女班丹拉姆的宗教仪式。达赖喇嘛起身，亲自向吉祥天女的唐卡画像敬献哈达，敬献各种供品，进行祈祷和发愿。当太阳照到布达拉宫的时候，他被迎请到宫顶平台，向吉祥天女班丹拉姆敬献“朵玛”供果。接着下到司西平措东大殿，参加盛大的新年庆祝大会，藏话称为“噶卓”。清朝驻藏大臣照例要向达赖喇嘛敬献哈达，祝贺新年。然后，摄政、噶伦、僧俗官员、三大寺喇嘛首领、扎什伦布寺和萨迦寺的代表，一一向达赖喇嘛献哈达、献长寿丸，祝贺新年吉祥如意。然后有舞童十三人，表演精彩的宫廷乐舞，歌词大意是：

殊胜布达拉宫，
宫宇金顶辉煌，
胜幢五彩缤纷。

舞蹈结束，有三大寺高僧进行经学辩论表演，最后以散发油炸果子和人们争抢油炸果子的热闹场面中结束。

正月初三称为“王的新年”，因为达赖喇嘛是西藏政教合一的首领，根据传统还要举行一次庆典。这一天的庆祝活动，主要为每年新任命的僧俗官员举办，藏话叫“桑加”。按照噶厦的旧例，新任命的官员要在这个庆典上向达赖喇嘛献哈达，表示感谢，然后就去上任。这一天，大约早晨九点钟，布达拉宫的僧官们，身穿华丽的“恰珠恰堆”装，噶伦等俗官穿上象征“国政七宝”的王子装，迎请达赖喇嘛到“司西平措”东大殿。这里有四位四品官，身穿古代仁布土王的珍宝服饰，一个向达赖喇嘛献礼，一个给他敬茶，象征历史上以仁布土王为首的雪域十三万户，都已归顺了甘丹颇章政权，愿意为达赖喇嘛效劳。他们身穿的盛装名叫“仁坚”，极为宝贵，价值连城，上面缀满了珍珠、玛瑙、珊瑚、金银宝石。平时珍藏在布达拉宫财神库，每一颗珍珠、每一块松石，都做了准确的登记造册。到了藏历新年，才借给担任司仪的四位四品官。借出时必须签字画押，慎之又慎，不能有一点闪失。这一天，布达拉宫要表演飞绳杂技“江嘎搭雪”，一个后藏青年要从红宫顶上顺着牛皮绳急速滑到山下，很是惊险，类似空中飞人。

正月初三，还要举行一次盛大的欢庆宴会，达赖喇嘛照例被迎请到“参松拉莫康”神殿，在吉祥天母神像前打卦问卜，卜问本年吉凶祸福，打卦内容也有一定的格式：一问大皇帝本年是否平安？二问达赖、班禅本年是否平安？三问噶厦的一切措施是否顺利？四问全藏僧俗人民本年是否平安？典礼结束，僧俗贵族们要在拉鲁广场比赛射箭，称为“次松朗达”（初三射箭）。

从正月初四开始，三大寺喇嘛在大昭寺举行传召大法会，达赖喇嘛要移居拉萨大昭寺。藏历二月十八到三十日，是传小召的日子，达赖喇嘛也要参加。藏历三月初七，达赖喇嘛照例要集合朗杰僧院全体僧人，诵经祈祷，装藏聚宝瓶，派人把这些聚宝瓶送到西藏各地埋藏，以“保养地气”，据说这样能使农业获得丰收。藏历三月初八，称为换装节，达赖喇嘛要换夏季服装，所有僧俗贵族都要跟着换装。藏历三月十八，达赖喇嘛要从布达拉宫移居罗布林卡度夏，噶厦的所有僧俗官员和藏兵都要出动迎送，从布达拉宫到罗布林卡的路上，两边都是迎送的人群，唱歌跳舞、敲锣打鼓、香烟萦绕、彩旗飞翻，热闹异常。

藏历九月底十月初，达赖喇嘛又要从罗布林卡返回布达拉宫日光殿，迎送仪式和去的时候相同。藏历十月二十五日，是格鲁派祖师宗喀巴圆寂的纪念日，拉萨家家户户都要燃点酥油灯，俗称燃灯节，这一天，达赖喇嘛照例要换冬季服装，僧俗贵族也要跟着换服装。

藏历十一月二十九到十二月二十八日，是达赖喇嘛闭关坐静的日子。在这些日子里，达赖不见任何外人。藏历十二月二十九日，闭关结束，朗杰僧院的僧人在德央厦广场跳神送祟，达赖喇嘛和主要僧俗官员从上面居高临下观看，这就是达赖喇嘛在日光殿一年的大致情况。

日光殿的遗憾

日光殿虽然地位崇高、镶金嵌玉，可是，并不是所有的历辈达赖喇嘛都喜欢它，六世达赖喇嘛仓央嘉措便厌烦这里的空虚与寂寞，往往跑到山下龙王潭园林歌舞游玩，已经是尽人皆知的事情了。

十三世达赖喇嘛土登嘉措，也很不愿意长时间闷在布达拉宫日光殿，他更喜欢待在有水有树、有花有草、林泉丰茂、鸟语花香的罗布林卡。他曾经直截了当地对英国人柏尔说："我觉得住在布达拉不清静，除了在屋顶上走走外，无法作任何运动。由于布达拉宫修在山上，得爬许多台阶。我并不喜欢。""此外，布达拉靠近拉萨，满是又脏又臭的尘土飞扬，容易引起疾病，我在那里就常常生病。"据说有一次，拉萨全城僧俗官员和百姓把他从罗布林卡迎回布达拉宫日光殿，他又从后山溜下去，坐着汽车返回了罗布林卡。于是拉萨一时传出了一个笑话，说“达赖喇嘛丢了”。至于十四世达赖喇嘛丹增嘉措，对罗布林卡更是情有独钟。20 世纪 50 年代，他在那里修了一座相当现代化的新宫，住在罗布林卡的时间更长，住在日光殿的时间相对更短了。

六世达赖喇嘛的悲剧

在布达拉宫的时候，
我是活佛仓央嘉措；
到了拉萨市井民间，
变成浪子唐桑旺波。

在历辈达赖喇嘛里面，六世达赖喇嘛仁青·仓央嘉措（1683—1706 年）的身世最为特殊，命运最为坎坷。他既是雪域西藏至高无上的活佛，又是放荡不羁的风流浪子，还是热情的歌手和天才的诗人。他编唱的情歌有上百首，直到今天，各地藏区的男女老少，还在流传和歌唱。他的名声早已超越了雪域藏土和中国的国境，世界上许多许多的人，都知道他的名字，仰慕他的才华，酷爱他的诗歌，同情他的命运。

他是边地门巴人

据说仓央嘉措并不是藏族人，而是门巴族人。他出生在喜马拉雅山南麓的一个门巴族家庭。父亲扎西丹增，是修炼密宗的宁玛派喇嘛；母亲才旺拉姆，是吐蕃藏王后裔藏玛王子的传人。藏玛被他的弟弟朗达玛强行放逐到喜马拉雅森林地区，在深山峡谷

布达拉宫里的六世达赖喇嘛仓央嘉措塑像　　陈宗烈摄

里繁衍后代。1682年藏历二月，五世达赖喇嘛圆寂，当时的执政官第悉·桑杰嘉措决定秘不发丧，既不向皇帝报告，也不向社会宣布。不过他还是秘密地做了两件事，一是修建保存和供奉五世达赖法体的红宫，二是暗中寻访达赖的转世灵童。仓央嘉措就是在这样的背景下，被绝对秘密地认定为五世达赖喇嘛的转世。不过当时对外宣布的却是寻访的夏鲁寺堪钦阿旺却珠转世灵童，阿旺却珠是五世达赖的经师。

仓央嘉措的父亲过早地离开了人世，他从小便和母亲相依为命地过着日子，生活并不宽裕，也不开心。不知道什么原因，他的舅舅总想把他交给不丹人，甚至要把他杀死，他和阿妈只好东奔西跑，四处躲藏。七岁的时候，第悉·桑杰嘉措派人把母子接到错那宗（县）政府，宗本（县官）把他俩关在一间大房子里，饱一顿、饿一顿，出入也没有自由，跟囚犯差不多。其实，当时的宗本也不知道这个门巴孩子，就是未来布达拉宫的主人。

我曾在错那县城里，听当地的老人们说过，那时错那城堡下边，有个名叫“雪夏”的村子，村民大都以屠宰为业。有个屠夫的女儿名叫索朗卓玛，对仓央嘉措格外的好，仓央嘉措常常溜出来，和这个姑娘一起玩耍。当地流传这样一首歌谣：

雪夏索朗卓玛，
五百男人的所爱。
她和仓央嘉措，
结下爱情的果实。

如果歌谣里说的可信，那么索朗卓玛应该是仓央嘉措的初恋情人。

登上布达拉的金宝座

正是在这些长长的日子里，雪域以外的世界发生着天翻地覆的变化，驻牧漠西的准噶尔蒙古部落首领噶尔丹，依仗快如旋风的草原铁骑，向大清王朝发起挑衅，甚至进兵承德木兰围场。康熙皇帝被激怒了，亲自统率大军讨伐噶尔丹，双方在克鲁伦河边进行了空前激烈的决战。噶尔丹全军覆没，最后服毒自尽。康熙从俘虏们的口中，听说五世达赖喇嘛已经圆寂整整十五年。十五年来这位自认为英明睿智的皇帝，一直被第悉·桑杰嘉措蒙在鼓里，其气愤和震怒可想而知，特别是在前两年，桑杰嘉措还以五世达赖的名义，请求康熙皇帝加封于他。康熙封桑杰嘉措为藏王，颁赐了黄金宝印。

康熙皇帝给桑杰嘉措写了一封措词严厉的信，质问他五世达赖圆寂多年，为什么不向中央报告，为什么秘不发丧？如果不据实回复，跟我对抗，我就要发云南、四川、陕西的兵，由我亲自出马，或者派亲王大臣统率，跟你刀兵相见，见一个高低，那时候你还有什么本事，尽管使出来吧！

桑杰嘉措读了皇帝的信，着实吓出了一身冷汗。他是个头脑灵活的人，绝对不敢，也没有力量和朝廷对着干，他赶紧派亲信活佛到北京向皇帝报告了五世达赖圆寂的情况，赌咒发誓说，自己绝对没有背叛皇上的意思。又派人十万火急从错那宗（县）把仓央嘉措接到羊卓雍湖边的浪卡子城堡，请五世班禅大师洛桑益西担任他的经师，替他剃度受戒，取法名为仁青·仓央嘉措。这时，十五岁的仓央嘉措，已经长成一个英俊美貌、风度翩翩的少年了。1697年十月二十五日，在拉萨布达拉红宫西大殿，举行了六世达赖喇嘛仁青·仓央嘉措的坐床典礼，典礼隆重而庄严。康熙皇帝亲自派国师章嘉呼图克图参加这个盛典，带了很多皇帝送给他的奇珍异宝，正式认定仓央嘉措为五世达赖喇嘛的转世真身。这张宝座现在还保存在西大殿中，因为他身世坎坷，结局悲惨，以后再也没有一位达赖喇嘛在这里坐床亲政了。仓央嘉措坐床以后，正式成为了布达拉宫的主人。红宫顶层的“噶丹吉”（长寿集殿）是他的寝宫，“萨松朗杰”（尊胜三界殿）是他的经堂。

第悉·桑杰嘉措为仓央嘉措请了江央扎巴、德顿·日丹林巴等高僧大德做他的老师，又任命扎巴群培等几位格西当他的侍读，桑杰嘉措还亲自给他讲经授课。在这样严格的教授和督导下，智商本来很高的他，在显密两宗和藏族文化方面，领悟得出奇的好，进步出奇的快，不但闻修了大量的显密经典，而且掌握了诗学、因明学、天文历学、藏文、梵文等高深的学问。十七岁那年，他还学会了金刚法舞，亲自表演各种舞姿和步伐，给布达拉宫的僧人进行示范。第悉·桑杰嘉措在他所著的《六世达赖喇嘛传》（极明金穗）中写道：“他在所学的知识中，藏文文法、正字法，乃至写作等方面，如同继承了前世达赖喇嘛的天赋，学习成果十分精妙，令人感到惊奇。”

厌烦读经和退还戒律

那时候，仓央嘉措所处的政治环境，确实难以想象得复杂和险恶，藏王第悉·桑杰嘉措和蒙古首领拉藏汗之间，像发了疯的乌鸦和猫头鹰一样，你啄我，我啄你，互不相让，斗得你死我活。仓央嘉措夹在他们中间左右为难，日子很不好过。再加上他在十五岁以前，一直过着比较自由的生活，对没完没了的政治斗争，无穷无尽的经典学习，厌烦得不得了，他非常气愤地说：“现在是学不好了。”“学习也没有用了！”他怀念往日在错那的日子，向往过一种自由自在的生活。在一本名叫《仓央嘉措秘传》的书里，以他的口吻，回忆起布达拉宫的学经生活：“那时我正年幼，少不更事，讲法时常常坐不住，走来走去。每当这种时候，我那皤发皓首的经师总是站起来，手执卷宗随在我的身后规劝道：‘您圣明！劳驾请别这样！请坐下来好好听。如果尊者您不听的话，第巴就该责骂我了。’每当他这样双手合十，规劝我的时候，我也就乖乖地坐下来。师傅坐在我的面前，继续讲解未完的功课。后来为了自己这种心慌不安的学经活动，我流下了凄然之泪。”

时间过得很快，转眼到了康熙四十二年（1702 年），仓央嘉措二十岁，应该受比丘戒了。经师五世班禅从日喀则写来了信，说：“依照格鲁派的惯例，尊者今年应该受比丘戒，如果尊者能到扎什伦布寺来，我将不胜荣幸，如果尊者政教两务太忙，我也可以专门到拉萨为你授戒。”这些年间，五世班禅听说仓央嘉措不好好修行，很是焦急。没想到过了几天，仓央嘉措居然到日喀则来了，走进扎什伦布寺班禅大师的住地坚赞通布宫日光殿，向五世班禅磕头拜见，五世班禅喜出望外，迎接了仓央嘉措，没想到这位弟子却说：“我不是来请求师傅授比丘戒的，我是来向师傅退还过去受过的戒律！”五世班禅大吃一惊，差一点不相信自己的耳朵，便以教理教法和格鲁派的传规，耐心进行规劝，仓央嘉措说：“请师傅把我的出家律仪和沙弥戒拿回去吧！我根本没有接替前世达赖喇嘛的资格和愿望。”无论班禅大师怎么规劝，仓央嘉措总是不肯答应，很坚决地站起来走出门，在日光殿外面的走廊上磕了三个头，说：“违背上师的意愿，实在感到惭愧！”又说：“如果不让我退还戒律，我将面向扎什伦布寺自杀。”最后，他留下了出家的祖衣，带着侍从们匆匆忙忙返回拉萨去了。

“自那以后，仓央嘉措便穿起俗人衣服，任意而为。白天在龙王潭（宗角禄康）内射箭娱乐，饮酒唱歌，恣意嬉戏。还到拉萨近郊去游玩，与年轻女子寻欢作乐，放弃戒行，对于这种情况，有的人能容忍，有的人看作净相，有的人看作邪见，其说不一。社会舆论亦是众说纷纭，自不待言……”

风流倜傥和游戏人生

关于仓央嘉措在布达拉宫生活起居的情形，当时一位名叫乃隆班智达的活佛在他的自传里做了这样的记述：“小时候，我曾前往布达拉宫，请六世达赖喇嘛进行剃度。我看见他穿一件蓝灰色缎子制成的蒙古式长袍，头发垂在耳根，所有的手指上都戴满了戒指，左右侍从们都穿着奇装异服，佩带弓箭等武器在旁边站着。达赖喇嘛跟大司膳开玩笑说：‘这回我要给这个小活佛取名叫尼姑叮叮卓玛（一种小鸟的名字）’，说完便领着侍从跑到龙王潭玩弓射箭去了。”那时，有个意大利传教士名叫德斯得利，他在回忆录里也写道：“我从拉萨街头听到不少街谈巷议，说达赖喇嘛常常在龙王潭和年轻的女子一起寻欢作乐。”在布达拉宫后面，有一处叫龙王潭的美丽园林，方圆两三公里，重建布达拉宫的时候，在这里挖泥取土，形成一个人工湖。仓央嘉措在湖心小岛上修建了一座小巧玲珑的亭阁，供奉龙女墨竹色青。这里花木繁茂、芳草如茵、碧波荡漾、景物清幽。相传仓央嘉措常常邀集拉萨城里的少男少女，在这里唱歌跳舞，饮酒欢娱。他结识了一位来自山南琼结地方的姑娘，名叫达瓦卓玛，他们从相识到相爱，好像一个人是另一个人的影子，谁也离不开谁。后来达瓦卓玛回乡去了，仓央嘉措对她充满着爱恋和思念，在他编唱的情歌中，至少有两首和达瓦卓玛有关系，一首是：

拉萨人烟稠密，
琼结人儿美丽；
我心心相印的情人，
就是从琼结来的。

另一首是：

请不要再说琼结琼结，
它让我想起达瓦卓玛；
达瓦卓玛，我心中的恋人；
难忘你仙女般的姿容，
更难忘你勾人心魄的眼睛。

六世达赖的情人

在拉萨八廓街周围，有一些黄色房子。听老人们说，这些都是仓央嘉措情人住过的宅院，老百姓把它们刷成黄色，表示对这位活佛的怀念。我一度住在城东的雪康宁巴（雪康旧宅），隔壁不远处就有这么一栋房子，名叫“夏桑珠康色”。1983 年拉萨旧城改造，这处房子被拆除重建，藏族大学问家恰白·次旦平措先生专门进行了考察，发现里面有一处仓央嘉措的宝座。在八廓街南边，也有两处黄色的房子，一处叫“扎西康色”，一处叫“果康色”，房主人告诉我，这里是“仓央嘉措的情人屋”。城东八朗雪街上，有一处老屋，名叫“强萨仓”，相传当年房子里有位卖酒的女子，名叫卓玛姬。她是从理塘来的姑娘，仓央嘉措和她非常要好，说她

八廓南街的果康色老屋，相传是仓央嘉措情人的家　　边多摄

不是普通的女子而是空行女化身。十分不幸的是，卓玛姬回到理塘不久，就离开了人世，仓央嘉措伤透了心，写下了这样的诗句，表示要去理塘追寻他的所爱：

羽毛洁白的仙鹤呵！
请把翅膀借给我，
我不去很远的地方，
到理塘转一转就回来。

在仓央嘉措的情歌中，有不少是关于卖酒的女子的，下面再举两首，也许和卓玛姬不无关系：

人家说我的闲话，
一点点都不差。
少年我的脚步，

确实到过女店主家。
姑娘如果永生，
好酒总是有喝；
少年我的希望，
在姑娘那里寄托。

坎坷命运悲惨下场

正是在这些仓央嘉措谈情说爱、饮酒赋诗优哉游哉的日子里，西藏上层的斗争越来越激烈，达到了你死我活的地步。驻藏蒙古人首领拉藏汗不停地向皇帝打报告，说仓央嘉措是假达赖、假活佛，想利用这一点，搞垮第悉·桑杰嘉措。据松巴堪布写的《青海史》记载："拉藏汗曾向皇帝奏书，对仓央嘉措是达赖化身表示怀疑。皇帝乃派精明善察使者前来。使者至，即请仓央嘉措裸体坐于座上，细观其前后左右，以察征兆。随后使者谓：'此喇嘛不知是否是五世达赖化身，但确有圆满圣体之法相，'言罢礼拜而回，返回内地。"（丹珠昂奔主编：《历辈达赖喇嘛与班禅额尔德尼年谱》）拉萨民间还有这样一种说法：康熙皇帝派钦差验看仓央嘉措是不是真活佛，让他站在布达拉山上朝下小便，小便还没有落到地面又被他吸收了回去，钦差们大惊，认为仓央嘉措有吐纳之术，是真正的活佛。1705 年，第悉·桑杰嘉措和拉藏汗的冲突总爆发，这位五十三岁的藏王被拉藏汗的妻子次仁扎西杀死在堆龙河边，仓央嘉措成了一只任人宰割的羔羊。康熙皇帝派侍郎赫寿等人进藏，宣布废除仓央嘉措达赖喇嘛的名号，并把他带回北京审查，途经哲蚌寺时，僧人们奔跑下山，把他强行抢到该寺的甘丹颇章宫保护起来。拉藏汗听了这个消息，派了很多兵包围哲蚌寺。哲蚌寺僧人磨刀擦枪，准备武力反抗到底。就在流血冲突一触即发之时，仓央嘉措于心不忍，自动走到蒙古军中说："此时生死对我已经毫无意义。"接着他被押解进京，抵达青海的贡噶若尔湖时圆寂，年仅二十五岁。

关于仓央嘉措的命运，还有另一种说法，说是钦差押解着仓央嘉措，行至青海地界，忽然接到皇帝的圣旨，谴责钦差办事不妥。钦差为此非常为难，仓央嘉措便舍弃名位，悠然遁去，隐姓埋名，周游印度、尼泊尔两国和康、藏、甘青、蒙古各地，宏法利生。1746 年（乾隆十一年），在蒙古阿拉善旗喇嘛庙中圆寂，享年六十三岁。

布达拉卫城雪巴村

雪巴村的城墙和城门

布达拉下面有个村落，名叫雪巴村。村子东、西、南三面都有高大而坚固的城墙。南边的门高大雄伟，是布达拉的正门，藏语叫"杰廓钦波"。城楼上有一个神殿，往年春季，要请许多僧人诵经念咒，祈祷布达拉宫吉祥永固，达赖喇嘛健康长寿。每逢达赖喇嘛、摄政王或中央大员进出布达拉宫的时候，这扇大门照例要全部洞开，守城的官员站在两侧迎送，全体百姓脱帽致敬。东面的门称为"夏廓"，城墙上有个角楼叫"博东康"。往年秋冬两季，从尼木等地请来匠师，在这里制作布达拉宫专用的藏香；西边的门称为"洛廓"，城墙上有个角楼叫"焦当"，是卫兵站岗放哨的地方。20 世纪 40 年代，这里出了一位西藏地方政府的秘书长，被人称为"焦当仲译青波"。我所在的拉萨市歌舞团，有个演员就

布达拉下雪巴村　　陈宗烈摄于1958年

住在这个角楼里，我不止一次到过他家访问。那时候城墙上面很宽、很高，长满了杂草和刺树，我常常从南边走到北边，从北边走到南边，仰望巍峨挺拔的红宫和白宫，俯瞰雪村居民的风俗民情。

雪巴村是布达拉宫的卫城，当年五世达赖重建宫堡的时候，首先就考虑到它的战略地位和军事要塞作用。他的经师林麦夏仲强调指出，把布达拉宫重建起来，和西边的哲蚌寺、北边的色拉寺互相呼应，形成一个坚固的防御体系。雪村周围筑起高大坚固的城墙，是保卫布达拉宫最为重要的防线。1717年准噶尔蒙古人与和硕特蒙古人之间的战争，1728年后藏军队和前藏军队之间的战争，都曾在雪巴村的城墙内外进行过猛烈的拉锯战。

民主改革前，天黑之后，布达拉宫上都有人高声呼喊："天黑啰！小心火烛啰！""天黑啰！留心盗贼呵！"深夜十一点钟左右，南门外达扎路恭石碑附近，照例要响起枪声，随着枪声响起，雪村东、南、西三扇大门“卡拉拉”地都关闭，大铁锁“章啷啷”地紧锁。过了这个时刻，人们不准再进雪巴村，只好关在外面了。

雪巴村的居民叫雪巴

雪巴村的居民称为“雪巴”。往日西藏地方政府对雪巴村居民有严格的限制。凡是被称为贱民的人，如渔民、猎人、屠夫、铁匠、陶匠、天葬师等，都不准在这里落户，还有强盗、小偷、骗子、流氓，一经发现，立即驱逐。据《西藏通史》记载：18 世纪 20 年代，一些雪巴村的居民行为不正，胡作非为，盗窃仓库，盘剥百姓。当时的首席噶伦康济鼐，进行过一次大清查，把两百多个行为不端的人赶出了雪巴村。

1977 年 6 月，我在日喀则地区的拉孜镇采风，认识了该镇镇长旺秋先生，他原先是雪巴村的朗生（差民），讲起了雪巴人的差役，他说：“雪巴村几百户人家，都是替布达拉宫和达赖喇嘛支差的百姓。他们有的背水，有的打扫卫生，有的养马，有的喂牛，有的制作酸奶，有的提炼酥油，有的看守仓库，有的守卫城楼。每年三月，达赖喇嘛照例要从布达拉宫去罗布林卡度夏；藏历十月，又要从罗布林卡回布达拉宫过冬。雪巴村的居民，无论男女老少，都要把街区打扫得干干净净，洒上雪山净水，在门口或者屋顶香炉里焚香煨桑，挂上五色的经幡，恭立在街道两边，脱下帽子，垂下辫子，躬腰吐舌，顶礼迎送。”

旺秋镇长说：“所有雪巴村的居民，每年都要给布达拉宫支七七四十九天冒烟差，给白宫刷白粉，给红宫撒红土，更换柽柳女墙上的柳树枝，修理破旧的房舍。每天天不亮，支差的人都要在白宫外的德央厦广场集中。广场上架一口大锅，锅里煮着称为‘白玛草’的柽柳枝，还要放上胶块、冰糖和红染料。差民们不断地从下往上背白粉、背红土，一天上上下下跑几十趟。每背一趟，管理人员在脸上盖一个印章，盖足七个印章，发一张纸，把脸擦干净再盖印。如果背不足数，少一个印要补交一个‘章卡’的藏银，交不起藏银，就要用皮拍子打耳光。我那时候才十五六岁，妈妈齐米怕我挨打，准备了一点钱，背不够数的时候，叫我呈交给长官，我就是不交，情愿挨打，当官的一声喊：‘齐米的儿子’，我便习惯性地凑过去，习惯性地让他们掌嘴。”

雪巴村的衙门和监狱

往年雪巴村的管理机构，叫作“雪巴列空”。衙门设在布达拉山南坡，碉楼高耸，古堡凌空，很威风的。有一僧一俗两位五品官担任主事，还有若干位秘书作为他们的助手。“雪巴列空”管理的地区，远远超过了雪巴村的范围，拉萨周围东嘎、德庆、柳梧、折布林、朗若、扎什、邦堆、曲龙等十八个宗和豁卡，都归他们管辖，所以有的人把雪巴列空说成拉萨专区，也许有些夸大。但是，现在的拉萨城关区，还有堆龙德庆县、达孜县、曲水县所属的部分地域，过去确实都是属于雪巴列空的管理范围。“雪巴列空”有座监狱，名叫“雪遵康”，坐落在衙署下面不远。在西藏人的心目中，这里是非常恐怖的地方，监狱对犯人实施着最为残忍的刑法。据说里面有个蝎子洞，洞里的蝎子有两种，一种是牢房里年长日久、阴暗潮湿、自然生长的蝎子；另一种是狱吏们专门喂养的蝎子，有青蛙那么大，毒性特别强，咬一下能致人死命。除了雪巴列空的监狱，还有曲水监狱、山南加玉的准巴监狱，都说有过这样凶残的蝎子。不过我多次询问，老人们都说这是几百年前的事情了，也许是空穴来风。

过去雪巴列空关押的犯人，大都是西藏地方政府的政治对手，像类乌齐寺的总管噶热喇嘛，五世热振活佛的扎萨喇嘛，都曾在里边关押过。嘎热喇嘛等人，还被关进囚笼，摆放在城门外面示众。当然也关押过一些强盗和恶人。旺秋镇长说，有一个老太太，名叫“恰德阿玛”，意思是“公鸡的母亲”，原先是藏北的一个牧主，和附近的老百姓争夺水源，杀死了好几个百姓，被抓进了监狱；还有一个女人，名叫“古玛尼拉”，意思是强盗夫人，她是一伙康巴盗匪的老婆，又是窝主。盗贼们常常打扮成官员、贵族的模样，提着汽灯入室抢劫，有一次抢了一个名叫罗布卓玛的小贩，把家洗劫一空。罗布卓玛的丈夫是个藏兵，有一支英式步枪，强盗们要把他的英式步枪抢走，两口子死死抓住枪，苦苦地哀求，说是没有了英式步枪，就会遭到军官们的惩罚。强盗拿起斧头，残忍地把两口子的手砍掉，把枪抢走了。

雪巴村的贵族府邸和神庙

雪巴村不但住的有老百姓，还有西藏地方政府的办事机构和贵族府邸。雪巴村最东边，有一栋大门朝西的三层巨石碉楼，依布达拉山而建，它就是藏兵总司令部。东边是贵族“哲康”的宅院。“哲康”又称强钦瓦、俄协瓦，是西藏最古老最有权势的僧官家族，出过好几位吉巧堪布和噶伦喇嘛。往西是一栋两层楼的黄色建筑，称为“唐青康”，里面供奉着铁匠护法神唐青嘎瓦纳布，这是一尊骑山羊的暴烈神灵，他是五世达赖喇嘛的守护神。据说早年供奉在五世达赖喇嘛的寝宫里，但总是不大安分，闹出不少的麻烦。凡是从布达拉宫下面经过的人，人必须下马，马必须解

雪巴村内的藏军司令部旧址　　边多摄

铃，头上的辫子要解下来垂在身后。不然的话，唐青嘎瓦纳布护法神会生气，给你一点教训让你瞧瞧，致使有的人突然晕倒，有的人无缘无故从骡马上掉下来。后来人们把他从山上搬到山下，修了一栋黄色的神庙，专门供奉这位脾气暴烈的神灵，并且请他担任雪巴村和雪巴列空所属地区的地方神。“唐青康”东侧，有一处黄色建筑，称为“吉古康”，是存放布达拉宫晒佛时的大型缎制佛像的地方。

雪巴村的西边，有一座巍然耸立的六层碉楼，挺立在一大片藏式建筑上面，有点鹤立鸡群。它名叫“雪排康”，意思是布达拉宫印经院，里面珍藏着全套藏文大藏经（“甘珠尔”和“丹珠尔”）的印经板。这是1924年由十三世达赖喇嘛倡议和主持修建的，它是拉萨地区的藏文图书印刷和出版中心。印经院楼顶曾经有个神庙，名叫“集吉拉康”，供奉十三尊大威德畏怖金刚像。

20世纪90年代，国家开展了大规模的援藏建设，雪巴村所在的区域，被改造成一个平坦宽阔的广场。雪巴村的居民，全部动员搬迁到布达拉宫西面，在那里建了一个“雪巴新村”。旧的雪巴村已经成为过去，人们只能从老一辈人的口里，听到它的历史和形状了。

神宫后面龙王潭

布达拉宫的后面，有个美丽的湖，叫龙王潭；潭中有座圆形的岛，叫湖心岛；岛上有座玲珑精巧的亭阁，名叫龙女宫；宫楼三层，供奉着主宰拉萨河谷阴、晴、雨、雪和庄稼丰歉的美丽龙女墨竹色青。龙王潭园林树木繁茂、古柳婆娑、芳草遍地、清波摇曳。春天的柳丝，夏日的碧浪，秋天的黄叶，冬日的白雪，构成了一年四季赏不完、看不尽的奇妙景观，难怪杜培华女士在《拉萨踏古》一书中，把它称为“圣城最美丽的一角”。古时候有过这么一首歌谣：

拉萨，拉萨美丽，
拉鲁，拉鲁美丽；
拉鲁和拉萨中间，
龙王潭最为美丽。

相传古时候，布达拉宫所在的红山北面，是一片平坦广阔的沼泽地。这里湖沼密布、柳树滋生、芦苇蔓延，被人称为拉鲁，意

布达拉宫后面的龙王潭园林　　陈宗烈摄于1958年

思是神龙草场。这里的神龙，指的是雪域著名龙女墨竹色青。她的家乡在拉萨河上游的司普峡谷，那里有座宝蓝色的色青朗错雪山湖，湖底有她用七彩宝石建造的水晶宫殿。墨竹色青是一位善良的女神、苯教的神灵。当年藏王赤松德赞兴建雪域藏土第一伽蓝桑耶寺，亲自进入司普峡谷，请求龙女支援森林树木。他和她在色青湖边邂逅相遇，双双坠入情网，差一点演绎了一部《白蛇传》的故事。后来还是莲花生大师横加干涉，阻断了这段美好的人神之恋。不过，墨竹色青还是皈依了佛法，由苯教的神变成了佛教的神，给桑耶寺捐献了大量木材土石。时至今日，桑耶寺僧人们还感念不已。每年藏历五月十五祭神节，他们都要派人专程到色青湖边，祭祀墨竹色青龙女。

时间到了15世纪初期，宗喀巴大师创立了藏传佛教格鲁派，又在拉萨举办了规模空前的莫朗青波传召大法会。龙女墨竹色青慷慨允诺，每年给法会供奉大量燃点供灯的酥油。她有时变成云，有时化为雨，有时候如同一阵清风，在司普峡谷和拉萨之间来来往往，忙个不停。拉萨河两岸的百姓，有时候看见一队仙鹤，在蓝天凌空驭风；或者看到一群鱼，在河水中破浪前进，便喜气洋洋，奔走相告：墨竹色青给大昭寺送酥油了!女龙王给佛祖释迦牟尼供奉酥油了!

据说，墨竹色青每次到拉萨，供奉了酥油，顶礼了佛祖，便到红山北面的拉鲁沼泽住上一些日子，然后返回家园色青朗错湖。

大约又过了两百多年，五世达赖在拉萨红山上重建布达拉宫。无数民工在北面草滩挖泥取土，往日风景优美的原野，如今变成了一个个大水坑。有一天晚上，这位西藏佛王在布达拉宫日光殿里，似醒似睡，做了一个梦。梦见龙女坐在一棵干枯的柳树上面，全身被寒风冷雨吹打得簌簌发抖，她对五世达赖说：你们侵占了我的领地，扰乱了我的安宁，拉萨我实在没法呆了，我要回墨竹山谷的老家去!

龙王潭和龙王阁的兴建

五世达赖喇嘛从梦中惊醒，他感到了事情的严重性，立刻把执政官第悉·桑杰嘉措叫进寝宫，说："墨竹色青是对佛教有大恩德的女神，我们不能怠慢了她，应该为她建造一座神庙，年年进行供奉。"在第悉·桑杰嘉措的主持下，那些大水坑改造成了人工湖，湖中的空地变成了湖心岛，岛上构筑了一座精美的龙女宫，神坛上塑造龙女墨竹色青的神像。这样，圣城拉萨又增添了一处宗教寺庙，一处风景名胜。

不久，五世达赖喇嘛与世长辞，六世达赖喇嘛仓央嘉措登上了布达拉宫的宝座。他是位风流倜傥的活佛，也是位才华横溢的诗人，他非常喜爱这座有花有草、有湖有树，又有亭台楼阁的园林，经常和少男少女结伴，在这里唱歌跳舞、饮酒作乐。

龙女宫是一座三层楼的亭阁式建筑，造型精美，色彩和谐，有一张五孔石拱桥，将林卡和小岛紧紧相连。亭阁第一层，正面供奉龙女墨竹色青的神像，她眉清目秀，观之可亲。只是她的身后，有九条蛇盘绕，看了让人吓一跳。不过西藏的龙女，都与蛇相伴，这是她们的标志。在龙女身旁，还供奉有白度母菩萨和千手千眼观音，他们都是善良的神，保佑人们健康幸福。二楼的主神座，供奉龙王鲁旺杰波，据说他是佛祖释迦牟尼的化身。佛祖化身龙王，调伏众龙，也许就是这里叫作龙王潭的原因。龙王的身后，排列着八大龙神，分别管理雪域藏土四面八方的森林、湖泊、水源、庄稼、湿地还有疾病和财富。三楼的厅堂极为精美洁净，有点像空中楼阁，遗世独立，为历辈达赖喇嘛修炼瑜伽、闭关坐静的密室。三楼四周的墙上，画满了修炼气功和筋脉的壁画，其中以古印度八十位大成就者和二十五位瑜伽师修习密法的图解最为珍贵。这是山南敏珠林寺大画师洛旺嘉措的手笔。八世达赖喇嘛在位的时候，把大昭寺里的护宝将军移到龙王潭，担任护法大神。据说，这位将军原本是唐朝军士，当年跟随文成公主进藏，主要守护释迦牟尼宝像，他死后供奉在大昭寺佛祖金像旁边，成为一位神灵。

达官显贵的游乐园

八世达赖执政期间，西藏发生了一件大事，尼泊尔的廓尔喀军队两次侵入西藏，最后打到了后藏地区的首府日喀则，把班禅大师驻锡的扎什伦布寺洗劫一空。乾隆皇帝大为震怒，派遣大将军福康安，参赞大臣海兰察、兆惠，统率近两万人马，只用了三个月的时间，部队所向披靡，一直打到了加德满都近郊，尼泊尔国王屈膝投降。福康安胜利班师回拉萨，八世达赖亲自出城迎接，整个圣城沉醉在胜利的喜悦之中。藏汉官员、文臣武将，多次结伴畅游龙王潭，在这里踏青饮宴，吟诗作赋。四川总督孙士毅，负责督办运送粮饷，在藏期间写下了大量诗篇，有几首是咏唱龙王潭的，我引用其中一首：

繁春赏卡契，嘉荫访宗角，
入门俨深林，万树绿成幄；
摩空盖阴森，拔地起腾踔，
苍皮裂虬鳞，空腹张鲎壳；
横挥壮士鞭，直立将军槊，
长见鬘云护，定有法雨濯；
池边暗通潮，石小峻城岳，
时闻共命鸟，隐隐和仙乐。

笔者和龙王潭的缘分

我20世纪60年代初进藏，就职于拉萨市文化局文化科，龙王潭公园刚好是和我有联系的文物单位。我从一开始便爱上了这个地方。这里不仅风景美丽、僻静清幽，有一池清凉的碧水，有一座漂亮的楼阁，有许多优美的传说，还有大片大片郁郁葱葱的林木，东起人民医院所在的姜森夏林卡，西到广播电台所在的古雪林卡，整个布达拉宫的北沿，红山的阴坡，全部被高大挺拔、遮天蔽日的大树所覆盖，即使是烈日炎炎的夏天，进入林中也觉得凉意袭人，如同置身绿色的原始森林。这都是千百年来精心保护环境的成果，因为在以往的年代，布达拉宫周边的树，都是神圣不可侵犯的。龙王潭水边，有几百株古柳，正如孙士毅诗中所写，千姿百态、千奇百怪，有的像神龙卷曲，有的像巨蟒盘旋，有的像狰狞怪兽，有的像护法神灵。那时候，我总觉得这些古老的柳树，像一群历尽沧桑的老人，他们在这里或坐或站，或蹲或卧，或默默沉思，或翘首盼望，已经几百几千年了。他们是有生命、有灵魂的，成了树的化石、树的神。我想，只要自己态度诚恳，向他们虚心讨教，他们一定会讲出许多被岁月尘封的秘密。

也有这样的时候，工作上不顺利，生活上有烦恼，我便带上一本书，通过龙王潭管理人员，打开楼阁的门锁，独自登上古色古香的静室。里面一尘不染，几乎与世隔绝，我静静地看书，默默地思索，有点像喇嘛坐静，又像高僧修禅入定，耳边只有小鸟的啁啾和树叶的低语。在里边待上一天半日，那些烦恼和苦闷便渐渐离我而去。

每年藏历四月十五的萨嘎达瓦节，是纪念佛祖释迦牟尼诞生、得道、圆寂的节日，也是拉萨男男女女祭祀和娱乐龙女墨竹色青的好日子。这一天，人们早早起来，围绕整个圣城转经祈祷。他们排成长长的行列，沿着大昭寺、八廓街、药王山、磨盘山、布达拉宫缓缓转动，然后汇聚在龙王潭湖边，依次朝拜龙王和龙女。接着到湖上划船，围坐草地野餐，悠悠的船歌，袅袅的神烟，在四月的晴空飘摇弥漫，显示出浓浓的节日气氛。据说早先的时候，地方政府的四位噶伦，照例要乘坐牛皮船，在龙王潭缓缓漂游，投掷祭祀龙王、龙女的宝瓶和朵玛食子，祈请他们保佑拉萨河谷风

龙王庙供奉的龙女墨竹色青　　陈宗烈摄

调雨顺，农牧丰收。

龙王潭西侧，当时有一座象房，高大雄伟，像一个城堡。里面关了一头母象，据说是尼泊尔国王送给达赖喇嘛的，藏人称之为“朗钦仁波齐”，意思是大象宝贝。每天一早一晚，饲养员加措啦要赶着它到药王山神泉饮水，这成了拉萨街头一道风景线。那时候，全国人民正在过苦日子，所有的人吃饭都要定量，大象也不能例外。给大象吃饭定量的任务，就落在我的身上。经过一些日子的测试，给它每天定量三十斤，加上一些青草和树叶，也只能过上半饥半饱的日子。

“文革”期间的一段往事

时间到了1966年，一场“文化大革命”的风暴席卷全国，地处世界屋脊的西藏高原也不例外，古城拉萨整个地躁动不安起来。学校的红卫兵和街道的积极分子，情绪也近乎疯狂，向有着千百年悠久历史的文物古迹发动进攻。记得那是8月下旬的一天，一个令人惊恐的消息在拉萨大街小巷传播，说是红卫兵正在冲击大昭寺。我们登上文教局三楼一看，发现近在咫尺的大昭寺金顶上，已经爬满了狂热的青年，又刨又砸，乱成一团。此时，局里又接到一个紧急电话，是龙王潭公园的管理员曲珍打来的，说是有几十个街道积极分子，肩扛钢钎，手拿铁棍，已经冲进龙王潭来了。局里赶快派人来吧！要不，龙女宫便保不住了！接到电话以后，局长们面面相觑，他们都是当权派，弄不好会被抓去游街。沉默了一阵，居勉局长把脸转向了我，说："小廖啦，还是你去一趟吧！你是一般干部，危险要小一些。再说，龙王潭也是你的工作范围！"我来不及多想，蹬着自行车便往外跑，途中路过八廓北街，看见很多人正在疯狂地捣毁"噶力果西"四门白塔，像蚂蚁在啃骨头，像蝗虫扑向庄稼，那情绪，那阵势，真叫我害怕。我一口气跑到龙王潭，发现龙王阁楼上楼下，已经挤满了人，有的人正挥舞钢钎，向顶楼的六角形金瓦猛戳。我赶紧扔掉自行车，一边奔跑，一边大喊："同志们，不能砸呀！""同志们，手下留情呀！"我就这么喊着、嚷着，从一楼喊到二楼，从二楼喊到三楼，从三楼喊到屋顶，也许是我的勇敢精神，或者大喊大叫的气势，把这些年轻人弄懵了，他们不由自主地停下了手中的钢钎和铁棍。接着，只听得楼下一片嚷嚷声，还有嘈杂的脚步声，他们粗声粗气地嚷道："谁？是谁!？胆敢阻止我们造反!拖下来打一顿再说！"很快，一大群人上了顶楼，把我团团围住，我心里害怕极了。抬眼望去，居然有不少熟悉的面孔。原来最近一两年来，我所在的拉萨市民间歌舞团，常常深入各个城区，和街道上的青年们一起学习，一起联欢，一起进行文艺演出。站在我面前的，有好几个是认识的人，我甚至能叫出他们的名字，他们都是年轻的木匠和石匠，平时淳朴老实，没有这么厉害。他们也改变了口气，态度缓和了一些，说："我道是谁，原来是小廖老师！"他们商量了几句，意思是去把领导叫来。一会儿工夫，领导上来了。这个人叫青松，原先有个藏族名字的，青松是“文革”改的名。他个头不高，浓眉大眼，粗壮结实。原先是拉萨中学的学生，后来停学在家，当了居民委员会的领导。我跟他接触过好几回，自认关系不错。我赶紧上去，握住他的手，把不能捣毁龙王潭的理由，一、二、三、四地陈述了一番，当然我说得冠冕堂皇，尽量不使他们反感。最后我又加进了一些个人的因素，说：“现在龙王潭改成文化公园了，日后大家在这里联欢、演节目，总得有个化妆休息换衣服的地方吧。再说，文化公园是我的工作范围，出了问题，我怎么交代呀！”听完我的话，青松紧锁眉头，寻思了片刻，很快以不容置疑地口吻说：今天时候也不早了，我们造反就造到这里吧！明天要不要再来，回去商量了再说。他用力地一挥手，带着这帮人撤了。据我所知，从此他们没有再来。

后来，我每次路过龙王潭，看见保存尚属完好的三层楼阁，便不由得想起破“四旧”时的这件往事，脸上便会浮出一丝欣慰的微笑。

八廓街，拉萨古城第一街

圣城三条转经路

坐落在拉萨老城中心的大昭寺，被誉为雪域高原第一圣地。大昭寺主神座上的释迦牟尼佛像，是文成公主641年从长安带来的，更是佛教信徒心目中的至宝，藏族人今生的救主和来世的依怙。为了表达对佛祖的崇信和热爱，佛教信徒一年四季从春到冬总是川流不息地围绕着他转经。这些转经的人，除拉萨居民以外，大都来自西藏各地，来自青海、四川、甘肃藏区。

转经的路分为三个圆圈。第一个圈在大昭寺里面，围绕释迦牟尼佛殿转，称为“朗廓”，也就是“内圈”；第二个圈围绕大昭寺转，称为“八廓”，意思是“中圈”；第三个圈围绕整个拉萨城转，称为“林廓”，意思是外圈。转经的人从小昭寺北面出发，往东经过门仲桥，往南到拉萨河边，再往西围绕药王山、磨盘山、布达拉山。每转完一圈，要在三岔路口，丢一颗石子，以示加持。因此在药王山附近，形成了几个著名的玛尼堆。

八廓街鸟瞰（局部）转自西藏《人文地理》杂志　　田捷砚摄

在三条转经路中间，最热闹、最繁华、最著名的要算中圈的八廓街了。千百年来，它已成了举世闻名的旅游街、商业街、步行街。每天，当高原上明丽的阳光照射到这条弯弯曲曲、古色古香的老街的时候，朝佛的人、转经的人、磕长头的人、做生意的人、旅游的人；中国人、外国人、黄种人、白种人，一拨连着一拨，一拨跟着一拨，热热闹闹，匆匆忙忙，像喧腾的河，像彩色的浪，伴随着喃喃的祈祷声，经轮的转动声，各种方言土语的嘈杂声，鸣奏出拉萨圣地特有的乐曲，展示出高原古城的风俗画和风情画。

然而，八廓街这条历史长河，是从更为古老更为深远的年代流过来的，是从藏王松赞干布缔造吐蕃王朝的岁月流过来的，它打下了浓浓的历史印记，留下了深深的文化积淀。笔者在这条街上生活了二十余年，关于这条街的过去和现在，昨天和今天，有很多东西，我是亲耳所闻，亲眼所见，亲身所历，总之我觉得它是说不尽道不完的。

八廓街，历史之街

八廓街的形成，还是要从大昭寺的兴建说起。公元7世纪中叶，松赞干布按照文成公主的倡议，用山羊驮土填平沃塘湖，在上面修建了大昭寺，供奉尼泊尔公主带来的释迦牟尼佛祖八岁身像明久多吉。同时又在大昭寺北面的沙滩地上，修建了小昭寺，供奉文成公主从长安带来的释迦牟尼佛祖十二岁身像。大约七十年以后，大小昭寺的佛像换了位，尼泊尔公主带来的佛像转移到小昭寺主神座，文成公主带来的佛像送上了大昭寺的主神座。从此，拉萨才正式定名为拉萨。原先它叫“热萨”，意思是山羊驮土的城；现在叫“拉

八廓街，磕长头的人们　　陈宗烈摄于1957年

萨”，意思是神佛安居的地方。西藏的第一批佛教徒，开始围绕大昭寺转经，开始形成了八廓街。

八廓街从形成到现在，已经一千三百多年了。中间经历了吐蕃时期、割据时期、萨迦时期、帕竹时期、甘丹颇章时期，直到社会主义的今天。历史仿佛在这条街上停留，时间好像在这些地方等待，每一幢建筑物，都是特别珍贵的古文物。

从大昭寺西门出来，迎面便是甥舅同盟碑，又叫唐蕃会盟碑。这块碑是公元823年唐朝和吐蕃会盟以后立在这里的。碑高五点六米，下面用一个龟形基座支撑着，碑文用汉藏两种文字雕刻，开头写着：“大蕃神圣赞普可黎可足与大唐文武孝德皇帝，商量社稷如一统，立大和盟约……”一千二百多年来，经过风吹雨打、冰雪覆盖、战争破坏、政权更迭，它仍然非常顽强地矗立在这里，完好无损，说明民族团结、汉藏一家，是历史的必然，是汉藏两个民族的共同心愿。

会盟碑前面，有一块劝人种痘碑，是乾隆年间驻藏大臣和琳所立。过去的西藏，天花是最可怕的传染病。每次天花暴发，成千上万人死亡，老百姓十室九空，许多地方成为令人恐怖的死亡村和死亡城。那时对预防天花可以说是束手无策，包括达赖喇嘛、班禅活佛在内，只有向更高的山上躲避逃奔，人们认为山高水洁，瘟疫难以蔓延。和琳立碑的目的，是劝人种痘，预防天花发生。想不到许多老百姓，反而辛辛苦苦赶到拉萨，用铁器刮下碑上的石粉，带回家乡做药，认为这种药能治百病。从而导致碑文字迹模糊，很难看清楚了。和琳是和坤的弟弟，和坤是个大贪官，和琳在西藏能做这么一件好事，已经很不容易了。

会盟碑的北面，是传说中文成公主亲手种植的垂杨柳，称为“公主柳”，又称“唐柳”，拉萨人叫它“乔乌扎”，意思是“佛的头发”。听老人们说，当年文成公主种植的柳树，不是一株而是四株，一株栽在小昭寺门口，一株栽在东边巴朗雪地方，一株栽在南边的仓宫尼姑庙附近，因为年深日久，只有这一株存活下来。20世纪60年代我在拉萨的时候，看见这株柳树高大茁壮、枝繁叶茂，在大昭寺前面洒下一片绿阴。“文革”初期破四旧，这株无辜的柳树也成了斗争的对象，又是刀砍，又是火烧，最后竟枯萎而死。粉碎“四人帮”后，又有了一株较小的柳树，有人说是古树发了新枝，有人说是好心人重新栽种的。

从唐柳向北走拐弯，有一座居民院落，门牌上写着“八廓北街24号”，里面有座两层楼的古屋，名叫“曲杰颇章”，意思是法王宫。相传松赞干布修完大昭寺以后，又在周围建了两座法王宫，给自己和后妃们居住。两座法王宫，只剩下这一座了。住户们说，里面有文成公主用过的石锅和石灶，现在不知道还有没有。

曲杰颇章的东边，有一口拉萨最为出名的甜水井，名叫“丁果曲米”，意思是“深漩的水泉”。传说泉水来自大海龙宫，当年藏王和后妃们喝的水，都是从这口井里打来的。每年藏历正月传召大法会，喇嘛们必须喝这口井里的神水。现在这口水井还保存完好，井的周围挂满了经旗，插满了彩幡，显得特别神圣。

往前走，路南有一座坐西朝东的两层石头房子，它就是大名鼎鼎的朗子厦。五百年前，帕竹王朝的堆隆朗孜庄园主在拉萨建造了这座坚固的房子。甘丹颇章政权建立后，把它作为拉萨市政厅。楼上是审判犯人的公堂，楼下是关押囚犯的牢狱。抓到犯人以后，揭开楼上厚重的楼梯盖子扔下去。里边一没门，二没窗户，黑古隆咚的，什么也看不见，非常恐怖。犯人判决后，市政长官站在二楼平台进行宣布，大多数犯人是判处鞭笞。鞭笞犯人的地方，就在台阶下面的空地，也是市场的一角。那里有几个铁桩，用牛毛绳把犯人的双手双脚固定在铁桩上面，公差们扬起长长的鞭子，一边抽打，一边用唱歌般的声音报数。囚犯的呻吟声，公差的报数声，百姓的求饶声，顿时交织成一片。这种情形，我们只能从欧洲中世纪的一些影视和绘画作品中才能看到。和平解放后，这里一度成了农奴制度展览馆，据说现在已经租给某个外商开店了。

朗子厦南侧，是公元9世纪藏王赤热巴巾修建的旧木鹿寺。据说当时在大昭寺周围修的神庙，不是一座是六座，东面修了木鹿和嘎鲁，南面修了嘎瓦和嘎瓦卫，北面修了参康和参康它玛。六座神庙今天只留下了这一座。过去每年传召大会期间，西藏的最大护法神巫乃琼曲杰，照例要从西郊乃琼寺移驾到这里来降神。平时从四川、云南等地来的骡帮马队，也在这个院内卸货、装货和住宿。寺庙西边的“藏巴拉”财神殿，据说是吐蕃时期的老房子。东侧的神殿，是十三世达赖喇嘛时期新盖的。旧木鹿寺紧挨着大昭寺的后门，每年藏历正月传召期间，规定色拉寺的僧人从这里出入，所以这扇门名叫“色拉达各”，意思是“色拉寺的后门”。

八廓街上的古老宅院　　陈宗烈摄于1957年

旧木鹿寺和朗孜厦的北面，是一个宽敞的市场。市场中央，立着一个造型很漂亮的白塔，名叫“嘎林果西”，意思是“四门白塔”。相传是中世纪拉萨地区首领米旺达孜建造的，塔内装藏有古代商人之神罗布桑布的头盖骨，保佑八廓街商业的繁荣。据说，铁索桥修架者、藏戏创始人唐东杰布，也曾在这里挖洞修禅，动员拉萨人募捐财物架设铁索桥。可惜的是，这座白塔在“文革”中被红卫兵和造反的青年给捣毁了。现在又建了一个煨桑塔，算作一种补偿吧!

“嘎林果西”东边是冲色康，有一座三层的老房子，顶层是土红色的柽柳墙，说明它的古老和尊贵，这是拉萨第一座驻藏大臣衙门。1727 年，雍正皇帝决定设置驻藏大臣，代表朝廷督办西藏事务，驻藏大臣们就在这座房子里办公。1750 年，藏王珠尔默特那木扎勒阴谋叛乱，被驻藏大臣傅清和拉布敦用计诛杀，傅清和拉布敦也在这场变故中殉难。乾隆皇帝追封他们为英烈，把冲色康的房子改为双忠祠，让历届驻藏大臣春秋致祭。辛亥革命以后，西藏地方政府把这里改为拉萨警察营。和平解放后，这里成了民居和居民委员会所在地。1994 年秋天，我重访故地，正遇上拉萨旧房子改造，冲色康老屋已经拆得面目全非。

冲色康双忠词南侧的八廓街头，有一幢黄色的玛尼房，房内安装着巨大的木制转经轮，每一个转经的人，照例要用手把经轮转几圈。据说这样能积累功德，死后不入地狱。多嘎夏仲·次仁旺杰在《颇罗鼐传》中写道：1725 年“颇罗鼐台吉为了宣扬佛教，饶益众生，在拉萨摆摊售货的四门白塔附近盖了座小房，里面安置雪域救主圣观音六字真言的大玛尼转经轮，当地的孩子们唱道：‘吉祥啊!吉祥啊!吉祥玛尼转经轮。’”（西藏人民出版社，1988 年，汤池安译）

前面拐角的地方，立着一根特大特高的经旗杆，它是由许多根长木连接起来的。连接处用湿牛皮和牛毛绳捆紧，特别牢固，不怕高原的强风吹刮。旗杆上挂满经旗和神幡，在拉萨城头的晴空丽日中猎猎飞扬，呼呼作响，造成一种浓烈的宗教气氛。1681 年，蒙古族将领噶丹才旺率领蒙藏联军，收服了被拉达克人占领的阿里三围。为了表彰他的功绩，专门把他的长矛装在这根大旗杆中，这根旗杆名叫“噶丹塔卫”。

八廓东街和南街的拐角处，还有一根旗杆高插云端，据说1409年藏历正月，宗喀巴大师在拉萨创办传召大法会，在八廓街竖起十五面大旗。传召大法会圆满结束，人们在插旗的地方，竖起这根高高的经旗杆，纪念这次西藏历史上空前的宗教盛会。据说旗杆里还装着跟随宗喀巴大师跋山涉水、走遍西藏的藤杖，旗杆取名“甘丹塔青”，又叫“夏加里”。竖旗杆的地方，取名“顿青苏”，意思是“旗杆角”。每年藏历正月初三，拉萨市政厅照例要放倒旗杆，重新更换经旗和神幡，以迎接一年一度的传召大法会的举行。

“顿青苏”的北面，是大贵族索康的府邸。高大的石墙上浮雕着顿苏拉姆女神像。传说她是大昭寺守护女神班丹拉姆的第二个女儿，小时候游手好闲，到处游荡，被严厉的妈妈班丹拉姆放逐出来，在八廓街拐角处乞讨度日。转经的人经过这里，照例要在神像前烧一炷藏香，倒一点青稞酒，撒一些糌粑，表示对她的施舍。

索康府的西边，八廓南街16号，有一处非常古老的房屋，名叫“拉让宁巴”，意思是“旧佛邸”。相传1408年，格鲁派祖师宗喀巴在拉萨主持大昭寺维修，筹备首次传召大法会，事情特别多。柳梧宗宗本朗嘎桑布专门建造了这幢三层的藏式楼，供宗喀巴大师居住和工作。实际上，这里成了拉萨传召大法会的办公室。18世纪初，尼木大贵族吞巴·色却次丹担任了西藏地方政府的噶伦。政府把这幢房屋拨归吞巴使用，称为吞巴府。解放后，吞巴府先后是西藏贸易总公司、西藏秦剧团、西藏群艺馆的住地，现在是八廓街居民委员会所在地。

吞巴府西面，有一处藏式楼房叫噶林厦。相传18世纪时，这里做过驻藏大臣的府邸，后来成了民居。1951年藏历八月十五日，著名学者根敦群培病重，最后竟悲惨地死在这座楼顶的一间简陋的房子里。

噶林厦的西边，是松曲热讲经广场，又称大昭寺广场。广场北侧，有扇门直通大昭寺。往年举行传召大法会时，僧人们每天有六次集会，三次在大昭寺里面举行，三次在这个广场举行。按惯例，达赖喇嘛、甘丹寺法台要在这里讲经布道，竞争格西学位的高僧们，也在这里进行公开辩论。广场南侧，有一根高高的经旗杆，名叫“格桑塔青”，相传这是1721年为了纪念七世达赖喇嘛格桑嘉措坐床而立的。

八廓南街的南面，从“甘丹塔青”大经旗杆算起，建筑物依次是康巴巨商邦达府、贵族噶雪巴府、贵族吉堆巴府、大贵族绕嘎厦府。吉堆巴府曾经做过国民政府蒙藏委员会驻藏办事处。解放后，吉堆巴府和绕嘎厦府成了拉萨被服厂和服装厂。

旧日八廓街一角　　陈宗烈摄于1957年

绕嘎厦府的北面，是曾经权势久盛不衰的大贵族多仁的府邸。在我的印象里，多仁府并不怎么高大豪华，也许是近百年来衰败了。解放后，多仁府部分房屋成了八廓街派出所，现在成了大昭寺广场的一部分。旧日的房屋已经无影无踪了。

多仁府的后面，是拉萨著名的老房子“曲堆林”，意思是“商议处”。相传17世纪40年代，五世达赖喇嘛的“第悉”索朗绕登在这里与和硕特蒙古首领固始汗，秘密商量推翻藏巴汗政权的事情，并且达成了协议。后来固始汗出兵康区，消灭了藏巴汗王的同盟者白利土司，索朗绕登非常兴奋，在大昭寺西门外不远处，竖立了一根高高的旗杆，取名“曲雅塔青”，意思是“妙策”大旗。

曲堆林对面，是班觉热丹，原本是1721年到1727年主持西藏事务的藏王贝子康钦拉的王府，后来成了民居大院。从这里走过八廓街，就到了大昭寺南边的西热大院门口，西热大院过去是西藏地方政府的财政局，存放大量酥油、粮食和各类物品。门口摆着一口大铁锅，是传召大法会煮肉粥、熬酥油茶用的，锅沿七点三米、高一点二米，有十二个耳柄。像这样的锅，大昭寺院内和后门附近还有四五个。从西热往北走，又到了大昭寺西门口。这样，我们就围绕八廓街转了一整圈了。

八廓街，商贸之街

拉萨是西藏的经济中心，八廓街又是拉萨的商贸中心。说八廓街是一条商贸之街，那是一点也不夸张。

早在吐蕃王朝时期，从松赞干布开始的历辈藏王，都非常重视商业贸易。那时设有五大商官，专门负责对内和对外的商业贸易。他们是汉地茶商、突厥玉商、吐谷浑（青海）刀商、丹玛（四川）绸商，兰地盐商。（见萨迦·索朗坚赞著：《西藏王统记》），那时有几条著名的商道，从中原汉地运进的是丝绸、茶叶、瓷器，运出的是骡马、毛皮、药材、金银器等，人们称为“丝绸之路”、“茶马之路”；从伊朗、阿拉伯各国运进的是珊瑚、珠宝、松耳石、干果，运出去的主要是麝香，这是西方各国制作香料的重要原料，人们称为“麝香之路”；从南面运进的是响铜、黄铜、佛像、染料、大米、辣椒等，运出的主要是毛皮、牛尾等，人们称为“佛法上路”。拉萨作为各条商路的起点和终点，可以说“条条商路连着八廓街”。这里有那个时代最热门的商市，有客舍、行馆和货栈，来自大唐和西域、南亚的客商和使节，熙熙攘攘，你来我往，络绎不绝。王忠先生在《新唐书吐蕃传笺证》一书里考证，从公元634年到842年的二百零九年间，唐使入蕃五十二次，蕃使入唐一百次，出使任务有和亲、告哀、吊祭、修好、议盟、盟会、封赠、朝贡、求请、报聘、求和、慰问、约和等。由于使臣的频繁往来，吐蕃人除了购买唐境货物，又得到丰厚的馈赠。全唐文《独孤及勒与吐蕃赞普书》云：“金玉绮绣，问遗往来，道路相望，欢好不绝，赞普宁忘之乎？”这里讲的仅仅是使节的往来，至于商队的交往更繁忙了。王忠先生引用藏族古代史诗《格萨尔王传》中的一条谚语：“来回汉藏两地的牦牛，背上什么东西也不愿意驮，但遇到贸易有利，就连性命也不顾了。”生动地描述了当年汉藏贸易的兴盛，也折射出拉萨八廓街商业的繁荣。

《西藏王统记》上记载：公元8世纪中叶，藏王赤松德赞请来了印度高僧菩提萨埵到拉萨和西藏各地讲经说法，因为语言不通，交流十分困难。“其时有罽宾（克什米尔）人吉桑之子阿难陀者，在绕萨（大昭寺）与绕木齐（小昭寺）间，丝罗市中为贾（经商），乃招至做翻译。”这段史料说明，在赤松德赞时期，八廓北街已经有了包括丝绸在内的各种市场，克什米尔人吉桑父子可以说是八廓街历史上第一个有名有姓的外商。

从五世达赖到八世达赖的一百五十年间，拉萨城区有了很大的扩展，八廓街商贸逐渐兴盛和繁荣。许多贵族官员和地方首领，纷纷迁居拉萨，在八廓街周围建造高大宅邸和园林别墅，历届摄政的大活佛在大昭寺附近盖起金碧辉煌的庙宇。商人一批接着一批，从山南藏北，从藏东藏西，从祖国内地，从邻近各国，争先恐后地赶到拉萨来做生意，汇集八廓街的各个街区，销售东南西北的货物和商品。一时八廓街及其周围楼房林立，街道纵横，商店鳞次栉比，人群川流不息。当时拉萨有六大商市，它们是城东的特朋岗市场和旺堆辛嘎市场；城北的坚布岗市场和冲色康市场；城西的夏萨岗市场和萨波岗市场。每天日出开市，日落收市，货物堆集，人声喧腾，热闹非凡。在重重雪山环绕的天涯绝域，不啻为一片让人耳目一新的世外桃源，一个热闹繁华的花花世界。

20 世纪前半期，拉萨商业依旧兴盛，加上亚东、樟木、阿里等地口岸开放，大量欧洲、美国、印度的商品竞相涌进拉萨，美国汽油、德国相机、瑞士手表、法国香水、英国自行车、意大利毛料和印度罐头及布匹，八廓街市场应有尽有，风光无限，因此，拉萨又有了“小香港”的称号。

八廓街南边绕色巷一带，小清真寺的周围，是克什米尔伊斯兰商人的社区，藏族人称他们为“拉达卡齐”，意思是“拉达克回民”，他们购进西藏的砖茶、湖盐、绵羊、羊毛，销售布匹、干果、红花、珊瑚、宝石、枪械等。八廓街东面的河坝林街区，大清真寺周围，聚居着从祖国内地来的伊斯兰商家，藏族人称他们为“甲卡齐”，意思是“内地回民”，主要经营屠宰、磨面、餐饮、水果、蔬菜等。八廓东街的夏仲巴拉巷，整个街区有六十家回民肉店，专门销售河坝林“乞米”屠宰场屠宰的牦牛肉。因为这些牦牛都是回民宰杀，回民以讲卫生闻名全藏，宰杀时又有阿訇念“可兰经”，吃了无灾无病，是放心肉，拉萨人都爱吃，往往供不应求。每年萨嘎达瓦节期间，也就是藏历四月，噶厦不准杀生，“乞米”屠宰场只好停业。还有一处较小的“秦米”屠宰场可以杀牛，据说这是经过十三世达赖喇嘛特批的，“秦米”屠宰场的牛肉，在八廓北街玛尼房附近有门面出售。

大贵族索康府的临街铺面，20世纪三四十年代，是盛极一时的汉商北京商行，其实这些商店的老板并不都是北京人，而是河北人。主要销售京津和江浙出产的绸缎、瓷器、古玩、工艺摆设、玻璃器皿等，他们也购进西藏的羊毛、牛尾、牛绒等销往内地或出口国外。这些商店中最出名的有兴记、玉记、文发隆、德茂永几家，文发隆又分出隆庆裕、振泰兴两家。隆庆裕由西藏大僧官柳霞投资，生意做得特别火，拉萨人也叫他“柳霞村康”。

索康府对面，八廓南街东口，是西藏第一巨商邦达仓的府邸。邦达仓父子原籍藏东芒康，父亲邦达·尼江及其长子邦达·扬培，先后出任过西藏地方政府的商官。十三世达赖喇嘛授予他们贵族头衔和出口羊毛、牛绒的专营权。数十年间，财富急剧增加，成为雪域藏土第一富豪。在印度、在内地、在西藏各地，都有他们的分号。西藏最大的藏商有四家，除邦达仓以外，还有桑多仓、擦绒仓、热振仓。热振仓随着热振活佛的被害而终止，桑多仓也因娶了热振活佛的妹妹倒了大霉，最后只剩下邦达仓和擦绒仓了。

八廓街东面的巴朗雪街区，是藏东康巴商人的聚居地。据说这里原来没有街道和房舍，只有一些黑色的牦牛毛帐篷。巴朗雪，是黑牦牛帐篷的意思。商人们主要销售康区出产的犏牛、走骡、酥油、皮张、鹿茸、麝香、刀剑、金银和黄铜制品。临近巴朗雪的旺堆辛嘎市场，主要买卖枪支、家具、服装、干果。日出开市，日中停市，只有半天时间，拉萨有句谚语："旺堆辛嘎早市最热闹，匆匆忙忙只有一早晨。"巴朗雪南侧的特朋岗市场，是骡马、毛驴的主要交易地。过去，从旺堆辛嘎市场到特朋岗市场的整个街区，都被马、走骡、犏牛、毛驴等牲口挤得水泄不通。这些牲口，大都来自昌都地区和工布地区。

八廓街东北方向的吉日巷，是云南商人的根据地。实力最强的是铸记商号、夏洛商号、仁和商号。铸记商号是云南商人马铸材的产业，由他的弟弟马义材在拉萨经营。夏洛仓的老板叫马青山，皈依藏传佛教，藏化程度很深。云南商号大都经营茶叶、羊毛、红糖、鸦片、烟草等。

八廓街北小昭寺周围，是藏北商人的聚集地，拉萨人称为"霍葱"，意思是买卖牧区产品的商人。主要销售藏北出产的酥油、羊毛、牛羊绒、牦牛尾、毛皮、人参果、湖盐、土碱、奶酪等。冲色康市场西面的夏萨岗，出售藏北的牛羊肉，这是八廓街第二个专门肉市。

八廓街西边丹吉林寺周围，聚集着青海、甘肃一带的商人。古时候叫"青库"，意思是毡房区。据说最早的时候，这一带也是一片旷地，从青海、甘肃来的蒙古族、藏族商人，在这里搭起一座座蒙古毡房，他们销售的主要是西宁的骡马、枪械、毛驴、白酒、马具等。

拉萨的尼泊尔商人大约近一百家，他们的铺面分布在八廓东街和八廓北街两侧。尼泊尔商人主要从事珠宝交易，在市场上制作金银制品，出售从不丹和尼泊尔运来的金铜神像、宗教法器、首饰、刀具、颜料等，20世纪以来，也大量从事西方各国的洋货贸易。尼商有自己的经商团体，名叫“巴拉”。其中，果拉夏巴拉最有实力，会所设在八廓东街的德钦热丹大院。拉萨几家最有名的尼商，像夏莫嘎布（白帽子）、目底村康（珍珠商行）、姜珠拉等二十余家，都是这个巴拉的成员。

西藏各地的土特产品，在八廓街各处商家和市场都有出售。像山南的面粉、糌粑、氆氇、陶器、木碗；尼木的经书、佛像、家具；仁布的玉器；江孜的卡垫、地毯、藏被；工布的桃干、杏干、核桃、猪肉、麝香、鹿茸、熊胆、毛皮、纸张、竹编、藤编、木碗；羊湖的鱼干、肉干等。

我1961年深秋进藏，分配在拉萨市文化局文化科，同时又协助拉萨市歌舞团工作。这两个单位，一个在八廓东街的河坝林巷夏苏府，一个在八廓北中巷的夏格巴府。每天我在这两个单位之间来来去去，几乎都要走过大半个八廓街。那时八廓街还保持着中世纪的原貌，藏商、尼商、汉商的店铺，一家接着一家，货物相当丰富，五光十色，琳琅满目，各类百货摊、杂货摊、食品摊，一直排到街心，骑自行车是无法通过的。从甘丹塔卫大旗杆到噶林果西四门白塔之间，满街都是卖藏香的拉萨女子，她们皮肤白皙，衣着讲究，能说会道，热情活泼，长长的藏香插在外国进口的洋铁桶和罐头筒中，红红绿绿的像彩色的森林。看到这些妇女，我就想起一首脍炙人口的民歌：

拉萨八廓街上，

窗户比门还多；
窗户里的姑娘，
骨头比肉还软和。

有好几次，我不小心，自行车撞倒了她们的铁桶，藏香像多米诺骨牌似的，哗啦啦倒了一大片，引来一阵阵嬉笑怒骂。当时的噶林果西白塔四周，都是农村妇女，她们在这里卖糌粑、蚕豆、牛粪、圆根、土豆，还有的卖祭神煨桑的香草香树叶。农家女孩子一排排，一个个，坐在当街，显得那么腼腆憨厚，那么诚实质朴，和前面的拉萨女子，形成了鲜明的对比。四门白塔底下，有四个窑洞般的通道，通道里总是住满了乞丐，佛塔成为他们的家园。

时光如水，岁月长流，几十年的光阴匆匆过去。今天的八廓街，成了拉萨的旅游街、步行街，比起以前来，更加规范，更加干净，更加商业化了。

八廓街，人文之街

八廓街又是一条民俗街、人文街，有一条谚语这样说：

拉萨河的水，
八廓街的人。

还有这样一首民歌：

各种各样的树，
汇聚在罗布林卡；
东南西北的人，
汇聚在八廓街头。

古往今来，差不多西藏历史上每一位著名人物，大都在这条街上留下过他的脚印；很多很多的历史事件，都在八廓街这个舞台上表演。这些人物，这些事件，在我篇幅有限的文字里，无法一一讲述。总而言之，每年春季的传召大法会，夏季的萨嘎达瓦节，秋季的农牧交换，冬季的休闲季节，西藏各地的人，纷纷涌到大昭寺，涌到八廓街。进大昭寺朝佛，绕八廓街转经，在拉萨城购物。康巴人、安多人、山南人、藏北人、工布人、后藏人、阿里人、各教派僧人，还有苯教信徒，萨迦派高僧，穿着各式各样的服装，戴着各种各样的首饰，操着各种各样的方言，拖儿带女，成群结队，热热闹闹，熙熙攘攘，挤满了八廓街，涌动在各个街区和市场。

这些人都是拉萨河的水，来了又去了。过去还有一些特殊的人群，他们是河里的石头、水底的沙，是八廓街常年不变的特殊群体，是八廓街土生土长的人物。他们和八廓街有着共存共荣、无法割舍的关系。

先说说八廓街的乞丐吧！

民主改革前的拉萨城内外，乞丐特别多，有人说拉萨市是乞丐和狗的世界。大昭寺西面的鲁普广场，拉萨城北小昭寺附近，是乞丐们聚集的大本营，甚至可以称为乞丐王国。有人统计，过去这座四五万人的城市，乞丐占十分之一，达到四五千人之多。乞丐纷纷汇聚圣城的原因，一是过去乌拉差役重，水旱冰雹雪灾多，很多农牧民破产，只好逃荒要饭，沦为乞丐；二是拉萨是以寺庙和神佛出名的圣城，信仰佛法的人有施舍的传统习惯。一年四季，春夏秋冬，从早到晚，在大昭寺门前，在八廓街周围，在各大市场附近，到处都有形形色色的乞讨者，他们成群结伙，热闹喧哗，

八廓街头的乞丐　　陈宗烈摄于1957年

有的拍着手，有的哼着歌，有的卖力地诵经，有的作苦难状，不断地向过路人、香客们乞求。还有一些小乞丐，跟在妇女们身后，穷追不舍，一边拍手，一边唱歌，调子很流畅，节奏很欢快，一直唱得这位女士烦了，或者动了怜悯心，给一些施舍，才罢休，歌词的大意是这样的：

大姐的模样真漂亮，
大姐的模样真漂亮，
前面看样子真好看，
后面看样子更漂亮。
苗条的腰肢像竹子摇晃，
雪白的脸蛋像初升的月亮，
秀美的头发像林卡马兰草，
走路的姿势像彩虹在飘荡。
大姐想给了，
大姐心在想，
乞儿想要了，
乞儿我在望。

有一类乞丐，藏话叫热结巴，是一种特殊的丐帮。据说在古代，雨季拉萨年年发大水，大水冲垮了河堤和房屋，还威胁大昭寺的安全。藏王便征调一些俘虏、囚犯、乞丐、流浪汉，专门修筑河堤，预防水患，这些人便叫“热结巴”，意思是修筑和守护河

八廓街头的囚犯　　陈宗烈摄于1957年

堤的人。后来西藏地方政府又给“热结巴”增加了各种劳役，最主要的是收殓八廓街及其附近各处的尸体。那时，拉萨到处可以看到暴死街头的人，有饿死的，有累死的，有得瘟疫急病死的，有打斗仇杀身亡的。热结巴把他们的尸体收殓起来，运到八廓街南边的“热结多朱”天葬场解剖，把头颅、骨骼、皮肉和内脏，分门别类贮藏起来，供密法僧人们祭祀护法神使用。于是，热结巴又称为“若解巴”，意为送尸体者。另外，他们还要负责清理市场，更换四根大旗杆上的经幡等。

热结巴担负着种种低贱的劳役，西藏地方政府既不付给他们工资，更不管他们的吃住，只给他们在八廓街头乞讨的权利。和别的乞丐相比，他们的地位又高出一头，他们要饭时总是颇为神气地宣称："喂！请注意！我们要饭的权力是达赖喇嘛给的！是甘丹颇章政权给的！"热结巴丐帮有自己的头目，称为"热结巴奔波"（丐帮长官），在某些场合，可以穿戴西藏地方政府最低级官员的袍子和帽子。世家贵族和商人富户，每逢举行婚礼、新房落成、官员升迁等喜庆场合，热结巴便闹闹嚷嚷，成群结队，前来乞讨。主人要给他们献哈达，倒青稞酒，送肉和糌粑，有的时候还要钱。如果满足不了他们的要求，他们便和主人激烈争吵，甚至一起发出一种嘘声怪叫，这种嘘声怪叫非常可怕和恐怖，据说能招来厉鬼，使这户人家家破人亡。主人没有办法，只好不断追加钱物，直到他们满意为止。他们满意了，便集体发出"拉结啰"的欢呼声，意思是"神胜利了"。热结巴走了，紧接着他们的女人又来乞讨，他们称为"热结阿妈"，索要的钱物大约是男人的一半。

再说说八廓街的囚犯。

过去，拉萨有三个司法机构，一个叫协邦，是噶厦的法院；一个叫雪列空，是拉萨地区专署；一个叫朗子厦，是拉萨市政厅。雪列空在布达拉宫底下，协邦在大昭寺里面，朗子厦在八廓北街。凡是判处流放的罪犯，都要穿一件白氆氇的囚衣，倒骑着黄牛，绕八廓街一圈，由公差们押解着游街示众，然后走上流放的行程。还有更严重的，判处"次科次加"，意思是手铐脚镣，终身流放。流放之前，要关在铁制或木制的囚笼里，摆在布达拉宫或者八廓街头示众，给他以羞辱和惩罚。每有这种情况，引来无数路人围观、看热闹，轰动整个拉萨城。朗子厦是一个两层楼的建筑，楼上为审案的公堂，楼下为关押囚犯的黑牢。协邦没有监狱，犯人也寄放在朗子厦，犯人有的是抢劫偷盗，有的是打架斗殴，往往被判处鞭笞，鞭笞的地方就在朗子厦台阶下面的小市场。每次鞭笞罪犯，围观的人里三层，外三层，嚎哭声、喊叫声、哀求声此起彼伏，连成一片。

例如1899年，地方政府的掌权者，以诅咒十三世达赖喇嘛的罪名，把卸任摄政王丹吉林第穆活佛囚禁致死，又将他的弟弟、扎萨喇嘛罗布次仁毒打身亡，还以私自探监的罪名，鞭笞了罗布次仁的妻子。这位出身大贵族多仁家的德吉，脚镣手铐，被押解在八廓街示众。当时正在色拉寺学经的日本僧人河口慧海，在他的《西藏旅行记》一书中，记下了他亲眼目睹的悲惨场面：

“十月上旬，我从住处到八廓街散步。这里是拉萨最热闹的街道，除了商业活动外，每当有罪人时就在此地示众。示众的方式很多，有的只戴手铐脚镣。这一天我看到约二十人，在十字路口或柱子旁，排成一列示众，每个人都穿得很好，但是脖子上都戴着枷锁。枷锁是三尺见方的、有五厘米厚的方板，板的中间有个套颈脖子的洞。能分成两块，两边有卡子使板子合上再上锁。板上贴着封条，上面用藏文写着罪状以及处置情况、示众的数目，之后流放或杖刑等，杖刑是打三百至七百杖不等。

“这一天，在大街上被示众的都是诺尔布·切林（即第穆活佛的弟弟罗布次仁）的部下，与此事有关而被杀的苯教喇嘛已经十六人了，被流放的具体数字我不清楚，好像很多。今天在这里示众的犯人中，有一半将要被流放，其他人则是被示众五至七天后，还要被杖打三百至五百。

“我觉得眼前出现了地狱，很可怜这些人，但又无能为力，很同情地从他们面前走过。在释迦牟尼佛堂（大昭寺）西南道路最宽、阳光最充足的石板路边，我又看见了一个美貌的妇女被示众。

“这个妇人也和前面那些犯人一样，脖子上戴着三尺见方的枷锁，沉重的枷锁压着妇女纤细的肩膀，显得很痛苦。妇女头上戴着不丹产的山蚕丝头巾，低着头闭着眼睛。旁边站着监督的三个卫兵，前面放着盛有糌粑的碗，还有一些过路人送的较好一点的食品。由于妇人戴着手铐，吃东西还得有人喂才行。这个妇人是西藏最老的贵族、在贵族中最能干最受尊敬的德林（多仁）家族的女人。

“这位贵妇人就是诺尔布·切林（罗布次仁）的夫人，当诺尔布·切林还没有关进石牢时，她给看牢人一些钱，还能进去看犯人，并能带一些食物去见丈夫，叙述各种痛苦。后来因此事被发现而被捕，被打三百杖后她不能走路了，不仅挨打，还在路边石上戴枷示众，真是可怜之极，令人难过流泪……”

朗子厦监狱根本没有牢饭，囚犯们没吃没喝。每天有一定的时间，把他们押到八廓街头，让他们到店铺和居民中乞讨要饭。那时，过路人总能看到三五成群的囚犯，戴着脚镣手铐一边蹒跚行走，一边高声求乞。这种情形，在近代社会，恐怕除了拉萨八廓街以外，在其他地方是难以看到的。

还要说说八廓街上的藏兵。

20世纪四五十年代，拉萨有三个藏兵团，驻扎在北郊的是藏兵二团，拉萨人称“扎什玛米”；驻扎在罗布林卡的是藏兵一团，拉萨人称“古松玛米”；驻扎在鲁普的是藏兵四团，拉萨人称“江孜玛米”。还有一个警察营，驻扎在八廓北街的冲色康大院，拉萨人称“波力斯玛米”。波力斯不是藏语，是印度语。

拉萨的警察是英籍锡金人勒登乃帮助组建的，在八廓街东西北各个街口都有岗亭，负责维持秩序和疏导交通。警察们待遇极差，又缺少训练，每天上岗的时候，还抽空缝制藏靴，以贴补家里的生活。警察们的服装单薄，冬春两季，天寒地冻，他们待在岗亭里冷得够呛，只好找个暖和的地方蹲着，一边晒太阳，一边纳靴底，这是旧拉萨警察的典型形象。他们也有枪，是英式步枪，但是没有子弹。步枪总是挂在岗亭附近的某棵树上，玩劣的街童常常把它们扛走，拿去做游戏，或者抖威风。

藏兵们常常三五成群地在八廓街游荡，看到稍有姿色的妇女，便上去调戏一番，甚至弄到某个角落加以玩弄。节日期间，特别是传召大法会期间，八廓街的社会秩序非常混乱。年轻妇女一般不敢出门，出门时把脸涂得又脏又黑，或者用毛线帽遮挡住面容，以防受到藏兵的伤害。有一首街谣，在当时家喻户晓，孩子们常常成群结队地在街头巷尾边走边唱：

天黑了不到八廓街去，
那里有坏蛋古松玛米；
这些古松玛米真叫坏，
把姑娘弄得要死不活的！

最后说说八廓街的流浪艺人。

往年八廓街各处，总有流浪艺人在一边表演，一边请求赏赐。这条街可以说是拉萨的艺术舞台、西藏民俗的窗口。来自不同地区的民间艺人，表演的艺术品种也不一样。来自康区的艺人，大都是跳热巴，跳弦子，两三个人组合在一起，一个人拉牛角琴，藏话叫“贝旺”，其他人边舞边唱；来自后藏的艺人，大都弹奏六弦琴，跳着踢踏舞；来自山南的艺人，表演一种名叫“朝巴谐玛”的歌舞，男的打腰鼓，女的唱歌，也以两人组合为多。

长期依附于八廓街生活的，有专门说唱藏戏故事和因果报应故事的“拉嘛玛尼”艺人，他（她）们把绘有故事内容的唐卡卷轴画挂在某个地方，用一根小棍一边指点，一边唱。最有名的说唱家是曲宗拉和她的阿爸，她们是布达拉宫下面“雪得白”五金作坊的专业说唱艺人，每逢藏历四月的萨嘎达瓦节，便在八廓街转经路口和林廓路边说唱，直到20世纪八九十年代，还能看到这位身材娇小的妇女的身影。还有一位盲人，名字我忘记了，总是围着八廓街边走边唱边乞讨，唱着同一首歌，调子悠长，声音凄厉，听起来让人伤心落泪，歌词大意是这样的：

嗦——
天上飞的鸟儿，
没有比麻雀更小的了；
地上活着的人儿，
没有比我更可怜的了。

八廓街头说唱“折嘎”的艺人比较多。“折嘎”是一种民间说唱艺术，说唱者戴山羊皮假面具，手拿一根短棍，边说边唱，边唱边跳，唱词大都是赞美假面以及祝愿人们吉祥幸福的内容。近代最有名的折嘎艺人名叫索朗扎西，他住在旧木鹿寺的神堂里，个子矮小，容貌丑陋，表演滑稽，表情丰富，怀揣着一个大木碗，掏出来大得让人吓一跳。他的弟子很多，有一个名叫索达雅固，意思是好样子，跳得一手绝妙的踢踏舞。内地的歌，印度的歌，他都能用踢踏舞表演，而且幽默风趣，潇洒自如，让满街的行人看得入迷。20世纪四十年代，他从山南琼结地方来到拉萨，拜索朗扎西为师。从此扎根在八廓街头，白天在街头卖艺，夜晚露宿在嘎林果西四门白塔底下。民主改革时分了房子，分了财物，不过他不愿意老老实实待在家里，又在八廓街重新开始了卖艺生涯。1994年我到拉萨出差，还专门去拜访过他。

最后说说八廓街的仇杀和打斗。

往日的八廓街上，从早到晚，总是涌动着转经、购物和闲逛的人流。这些人当中，鱼龙混杂，良莠不齐，有好人、有坏蛋；有佛教徒，有流窜犯；有旅游者，有亡命之徒，还有千里寻仇、伺机报复的杀手。拉萨当地，也有这样的年轻人，他们年轻气盛，热血沸腾，崇尚英雄豪杰和打打杀杀，总是把八廓街当成发泄自己过剩精力和表现胆量、勇气的场地。他们之中，有哲蚌寺和色拉寺的陀陀喇嘛，有藏兵团的年轻藏兵，有藏医学院的学员，有胆大包天的康巴汉子。他们三三五五，有意在八廓街逞强斗狠。陀陀喇嘛用锅灰把眼眶画成黑圈圈，把鬓角画得又粗又长，看起来很可怕。僧裙后摆叠成很多褶子，走起路来摇摇摆摆，跟孔雀开屏一般。他们走路的姿势也很特别，肩膀大幅度地左右晃荡，眼神饱含着傲慢和挑衅，如果对面过来的人，也有同样的表情和神态，根本不需要有什么冲突，也不需要什么原因，只要一个鄙夷的眼神，一声轻蔑的哼哼，或者吐一口唾沫，双方便风驰电掣般地打了起来，一时刀光剑影，拳脚交加，甚至子弹横飞。市场一下子乱成一团，乞丐们狂呼乱叫，行人和小贩东奔西跑，警察们也赶紧找个地方躲了起来。这些打斗的人，大都有自己特殊的武器，有的使藏刀，有的用青冈棒，有的用弯牛角，有的使特制的铁钥匙。掏出手枪、搬出长枪的情形在打斗中也不罕见。20 世纪四五十年代，有几个人在八廓街头非常出名。一个是藏兵二团的士兵，名叫加保，意思是“加玉勇士”，他崇拜法西斯头目希特勒，打斗时使用一柄利斧，以凶狠和残忍闻名整个拉萨。还有一个叫“乃琼巴扎”，意思是乃琼寺的麻子喇嘛，个子又瘦又小，灵活得像猴子，被别人打得伤痕累累，半死不活，在垫子上躺十天半个月，只要能起床，又会出现在打架场所。还有一个哲蚌寺的喇嘛，名叫“琉璃”，意思是多闻天王的吐宝兽，打斗起来天不怕地不怕。据说“乃琼巴扎”最后还是被人打死了；“琉璃”在热振事件后，被地方政府流放充军到了藏北；“加保”1959年流亡到了国外。1980年回拉萨探亲，我见过他，那时他已经很老了。

八廓街，节日之街

西藏高原是个节日的高原，拉萨城是座节日的城市。这里从春天到秋天，从年初过年到年底送鬼，大大小小的宗教节日、民间节日不下二三十个。不能说每个节日都在八廓街进行，至少大多数节日都跟八廓街以及这条街上的大昭寺有关系。

藏历正月初一，拉萨城的男男女女，天不亮就起来敬神朝佛。人们端着酥油灯盏走上八廓街，走进大昭寺。一时大街小巷，人流涌动，酥油灯闪闪，像天上的繁星。

朝佛过后，家家搬出装满麦粒和糌粑，插着鸡冠花和日月牌的“朝苏切玛”吉祥彩斗，逢人便道“扎西德勒”，祝福新年吉祥如意，互相扬洒麦粒和糌粑，给对方敬青稞酒，必须三口一杯才作罢。顿时满街呼声漫天，酒杯流转，人们载歌载舞。八廓街霎时成了一条饮酒的街，歌舞的街，节日的街。

初三，要给八廓街周围四根巨型经旗杆更换彩幡和经旗。丐帮在官员们的指挥下，把长达数十米的巨型旗杆放倒，更换彩幡和经旗后，系上达赖喇嘛或摄政王的祝福哈达，又在僧俗民众的欢呼声中和扬洒的糌粑粉里，重新树立起来。20世纪60年代初期，还维持了更换经幡的传统，好几次我都在场。不过操作的人不是

传召大法会期间，僧人们在八廓南街广场上诵经祈祷　　陈宗烈摄于1957年

热结巴丐帮，而是市政工程队的工人了。

藏历正月初四，历时二十一天的传召大法会开始。前一天，三大寺的喇嘛纷纷住进八廓街周围的居民大院。有的大院原本是寺产，平时租给居民，传召时由喇嘛进驻。这一天，哲蚌寺的铁棒喇嘛和他的助手恰当巴、香古西尼（伙房管事），在结绕们（随从）的簇拥下，进入大昭寺，然后巡视八廓街市容、水井、神庙。乃琼护法神巫在松琼瓦（古装骑士）的引导下进入旧木鹿寺，准备在传召期间降神宣谕。从这一天开始，数以万计的僧人，每天有六次祈祷诵经活动，三次在大昭寺内金弋大院进行，有酥油茶和

肉粥喝，称为念湿经；三次在八廓南街的松曲热（讲经广场）进行，没有茶粥供应，称为念干经。诵经会上，达赖喇嘛和甘丹寺法台，要讲经说法。为了名列前茅，格西们还要举行激动人心的公开辩经。正月十五日夜，大昭寺周围的街区摆满了酥油彩塑，被千万盏酥油灯照得明光透亮，彩塑的内容是护法神灵、飞天神女、奇花异草、珍禽异兽、吉祥图案。这下八廓街变成了一个光明美丽的神话世界，成千上万的信徒香客和游人，围绕八廓街一边观灯，一边歌舞，一边欢呼，真正的是拉萨的狂欢节。拉萨河南边的次觉林村和热玛岗村的男女村民，要比赛歌舞，直至日出东山还不肯停歇。

藏历正月十五的酥油灯节，八廓街被成千上万盏酥油灯照耀得一片光明

陈宗烈摄于1957年

藏历正月二十五是传召法会的最后一天，僧人们要簇拥大昭寺的弥勒强巴佛像，用木轮车装载，巡行八廓街一周，接受广大信徒香客的膜拜和供奉。表示强巴佛接替释迦牟尼佛主宰世界的时代即将到来，强巴佛的慈和之光，将给人类带来欢乐和吉祥。这一天还要赛跑赛马，欢庆传召大法会圆满结束。赛马从哲蚌寺下面的吉日山嘴出发，跑到拉萨河边的工布塘渡口；赛跑人从罗布林卡东边的加纳村出发，跑到八廓南街为终点。在赛跑终点的八廓南街讲经广场，僧人们还要举行摔跤、举石头表演。

藏历二月十八日，又要开始为期十三天的会供法会，俗称传小召。会供法会也在大昭寺举行，内容和形式跟传大召差不多。不过，参加的人数少一些，规模小一些。藏历二月二十九日送鬼，称为“吕贡”的送鬼人，被押解着围绕八廓街一周，在全城百姓的唾骂和喊叫声中，狼狈不堪地被赶出拉萨。藏历二月三十日，布达拉宫挂出无量寿佛巨像，喇嘛们要高举数千幅五彩缤纷的彩旗、神幡、宝幢、华盖等宗教仪仗，从八廓街巡游到布达拉宫，再从布达拉宫经八廓街，返回大昭寺。

藏历四月萨嘎达瓦月，为佛祖释迦牟尼出生、成道、圆寂的月份。这个月围绕大昭寺内、中、外三条路上转经的人，急剧增多。八廓街上人如潮涌，一拨连着一拨，跟游行示威的队伍差不多。转经的人也是形形色色，有背着、抱着孩子的，有赶着牛羊牵着狗的，有举着雨伞那般大小的转经筒的，有手腕和膝盖绑着牛皮和铁片，一步一个长头磕着转经的。八廓街两边，特别是几根大经旗杆下，噶林果西四门白塔周围，大昭寺门口，总有民间艺人在说唱拉嘛玛尼，宁玛派喇嘛在诵经念咒，还有尼姑们排坐一起，边敲法鼓边唱诵经文，她们念经的声音很好听，跟女声小合唱差不多。

藏历十月十五日，是吉祥天女节，又是八廓街头一个激动人心的日子。木鹿寺的僧人们要背着大昭寺的吉祥天女青蛙脸神像，后面是成群结队的称为“白苏玛”的祭神妇女，身穿节日盛装，手捧藏香，边唱神歌边行进，陪伴拉萨城的保护女神巡游八廓街。沿途还要抛撒“朵玛”施食，引来无数的行人和乞丐们争抢。

藏历十月二十五日，是甘丹阿曲节，又称燃灯节，是格鲁派祖师宗喀巴大师圆寂纪念日。大昭寺和八廓街所有窗台和屋顶，都要燃点起一盏盏的酥油灯，千千万万盏灯，在各个层次的建筑物上闪闪烁烁，在没有月光的初冬之夜，放射出奇异的光芒，使八廓街更显得古老、神秘和神圣，更增添了人们对圣哲们的崇信和追思。

冬去春来，雪域藏土周而复始又过了一年。闹闹嚷嚷的八廓街，又到了年终岁末。藏历腊月二十九，是全西藏人赶鬼送祟的日子，拉萨人当然也不例外，老老少少、男男女女，高举着燃烧的火把，吆喝着赶鬼的口号，从各处宅院，从各条街巷，把鬼赶到八廓北街的冲色康水坑边。人们在这里堆满青稞草，放火燃烧，熊熊的烈焰直冲天际，把圣城照得一片火红，表示鬼被烧死了，鬼被吓跑了。

然后，拉萨人高高兴兴、心满意足地回到家，忙着准备过藏历新年，他们可以过一个欢欢乐乐、干干净净、吉祥圆满的新年佳节了。

拉萨城的大巫和小巫

把拉萨称为神灵之地，那是一点也不错的。大昭寺的释迦牟尼是众神之神、诸佛之佛，早已远近闻名了。藏传佛教各个教派、各个寺院，都有自己的神佛系统，一般地说，是按“喇嘛”（上师）、“依当”（本尊）、“桑结”（佛）、“强松”（菩萨）、“曲均”（护法神）、“松玛”（保护神）六个层次排列的。“曲均”和“松玛”都是护法神，其中有出世间护法神和世间护法神的区别。“松玛”（保护神）是最底层的神，也是和普通群众生产生活有着最密切联系的神。

过去，拉萨城的居民们，从生到死，从幼到老，都离不开两种保护神灵，一种是生神，藏话叫“结拉”，就是一个人出生地方的神；另一种是地方神，藏话叫“域拉”，也就是他生活和工作地方的神。无论是结拉还是域拉，都是护佑一个人生老病死、主宰吉凶祸福的一种无形的力量，如影相随，如光相照，那是一时一刻也不能分离的。人们外出的时候，都要向这些神灵请假；回来的时候，要向他们汇报，并且进行酬谢和供养。其态度之虔诚、意念之恳切，是当代的人难以想象的。

拉萨最高的守护神是吉祥天女班丹拉姆，她是整个藏传佛教的总护法，所有女神的首领，神堂设在大昭寺三楼的护法神殿。她是“众神之神”，被称为“三界主母”。往年藏历新年，住在布达拉宫的达赖喇嘛，清晨第一件事情是祭祀三界主母班丹拉姆。拉萨人发誓，总是以手加额，念出“班丹拉姆”的名字，可见这位女神在拉萨居民心目中威望之高、地位之最。

也许有的人要问：这么多的神，纷繁复杂，千头万绪，他们怎样和信民们沟通，维系人们的福祉，指导人们的行为呢？这一点请你不要担心。往日，有一种称为“巫”的男女，他（她）们是沟通人神的中介，是神在人间的代言人。这些半人半神的男人和女人，在一定的时间，一定的条件下，通过一定的宗教仪轨，护法神灵会依附到他（她）的身上，进入他（她）的体内，他（她）的神智便会昏迷起来，说的话也不是自己的话，而是神的话，而是神对信民们的指导、启示和护佑。这样的人男的称为神汉，女的称为巫女，不管是男是女，都可以称为“古考”，意思是神进入了体内的人。对于巫的崇拜，在西藏这片古老的土地上，形成最少有几千年了，直到20世纪50年代之前，仍然非常兴盛，拉萨圣城也不例外。正如西藏谚语所说：“初十轮流请神，过年到处请客。”对于神巫，老百姓也有看法，例如：“人没办法请神，神没办法扯谎。”

当然，神有大神和小神，巫也有大巫和小巫，介于大巫和小巫之间的还有一些中等的巫。在过去的西藏，有四大神巫之说，一是拉萨乃琼寺的乃琼神汉，他是护法大神白哈尔附体，北方事业之王的代言人；一是达孜县拉木寺的拉木神汉，他是白梵天王的代言人；一是扎囊县桑耶寺的桑耶神汉，他是红色神魔赞玛热的代言人；一是堆龙德庆县噶东寺的噶东神汉，他是护法大神白哈尔的化身之一、南方智慧之王的代言人。他们都是西藏最大的巫，享有很高的荣誉和地位，前两位有三品僧官大喇嘛的待遇，后两位有着四品僧官堪穷的头衔。过去噶厦和达赖喇嘛，有什么违碍和疑难，总是请他们降神宣谕。因此，对他们不可以随便称为巫师或神汉的，而要尊称为"曲琼"（护法）或者"曲杰"（法王）。

下面说说我所知道的旧时拉萨城里大巫和小巫的情形。

噶玛厦神庙和神巫

八廓街东面，有一座赭黄色的神庙，坐北朝南，坚固结实，红色的柽柳墙、高耸的镏金幢，是著名神巫噶玛厦驻锡和降神的地方。

清初《卫藏通志》这样介绍说："噶玛厦寺在大昭东半里许。寺内塑神像，狰狞恶煞，内居护法，乃喇嘛装束，仍娶妻生子，世传其术，即内地之巫类也。每月初二、十六日下神，头戴金盔，上插鸡羽，高约二三尺，穿甲，背插小旗五面，周身以白哈达结束，足穿虎皮靴，手执弓刀，登坐法坛，凡人叩问吉凶，托神言判断祸福，出则人从装束鬼怪，执旗鸣鼓钹导引之。"

关于这座建筑的缘起，可以追溯到 15 世纪中期。那时，楚布噶玛巴七世法主曲扎嘉措，在拉萨东郊兴建了一座规模宏大的噶玛新寺，想与色拉寺、哲蚌寺相抗衡，噶玛厦就是曲扎嘉措法主在拉萨的宅邸。1642 年，五世达赖在蒙古首领固始汗的支持下，推翻了信奉噶玛教派的藏巴汗政权，第十世噶玛巴法主曲英嘉措也跑到云南去了。于是，噶玛新寺被摧毁，噶玛厦宅邸也被没收，改成了色拉寺的护法神殿，选派一位巫师在里面降神，他就是第一位噶玛厦

噶玛厦神庙外观　边多摄于 2006 年

神巫。算起来，噶玛厦降神的历史，至少有三百多年了。

噶玛厦不是乃琼、拉木那样的大巫，不能直接给达赖喇嘛和地方政府降神宣谕。但是，他是色拉寺的神巫，色拉寺是拉萨三大寺之一，在西藏政教方面，有着举足轻重的地位。有这么一句口头禅："天上日月三星，地上甘色哲蚌。""色拉寺一咳嗽，拉萨城就得伤风。"噶玛厦作为色拉寺掌印大喇嘛和全体僧众的宣谕巫师，其地位和权威不言而喻。噶玛厦的神灵，被认为是拉萨地区山、水、土地和财宝的守护者，受到拉萨广大市民的崇信。噶玛厦神巫替拉萨市政厅（朗孜厦）的公差衙役，以及由热结巴、边顿巴、阿古洛桑等组成的丐帮，以及背尸人，流浪艺人等下层市民降神、问卜，在某种程度上是他们权益的维护者和神的代言人。因此，在拉萨市民中崇信噶玛厦的老百姓大有人在，差不多每个街区都有群众自发组织起来的噶玛厦"拉米"团体，意思是噶玛厦神的信徒们。

附体在噶玛厦神王身上的，是护法大神夏巧古依杰布(东方身之神王)的部将恰赤坚齐神。据说西藏的总护法白哈尔神王，由于藏地宗教信仰的急速发展，老百姓求神的越来越多，白哈尔忙不过来，便把自己一个身子化成五个身子，藏语称为"古安"，意思是"五身"，他们分别是东方身之王，北方事业王，南方智慧王，西方心之王，中央意之王。这五个王也忙不过来，往往派他们的部将代替，东方身之王又叫托乌，是色拉寺麦僧院的首席护法神，每年只有在最重要的日子，他才进入噶玛厦神巫的体内，让其代

噶玛厦神庙内院　　边多摄于2006年

表自己发布神谕。而平时的日子，由部将恰赤坚齐（一目万鸟）降临坛场。恰赤坚齐也不是一般的神，他只有一只眼睛，却能看清天上的一万只飞鸟，每只鸟的雌雄都能分清楚，对于人间的吉凶祸福、好坏忠奸，当然最明白不过了。

噶玛厦每年藏历四月初开始进行修炼，与神灵沟通，观察和预测拉萨已经发生或者将要发生的各种好事和坏事，在适当的时候，向拉萨僧俗各界发布。每年藏历五月十五日的卓林吉桑节（世界烟祭日），这位神巫将被色拉寺僧人和拉萨的丐帮、朗孜厦卫役，还有居民们自愿组织的“拉米”团体，迎请到拉萨河边的噶玛厦园林里过节。这一天，所有属于噶玛厦系统的大小神巫，都要在这个柳树成阴、鲜花遍地的园林里欢聚。届时男巫女巫各自进入昏迷状态，争相发布神谕，有一点像降神比赛的样子。这是广大信众愉悦夏巧古依杰布（东方身之王）和恰赤坚齐大神，以及他们的代言神巫的盛大节日，也是人神联欢的盛会。

每年藏历六月三十日，是著名的色拉寺雪顿节。按照传统，色拉寺要派出大批的僧人，把噶玛厦神巫迎请到寺庙大殿前面的石板广场降神宣谕。然后由噶玛厦的信徒们进行跳神表演。这是这位神汉一年中最为风光、最为神圣的日子，他用含糊不清的语言，以及神神秘秘的图案，预测圣城拉萨政教两界将要发生的种种吉兆和凶兆，事后将他的预言写在一张张藏纸上，画在一幅幅图案中，还要用一些旗帜和物品来演示。在他返回噶玛厦神庙的路上，后面总是跟随着一大批丐帮、衙役、流浪汉以及许多狂热的崇拜者，他们又喊又叫，又唱又闹，如同狂欢节里的化装巡游。他们举着各种纸片、图案和象征巫师预言的物品，边游行边向公众展示。第二天，藏历七月初一，他的随从和信徒们，再一次把这些纸片张贴在拉萨八廓街头、宇托桥上、贵族府邸和寺庙门口，把那些具有象征性的旗帜和物品拿到街头去展示。在那个没有广播、没有报纸、没有新闻传播媒介的相对封闭的社会里，噶玛厦神巫一年一度的预言，就成了轰动整个拉萨的大事，成了社会公众关心和谈说的热门话题，成了各个甜茶馆、酒馆议论的对象。

藏历十月十五日，是传统的吉祥天女白拉姆节，大昭寺护法神殿的吉祥天女神像，要由木鹿寺的僧人背负，围绕大昭寺巡游。当她来到称为“甘丹塔卫”大经旗杆下面的时候，噶玛厦神巫要在这里一边降神、一边迎接，据说大神恰赤坚齐和吉祥天女的女儿白巴东赞曾经是一对恩爱夫妻，由于白巴东赞的母亲班丹拉姆横加干涉，迫使他们夫妻分离，一年只有此时此刻才能短暂相会。两神相见，格外动情，似乎有千言万语，怎么也说不完，白巴东赞告别噶玛厦继续行进，神汉还要往前追上一阵，露出感情激动、难舍难分、无法控制的表情。在人们的观念中，生离死别、情人苦恋，似乎是人世间才有的事情，殊不知神和神相恋，比人还要胜过许多呢!

而在平常的日子，藏历每个月的初二，是噶玛厦神巫例行的降神宣谕的日子。拉萨的市民们特别是信奉和拥戴他的丐帮、衙役和背尸人等，都来求请问卜、供养侍奉。噶玛厦巫师是一位持戒的僧人，他过世之后，色拉寺照例采取赛神的方法，寻找新的人选，填补他的空缺，继续挑起降神的重担。

这位巫师降神的时候，身穿刺绣战袍，肩披四片桃形锦缎披肩，胸前挂白银铜镜，镜子上有藏文的“神”字，这个字具有很大的魔力。每次降神，都要举行一个仪式，意思是把恰赤大神迎请到神坛来，然后进入巫师体内，才能正式开始降神。他的侍从和助手，把一顶大约五六十斤重的头盔，抬起来戴在他的头上。这个头盔由镏金黄铜制造，周围镶嵌五个金属的骷髅，象征五位凶猛护法神，后边插三面神旗，还有老鹰毛和野鸡毛。当助手们把盔带紧紧勒着巫师下巴的当口，严重影响他血脉的流通。他脸部开始红胀，两眼歪斜、口流唾沫，全身不停地抖动，还断断续续地说出一些话来，这就是神的预示，由文书在沙盘上记下来，传达给求请降神的信众。有时候，神汉还要从法座上蹦起来，取下弓箭，朝各个方位猛射，甚至挥舞刀剑，左砍右杀，吓得求神的人们东躲西藏，胆子小的只好赶紧逃跑。其实巫师的所作所为，并不是故意砍人、杀人，也不会给人造成伤害。清醒以后，他会告诉大家，砍杀的只是妖魔鬼怪、晦气和厄运而已。

有一本名叫《西藏探险》的书，是美国人约翰·麦格雷格编写、向红笳翻译的，上面有这样一段介绍：1661年法国传教士格鲁白到了拉萨，自称看到了一场特别残忍和令人震惊的宗教习俗：“上层僧俗们组成的机构，授权他们选中的一个年轻人，毫无目的地杀掉他遇到的任何一个人。这个年轻的凶手，身着五光十色的法衣，上面装饰着一面面小旗。他拿着剑，背着箭袋和弓箭在大街上随意闲逛，随心所欲地杀人，没有人进行反抗。这种致人死命的仪式是基于这样的信念，他们认为‘谁被杀死，谁就会获得永恒的幸福。’”

格鲁白被认为是进入拉萨禁地的第一个欧洲人，他在这里画了一幅布达拉宫的素描，还记录了一些西藏的奇风异俗，传播广泛，影响巨大。他的这段记述也使不少西方人信以为真。其实这是一个天大的误会。他所描绘的应该是噶玛厦巫师降神的情形。在拉萨的巫师当中，只有噶玛厦和乃琼、噶东降神时可以挥刀舞剑，又砍又杀，但是他的砍杀并没有伤人，只是吓唬邪魔和驱赶鬼怪的意思。

噶玛厦降神的时候，往往还有信民们组成的跳神团体表演助兴，称为噶玛厦金刚舞，由七段舞蹈组成。它没有寺庙神舞那么庄严和隆重，但是也有自己的特点和风格。演员都是朗孜厦市政厅的公差衙役，拉萨街头的丐帮和小瘪三，跳起来相当放得开，没有那么多清规戒律。他们在广场上狂奔乱跳，观众在四周大呼小叫，气氛热烈，场面火爆，成为拉萨一大景观，也大大增加了噶玛厦神庙和噶玛厦巫师的知名度。

据说，从前西藏地方政府是不给一般街区的巫师神汉以官位的。20 世纪 30 年代，破例给噶玛厦神巫封了个六品僧官的头衔。因为涉及 1959 年的叛乱，他被关进监狱若干年，释放后又成了拉萨的公众人物，接受记者采访，并且娶一位做市场管理工作的女子为妻，过上了普通市民的生活。

热结赞康女巫

噶玛厦的东边，还有一间护法神殿，名叫热结赞康。20 世纪五六十年代，降神的是一位女巫。此为噶玛厦神庙的属寺，同样也属于色拉寺的神巫体系，每年都要举行冬祭和夏祭。藏历五月十五日的噶玛厦娱神大会，藏历六月三十日的色拉寺系统降神比赛，热结赞康的女巫都是非常活跃的成员。因此，在拉萨老城区，它的名气还是很响亮的。

附体在热结赞康女巫身上的神灵，名叫朗卡脱美。据说，他原本是一个流浪汉，后来成了噶玛厦巫师的近侍。他性格耿直，为人直爽，很受拉萨丐帮热结巴们爱戴。他也有毛病，就是爱抽鼻烟。一天没有鼻烟，就像丢了魂魄一样。死后他的精魂成了噶玛厦的伴神，由丐帮热结巴们进行供祭，成为铁朋康一带居民的出生神和地方神，还是噶玛厦大神的神仆。热结赞康里有他的塑像，那是一个体格魁梧的红脸大汉，这位神灵还是跟生前一样，特别酷爱抽鼻烟，诚信热结赞康神的人家，每次到神殿求神，都要给朗卡脱美送上一些鼻烟，据说这样非常灵验，神灵往往会给送鼻烟的人家带来吉祥和好运，作为回报。

热结赞康的信奉和供祭者主要是拉萨的丐帮热结巴。热结巴，意思是修堤人，他们的形成非常古远。据说藏王松赞干布时代，大昭寺刚刚落成，拉萨城刚刚兴建，拉萨河的主航道紧靠着圣城拉萨的南沿，现在这一带叫河坝林路，就是当年留下来的名字。每年雨季来临，洪波巨浪，从上游的雪山深谷呼啸而来，冲破圣城南侧的堤岸，淹没了附近的街道和民居，严重威胁着金色圣殿大昭寺的安全。藏王便调集部分俘虏、囚犯、乞丐和流浪者，让他们充当修筑和维护拉萨河堤的苦力，这就是热结巴最早的来源。后来经过蔡巴万户和柳梧宗首领，还有甘丹颇章的努力，拉萨河北岸的河堤逐渐南移，河堤的修筑和维护任务有所缓解，但是热结巴们的负担并没有因此减轻，他们被赋予了许许多多差役和劳务，其中一项就是收拾和处理街头暴死者的尸体。中世纪以来，拉萨城市不断发展，市场日渐繁荣，居民逐渐增多，朝佛者、流浪者、逃亡者从四面八方涌来。街头非正常死亡的人也不少，有得病而死的，有冻饿而死的，有械斗而死的，有复仇而死的。热结巴的任务，就是把无人认领的尸体，运到八廓街南侧的存尸房保存，然后拉到拉萨河边的天葬台天葬，这个天葬台名叫“热结多珠”，意思是热结巴的天葬台。

在拉萨街头，还有不少比热结巴地位更低的乞丐，他们的名字叫边东巴、阿古洛桑等，都是一些小瘪三之类的乞丐。以热结巴为代表的拉萨丐帮，是一个不容忽视的社会群体，他们便有了自己尊奉的神，自己拥戴的神巫。

热结巴们信奉热结赞康的朗卡脱美神，拥戴热结赞康的女巫，他们遇到困难和危险，总是到这个神殿里去求助，请求给予谕示和指点，藏历每个月的初二，是女巫例行降神的日子。这一天来请神问卜的信民们就更多了。有个专门侍奉热结赞康的团体，名叫“热结哈米”，意思是热结神庙的百姓们，跟现在的球迷协会有点类似，是热热闹闹、诚心诚意的一群。

20世纪60年代，我在拉萨市做文化工作，东城区歌舞队有个男演员，名叫强巴希洛，舞跳得很好，长得也漂亮。有人告诉我，他就是热结赞康女巫的儿子。我到他家进行过家访，看到过这位女巫。她是个年近半百的中年妇女，面容清瘦，性情平和，已经有好几年没有跳神了，看不出有多少女巫的凶狠。有一次我私下里对强巴希洛说，能不能请他妈妈讲讲降神的事情。小伙子顿时面红耳赤，张口结舌，没有作答，我完全理解他的心情和处境，因为在那个时候，作为一个女巫的儿子，是很不光彩的事情。从此，我再没有提采访的事。西藏话剧团著名女演员央金卓嘎，前几年对我说，她们家是噶玛厦和热结赞康的“拉米”（神民），热结赞康神朗卡脱美，特别爱抽鼻烟，有时候早晨起来，阿爸就对大家说，昨天晚上，屋子里鼻烟味很浓，说不定是朗卡脱美大神要鼻烟来了，全家就赶紧拿上一些鼻烟，送到神庙里去，供奉在大神面前。

绕色赞康的龙女

噶玛厦神庙的西面，八廓街的南边，有条古老的绕色街巷。街巷中段的甜茶馆附近，有一座小神庙，名叫绕色赞康。神殿里供奉的神是一位龙女，名叫曲达·土丹旺秋。这位龙女非常古老，据说藏王松赞干布兴建大昭寺的时候，从沃塘湖里挖出一块石头，被认为是龙女土丹旺秋水晶宫的基石，便修了一座小庙，供奉这块石头。后来龙女土丹旺秋果然附体在人的身上，这个人便成了替龙女土丹旺秋代言的神巫。他是绕色街区老百姓的出生神和守护神。绕色赞康也归色垃寺管理，每年照例要进行两次祭祀活动，一次是冬祭，一次是夏祭，每逢藏历猴年，还要到色拉寺参加护法神聚会，比赛降神本领。这位神巫是龙女附体，动作不太激烈，说话比较平和。

召底康莎庙多吉秀丹神巫

拉萨南城最有代表性的神巫，住在召底康沙神庙，他就是赫赫有名的多吉秀丹大神的代言人。这座神庙建筑古朴、造型美观，庭院四周为朱红色回廊，神堂殿十分雄伟。东边为赤江活佛的宅院，西边是大僧官柳霞府，南边是林廓路。相传清朝初年，这里是接待

多吉秀丹巫师降神的波底康萨神庙　　边多摄

进藏官员的馆驿。

多吉秀丹大神形成于五世达赖喇嘛时期。据说在那个时候，哲蚌寺有一位佛学知识渊博、性格执拗的活佛，名叫顿尊·扎西坚赞。五世达赖住在哲蚌寺的甘丹颇章宫，他住在沙阿颇章宫，两座佛宫前后相连。他对五世达赖喇嘛信奉宁玛派并热衷于该派法事活动有所不满，言谈举止中，非常明显地流露出对这位格鲁派至高宗教领袖的不满。五世达赖喇嘛手下的官员，对此非常恼火，把他看成眼里的麦芒、喉头的刺，千方百计想把他干掉。有一次，这些人将他逮住，把哈达塞进他的嘴里，直到他窒息而亡。但是他的灵魂并没有因此而沉寂下去，而是变成了一个非常可怕的厉鬼，在拉萨城里城外到处游荡，制造种种令人害怕的事端。五世达赖喇嘛也不安宁了，他进餐的时候，突然一阵狂风刮来，沙粒和灰尘撒满整个餐桌；坐禅的时候，整个布达拉宫左摇右晃，好像发生了七级地震一般。他手下人赶紧跑出去一看，只见一个巨灵神用很长很长的棍子，撬得布达拉宫不停地晃荡，跟暴风雨中的牛皮船一般。五世达赖喇嘛知道了这位活佛的情形，赶紧采取办法补救，安抚他的灵魂，亲自封他为多吉秀丹（金刚力士）护法大神，把召底康沙大院改建成多吉秀丹护法神殿，让他成为拉萨南城居民百姓的出生神和护佑神，允许他附体在巫师身上，预言政教两界的祸福吉凶。每年藏历七月初五进行夏日大祭，藏历十月十五进行冬日大祭。这便

当代多吉秀丹巫师洛桑先生
本书作者1995年摄于台北

是多吉秀丹护法神及其代言神巫最早的缘起。后来，这座神庙交由山南日乌曲林寺管理。十一世达赖时，道光皇帝为召底康萨圣庙亲书匾额一幅。

哲蚌寺的绒布活佛跟我说过，多吉秀丹巫师降神的时候，助手们用一根哈达，一头缠着他的左拇指，一头缠着他的右拇指，中间缠在他的脖子上，头上悬着宗喀巴大师的法铃。每当他降神时，情绪特别激动，表情特别痛苦，好像再现了当年被哈达勒死的情形。他一边抖动，一边喊叫："唐娘德巴雄！"意思是"叛誓者甘丹颇章政府！"达到高潮的时候，脑袋突然碰到宗喀巴大师的法铃，"司朗"一响，他的态度立刻大变，情绪也冷静下来。召底康沙的巫师，除了降多吉秀丹大神，有时候还降护法神卡齐玛波和色丑巴。卡齐玛波是多吉秀丹神的主要助手，色丑巴是白梵天王的怒相神。召底康沙门口，往年有一个女尼，她也降神，降赞规·卡齐玛波神。

据说，多吉秀丹很不满意自己的位置，一直想取代白哈尔大神王，三番五次企图闯进乃琼寺，占据白哈尔的宝座。于是，乃琼寺的南大门，一年到头总是关得紧紧的，以防多吉秀丹突然钻空子闯进来。

神烟萦绕，法号呜咽，圣城的岁月，如同拉萨河的水，一年一年地流过，到了20世纪40年代，老一代多吉秀丹巫师离开人世，西藏地方政府委托帕奔岗大活佛代为寻找一位新的巫师，继承巫统。帕奔岗活佛学识高深，名闻雪域，在当时的西藏，几乎无人匹敌。有一天，他听说扎什兵营有个普通藏兵，在多底电站干活，一只手嵌进飞转的机器，居然奇迹般地没有被轧断。帕奔岗活佛大为惊讶，认为这个藏兵一定是多吉秀丹大力金刚神灵附体的了，毫不犹豫把他认定为新的多吉秀丹巫师。色拉寺也专门在多底山沟，修葺了一座巴龙日朱神殿，提供给多吉秀丹巫师降神。

帕奔岗活佛是赤江活佛的师傅，赤江活佛又是十四世达赖喇嘛的经师。赤江活佛专门把一幅绘有多吉秀丹神像的唐卡，挂在达赖的寝宫。于是，这位贫穷藏兵出身的神巫，身价一涨再涨，权势越来越大，声望和地位直逼西藏地方政府总护法乃琼。每次降神的时候，不仅有大量的执事人员服侍，还有一支喇嘛乐队伴奏，制造声势。1959 年西藏上层分裂分子发动的叛乱失败，乃琼巫师、多吉秀丹巫师跟着达赖喇嘛一起流亡海外，不少人把失败的责任归结到乃琼巫师身上，说他降神不灵，预言混乱。而多吉秀丹巫师，因为有赤江活佛做靠山，更是春风得意了。乃琼巫师因此非常气愤，八年不开口，进行无声的抗议。到了 70 年代后期，十四世达赖喇嘛和他的经师赤江之间出现了裂痕，关系开始变得紧张。据说是赤江活佛不满意达赖喇嘛偏袒宁玛教派，热心研究宁玛派宗教仪轨；达赖喇嘛不满赤江活佛干政过多、权势过重，两个人之间的矛盾竟在信奉不信奉多吉秀丹的问题上爆发。有一天，达赖喇嘛让侍从把多吉秀丹的唐卡奉还给赤江活佛，给这个年迈病重的老人，带来了极大的刺激。藏兵出身的多吉秀丹巫师，也在孤单冷落中凄然死去。他的儿子洛桑和近侍年扎，在达兰萨拉无

召底康萨神庙供奉的多吉秀丹护法神　廖东凡摄

法容身，流落到台湾去了。90年代中期，多吉秀丹问题竟在流亡国外的藏人内部，爆发了一场空前激烈的政治和宗教冲突。

1991年春天，我有机会拜访了拉萨南城的召底康沙神庙，瞻仰了多吉秀丹神殿，受到专门供奉多吉秀丹大神的老喇嘛扎巴丹久等人的热情接待。这位七十三岁的老僧告诉我，现在多吉秀丹神庙已经重修，各项祭祀仪轨已经恢复，前来求请的信徒相当多，因为他是拉萨南城的出生神和护佑神。不过，没有巫师降神了，因为巫师早已不在国内。这位老喇嘛还告诉我，这座神庙现在由山南乃东县玉乌曲林寺管理，以前多吉秀丹巫师就是定居在玉乌曲林的。在拉萨和拉萨周围地区，供奉多吉秀丹护法神的，还有北郊的巴龙日朱庙、曲水县的青果央孜寺、贡嘎县的塔古扎仓寺、曲米嘎波寺、扎囊县的充堆寺，等等。

修复后的召底康沙神庙，重塑了多吉秀丹神像。他头戴高僧活佛的唐徐帽，獠牙外露，两眼圆睁，看了让人感到惊恐。旁边还挂着伴神卡钦玛波的唐卡彩绘，形象更加狰狞，更加可怖。此后，我又到过多底山沟的巴龙日珠，这座色拉寺供奉多吉秀丹神的小庙，正待修复。

贝纳措果康巴神

离召底康沙神庙不远，贵族索康别墅东侧，有一座贝纳措果神湖。湖边有一处小小的神殿，名叫贝纳措果神庙。庙里供奉着一位异常凶猛的赞神——包乌冲巴。他脸红似血，怒发冲冠，头戴红色的赞帽，帽子上有三只圆鼓鼓的眼睛。他是康巴人的出生神和护佑神，凡是居住在这座城市的康巴人，都祭祀、信奉这位神灵。往年神庙里有过一位巫师，代表包乌冲巴发布神谕。解放以后，他便不再降神了。每逢藏历正月初三，是拉萨康巴人祭祀包乌冲巴的日子。这一天，人们到这里集会，比过年过节还要热闹。1965年，拉萨市政建设中，这里修了一座河坝林商店，据说包乌冲巴大神就把自己的神座，搬迁到拉萨河南岸的奔巴日法瓶山下去了。人们在那里又修起新的神坛，拉萨的康巴人，每逢藏历新年，都要成群结队，扶老携幼，到奔巴日法瓶山下去祭祀。随着经济的发展，康巴人生活的改善，每次祭神，善男信女们身穿美丽豪华的服装，携带好酒美食，开着汽车和摩托车，往来穿梭，熙熙攘攘，那气派，那声势，让拉萨人羡慕不已。

塔巴林神庙和神巫

拉萨北城“旺丹边巴”老房子的南边，冲色康市场东侧，有一座护法神庙，名叫塔巴林，15 世纪时由一世达赖喇嘛根敦珠巴始建，到现在五百多年了。塔巴林神庙前后两进，主神殿坐北朝南，规模不小。供奉以白毡神王青嘎瓦为主的护法神灵，他是拉萨北城居民的生神和护佑神。塔巴林的神巫，跟东城的噶玛厦、南城的召底康沙不相上下，都是比乃琼、拉木神巫小，比小巫们要大的二等巫师。他没有多吉秀丹巫师那样张扬，也没有那么强有力的后台；他也没有噶玛厦神汉那样的市民性，与拉萨下层老百姓有着千丝万缕的联系。但是，塔巴林的来头也不小，它是布达拉宫朗杰扎仓的护法神殿。朗杰扎仓是达赖喇嘛本人的僧院，僧人们专门为达赖喇嘛诵经祈祷，参与达赖喇嘛主持的法事活动。塔巴林神庙归朗杰扎仓管理，庙里的神巫专为朗杰扎仓的高僧活佛降神问卜。过去，每年达赖喇嘛参加大昭寺的传召大法会后，照例要绕道塔巴林门口，巫师一边降着青嘎瓦白毡神，专门在门外迎接，向达赖敬献哈达，达赖也要回赠哈达，以表谢意。他的地位和影响，更不能小看了。

据说，塔巴林巫师藏历每月初三，都有例行的降神活动，接受信民们的求请，替他们预言祸福、指点迷津、驱邪赶鬼、治疗疾病。这位神巫主要降三个神，第一个神名叫青嘎瓦，译成汉语为白毡大神。相传他原本是西南罗刹鬼地方把守城门的将军，红发黑脸，相貌奇丑。后来，西藏有一位王子，名叫得巴登巴，到罗刹地方去求取古夏仙草，感化了这位吃人的恶魔，使他变成了容貌端庄、心地善良的白色神灵。他到了拉萨北面的热振寺，当了这个圣地的守护神，后来又当了扎什伦布寺的守护神，因此在藏传佛教护法神行列中占有重要的地位。塔巴林巫师每次降青嘎瓦的时候，都要穿上神王的战袍，戴一顶白色的毡帽，这种毡帽在当雄牧民中间也是屡见不鲜的。

这位巫师降的第二个神，名叫扎雪旺波。他是一个“王系”护法神。降神的时候，戴金铜制作的头盔，头盔上插着战旗和孔雀翎，身穿绣有护法神面容的战袍。第三位附体在他身上的，是一位极为勇猛暴烈的神魔，名叫冬丹班觉。据说，冬丹班觉生前是一个杀人不眨眼的强盗，因为生性凶残，杀人无数，人们给他取了“冬丹”（天葬师）这样一个绰号。他在拉萨通往山南桑耶寺之间的果嘎拉山上，杀人越货，胡作非为，凡是过往这条山路的商人和香客，提起冬丹班觉的名字，无不心惊胆战、汗毛倒竖。上

塔巴林神庙　边多摄

山之前，要偷偷地问当地的百姓：冬丹班觉先生今天心情如何？如果说冬丹班觉先生今天心情很好，估计不会出什么大问题，赶紧过山；如果说冬丹班觉先生今天心情不好，客商们就知道灾祸当头，赶紧躲避。后来，这个盗贼被宗喀巴大师降服，放下屠刀，立地成神。塔巴林神殿有他的神像，头戴三只眼睛的赞帽，额头上有一个金色的骷髅头，身穿绣着阎王头像的战袍，满脸脏黑，两只眼睛鼓得圆圆的，嘴巴周围全是卷曲的黑胡子，让人看起来感到很害怕。就是这样一位凶猛可怕的神灵，去求请他的信徒、香客还不少。据说他替信徒们办事还挺痛快。

西藏著名曲艺专家索次拉，家就住在塔巴林神庙附近。他说：经过了几十年的风风两雨，塔巴林降神殿犹存，它是一栋三层藏式楼，二楼是护法神殿，黑色墙壁上的壁画还明显可见；三楼是巫师的住房，20 世纪 60 年代，巫师因家庭矛盾自杀身亡，只留下一个女儿还住在那里。

宇托康琼的老巫女

塔巴林神殿的东北方向，有一座小小的神庙，名叫宇托康琼，意思是琉璃瓦的小房子。庙里供奉两位护法神，一位叫鲁赞，意为“龙魔”；一位叫丹玛，意思是“守护女神”。听拉萨市歌舞团老演员强巴尊珠说，他奶奶原先就是宇托康琼的女巫。他说：奶奶原本是堆龙德庆县桑仓地方的一个农家女，小时候被纳木湖女神丹玛玉珍玛附体，开了脉，成了丹玛女神的代言女巫。后来嫁到拉萨，成了强巴尊珠的奶奶。家里有一个亲戚，在下密院当伙夫，手上长了许多泡，死了。这种泡名叫龙泡，藏族人认为是龙魔作祟而死的。有一天，死者的妻子在拉萨河边洗衣服，丈夫的阴魂突然出现在她的面前。妻子说，你为什么还不快去投胎转世，还在这里游荡干什么？丈夫说，我已经变成了龙魔，再也不愿去投胎了。不久便附体在强巴尊珠奶奶身上。奶奶再次发了神，胡言乱语，神志不清，本来是一个文文静静的女人，突然脾气暴躁，谁也治服不了，要吃羊的肝，喝羊的血，把羊血涂在脸上，周围邻居吓得要死，怕得要命，一个个四处逃奔。后来才知道，凡是龙魔附体的人，都是这个样子。便在塔巴林附近，建了一座名叫宇托康琼的小神庙，专门给强巴尊珠的奶奶降神。她有时候降龙魔鲁赞，有时候降丹玛神，这是从堆龙老家带来的神灵。降丹玛神的时候，身穿神女服，头戴五佛冠，比降鲁赞的时候平和多了。我在拉萨时，和强巴尊珠一家来往密切。他和他的妻子平措卓玛都是拉萨歌舞团的老演员，是我的好友，我是他们家的常客。每次我去的时候，这位当过巫婆的老奶奶，总是默默无语，对我点头微笑，坐在墙角里晒太阳。她活到八十高龄，安详地离开人世。

冲色康老房子里的巫

拉萨著名的冲色康市场南边、八廓街北侧，有一处古老的碉房，曾是驻藏大臣的衙门。1750 年，驻藏大臣在这里诛杀了当时的郡王居美朗杰，他的同党进行报复，杀害了大臣，火烧了衙署。这座建筑逐渐演变成了民居。

哲蚌寺著名高僧绒布活佛对我说过，冲色康楼上有一座护法神殿，神殿的巫师主要降水神曲达·土丹旺秋。他是一位古老的神灵，依附于丁果曲米神井。这口神井是藏王松赞干布和文成公主的饮水井，千百年来一直水泉旺盛，清冽甘甜。拉萨大昭寺传召大法会期间，喇嘛们都要取饮这口井里的神水。曲达·土丹旺秋是神井的守护神，也是冲色康周围居民的出生神和护佑神。20世纪前期，这幢房子里出了三位活佛：三楼出了甘丹寺的色贡活佛，二楼出了色拉寺的日戈活佛，一楼出了哲蚌寺的绒布活佛。都说是曲达·土丹旺秋显灵，这位守护神的名气就更大了。冲色康楼上住着一位女巫，她降神的时候，有五位神灵附体。第一位是

冲色康丁果曲米神井，据说水井里的龙神是本地的守护神　张鹰摄

曲达·土丹旺秋，他是一位赞神，降神的时候，戴毡帽、穿赞服；第二位是白梵天王；第三位是红色魔主赞玛热，第四位是赞拉，这是一位新的护法神，称为鲁赞，意思是龙魔。传说原先是一个给大昭寺释迦牟尼佛像刷金粉的喇嘛，死后变成了龙魔守护神。我想，她降的这个龙魔，也许和强巴尊珠奶奶降的是一样的。而冲色康的神和绕色巷的神也是一个神，都叫曲达·土登旺秋，而在绕色巷被认为是龙女，在冲色康被认为是水神。也许，龙神和水神是一码事吧!

娘热杰钦大护法

拉萨市的北郊，山雄水秀，峡谷幽深，农牧发达，林泉丰茂。解放后，这里划分为多底乡、娘热乡、庄热乡等行政建制。这一带有许多大小寺庙，村庄里面，寺庙周围，过去还有许许多多神汉和女巫。

娘热山沟的守护神，名叫娘热杰钦，意思是娘热山沟的大神王。他是娘热老百姓的出生神和守护神，也是色拉寺杰扎仓（僧院）僧人们的主要护法神灵。据说娘热杰钦名叫嘎玛赤烈，原本是色拉寺一位僧人。有一年，他到山南桑耶寺朝圣。返回拉萨途中，路过雅鲁藏布江娘果渡口，他没有钱付船费，牛皮船老板态度非常蛮横，竟用船桨把他打得头破血流。嘎玛赤列用经书紧紧包着自己的伤口，踉踉跄跄地朝拉萨跑。他的伤实在太重了，最后还是死在雅鲁藏布江南岸的多雄地方。他断气的时候，发了一个毒誓：死后一定要变成江上的神魔，惩罚那些可恶的船夫，让狂暴的风掀翻他们的船，让尖利的岩峰刺破他们的船，让船夫们

北郊娘热山沟娘热神王庙
本书作者摄于1994年

冻死、累死、淹死在江河里吧！

嘎玛赤列死后，幽魂到处作祟，果然给船夫们带来接二连三的灾难，使他们淹死的淹死，翻船的翻船，一个个叫苦不迭。当地的高僧活佛，得知了事情的原委，采取护摩火祭的办法，把嘎玛赤列封为江河之王，赋予他掌管水上交通的大权。在江边建起神坛，塑立水上之王的神像，让船民百姓世世代代进行供养和祭祀。这样，雅鲁藏布江和拉萨河的船夫、渔民和百姓们，形成了祭祀江河之王的习俗。逢年过节、吉日良时，特别是船夫们出航的时候，他的家人都要在河岸上煨桑，往河里撒糌粑，高声祈请道："江河之王啊！请高抬贵手吧！保佑我们的牛皮船完完好好地驶出去，顺顺当当地回来吧！"

也不知过了多少年，这件事情被色拉寺的热振活佛知道了。热振活佛说，应该把嘎玛赤列迎请回自己的母寺色拉寺，担任色拉寺的护法神；还要把他请回家乡娘热村，担任娘热村的守护神。便封他为娘热杰钦，意思是娘热大神王，在娘热山坡上立了他的神坛，在娘热村中修了神巫的降神处。

我到过这个神坛，它坐落在山上一片刺树林中，里面供奉娘热杰钦的神像。他是一位满脸通红、表情凶猛、三眼圆睁、咬牙切齿、满怀痛苦状的神灵，戴格鲁派喇嘛的黄色鸡冠帽，身穿彩

娘热庙里供奉的娘热神王像　　次旺仁钦摄

缎制作的战袍。据说，早先的年代，当太阳照到山上这座神坛的时候，山下的护法神殿里，娘热杰钦巫师便开始降神了。20世纪40年代，后任摄政达扎和前任摄政热振之间斗争激烈，达到了水火不相容的地步。作为色拉寺护法神的娘热杰钦神巫，当然毫不犹豫地站在热振活佛一边，发布了一系列鼓动色拉寺僧人拿起武器，反抗达扎活佛的神谕。热振活佛被害后，他的亲信们都倒了大霉，死的死，关的关，流放的流放，娘热杰钦巫师也被关进了大狱，受尽了折磨，最后放了出来，保住了一条命。

据说20世纪40年代后期，又有一位新的神灵，附着在他的身上，这位新神就是雍乃活佛的冤魂。雍乃活佛生前是热振活佛最亲密的助手和顾问，热振活佛被害后，他开枪自杀身亡，尸体弄到北郊的桑伊山沟掩埋，据说变成了一个厉鬼，在色拉寺周围四处游荡。通过护摩火祭，他的精魂被封为赞规·顿热多吉。赞规，意思是强大的神魔。

央嘎赞康的女巫

娘热山沟还有几间较小的神庙，庙里供奉着几位地方神，他们都是娘热杰钦的伴神。山溪边有一间神庙，名叫央嘎赞康。庙里的女巫，名叫德吉；附体在她身上的神灵，名叫喇嘛唐白群则。

提起唐白群则，那是大大的有名。相传两三百年前，娘热地方出了一个僧人，他家的房名，叫作如乐康沙，父亲是冰雹咒师，母亲是家庭主妇。唐白群则聪明伶俐、性情和顺，模样也长得漂亮，大家都叫他群则锦葵花儿。他十三岁进色拉寺当僧人，十五岁捐了个“群则”职位，十七岁当了活佛希绕坚赞的亲随，眼看在寺庙有着金子一样的前程，但是随着他人气和地位的提升，也遭到一些有权有势的大喇嘛的忌恨，他们把他派到山南扎西卡庄园当管事。扎西卡有个年轻的姑娘，名叫扎姆白宗，是方圆百里最有名的美人。她见唐白群则年轻漂亮，又有学问，于是一见钟情，死死地缠着他不放。最后，两人发生了私情，白宗为他生了一个胖儿子。唐白群则便舍弃了寺庙的地位和前程，还了俗，成了家。这件事情被大喇嘛们知道了，便借这个机会对他下了毒手，在唐白群则回寺庙交差的路上，派人在拉萨河南边的明珠孜热山上杀死了他，尸体送到彭波地区的夏拱拜尼姑庙，装藏在一座白色的佛塔里。

唐白群则含冤而死，精魂不散，回到自己的家乡娘热村，到处鸣冤叫屈，弄出许多事端。色拉寺的活佛知道了事情的原委，通过伏摩火祭，封他为娘热地方的守护神，又当上了色拉寺托乌护法神的近侍、噶玛厦护法神的管家，修建了名叫央嘎赞康的神庙，让他的精魂附体在一位女巫的身上，为乡亲们预言祸福，排难解忧。庙里供奉着唐白群则的神像，大约三尺多高，红脸刷金，骑一匹大红马，十分英俊。

据说娘热村有一个忌讳，不能讲唐白群则和扎姆白宗的恋爱故事。如果讲了，好好的天气，立刻变得阴云密布，狂风四起，冰雹临头，讲故事的人也要倒霉，不是脑袋痛就是拉肚子。央嘎赞康女巫降神的时候，也很忌讳提起唐白群则还俗的事情。我在拉萨期间，先后三次到过娘热村，走访过唐白群则的亲戚，观瞻了央嘎赞康神庙，记录过关于他的传说。可惜的是，没有见到那位名叫德吉的女巫，因为她已经过世了。

雷魔附体的巴尔库神汉

娘热山沟沟口，有一峻峭挺拔的岩峰，上面有一座寺庙，名叫巴尔寺；寺里有一个活佛，名叫巴尔活佛；山下有一个村庄，名叫巴尔库村。村里有一间护法神庙，神庙里有一位巫师，在拉萨北郊非常的出名。这位巫师之所以出名，主要是附体在他身上的，是一位极为厉害的神，名叫唐青·多吉噶纳，意思是黑色金刚铁匠之神。在神殿里，人们可以看到这位神灵的尊容。他全身蓝黑，戴一顶唐徐大檐帽，骑一匹干瘦的公山羊，一只手拿着打铁的锤子，另一只手拿着吹火的皮风囊。据说他原本是工布地区南迦巴瓦雪山上的神魔，名叫牙夏纳布。每日里在雪山之巅打造兵器，打铁的声音震得地动山摇，震得山下人的耳朵都快聋了。后来被莲花生大师降服，成了唐青多勒善金刚的伴神，成了铁匠的守护神。唐青多吉噶纳是五世达赖喇嘛的护法神，在拉萨布达拉宫及其周围很有影响。拉萨北城、布达拉雪村、北郊巴尔库一带，都把他奉为出生神和护佑神。神巫降唐青噶纳的时候，表情非常凶猛，气势让人震惊。这位神巫在20世纪60年代离开人世。

巴尔库神巫在降唐青噶纳神的同时，还被一位名叫巴尔托赞的雷魔附身。据说这个神魔，原先是乃琼寺的大喇嘛，长时间和乃琼神巫不和，两个人弄得你死我活，两败俱伤，死后精魂不散，变成了一个四处游荡的雷魔，附体在巴尔库神巫身上，成为巴尔库地方的守护神，又是乃琼寺白哈尔神王的主要伴神之一。每年藏历五月初十，各路护法神和他们的代言神巫，都要到乃琼集会，举行盛大的跳神大会和降神比赛，然后列队围绕乃琼神道巡游。巴尔托赞巫师地位相当显赫，是紧靠乃琼护法巫师身边的第一人。

乃琼护法大巫师

哲蚌寺山下，唐坝村东边，有一座金碧辉煌的神宫圣殿，名叫乃琼寺，它是乃琼神巫驻锡和降神的坛场。乃琼是王系护法大神白哈尔的代言神巫。往日西藏地方政府和达赖喇嘛的首席卜问师，官居三品，地位显贵，一句话可以决定人的生死祸福，甚至雪域藏土的战争与和平，人们把他称为“乃琼护法”、“乃琼法王”、“乃琼护法大巫师”。

我不止一次到过这座护法神庙，有幸结识了末代乃琼巫师的助手岗吉·贡顿索朗老先生。正是得益于他的指点，使我走进了这座神秘莫测的密法殿堂和扑朔迷离的巫术世界。

乃琼寺由四个部分组成，南面是经堂佛殿和僧舍，东侧是乃琼巫师的住地和办事机构，西边是降神庭院和护法神殿，北面有一个林木茂密、花草繁盛的美丽园林，园中有达赖喇嘛的行宫和乃琼巫师的别墅。

按照传统，藏历每月初二，乃琼巫师要给哲蚌寺僧众举行例行的降神预示。藏历正月初二的降神，最为庄严和隆重。相传这

乃琼寺　　边多摄于2006年

一天，是白哈尔神王的真身北方赤列杰波（事业王）亲自下凡附体，其他的日子都是西方松吉杰波（语之王）的部将多吉常颠光临。这一天，当太阳的金光照射到哲蚌寺山顶的时候，巫师身穿黄色僧衣、僧裙、彩缎僧袍，脚蹬彩缎虎头靴，从自己的寝宫发狂似的奔出，后面跟了一大帮喇嘛和侍从，左右两边各有一名贡保（助手）搀扶。奔上大约三十度的斜坡，往西转入名叫德央夏的降神庭院，沿着庭院的回廊，一边奔跑，一边跳神舞蹈，不时挥舞宝剑，胡砍乱杀，举起弓箭，向四处乱射。最后进了护法神殿，登上自己的宝座。背后是威猛怖畏的护法神多吉常颠神像，他将要附体在巫师的身上。

乃琼寺的喇嘛乐师们，开始演奏狂躁的宗教音乐。六人打鼓，两人击钹，四人吹唢呐，奏出的乐曲叫人惶恐不安，惊心动魄。两个贡保替他穿上神袍，套上盔甲、肩披和护心银镜，最后抬着一顶金盔扣在他的头上。这顶金盔重达二十八公斤，盔沿装饰五个骷髅头像，头顶插老鹰羽毛，背后插三面战旗。助手把盔带紧扣，紧紧勒住他的喉咙，巫师将头部往后一仰，两眼发直，立刻满脸红胀，青筋鼓暴，说明神灵已经进入他的体内。这时候，噶厦的官员，敢紧上前顶礼致敬，开头第一句是：地方政府恭敬供奉的大战神乃琼神王殿下，鄙人代表达赖喇嘛和西藏地方政府提出有关政教方面的问题，请求大神给予指点预示。巫师一边喘着粗气，一边用模糊不清的声音嘟哝着什么。据说他的声音是鹰的叫声，谁也听不懂，只有他的文书能够听明白其中的意思。文书用一支竹笔，在沙盘上飞快写了下来，再向请神的人转述。有时候，巫师会突然站起来，在降神的场地，大呼小叫，又蹦又跳，抽出宝剑左边砍，右边砍，胡乱挥舞一通。他本来可以表演得更精彩，不过几十斤重的神盔压在他的头顶，他再也没有力气坚持了。宣谕结束，神力全消，一下子倒在宝座上面，好像倒光了粮食的口袋。侍从们赶紧把他抬到后厅，摘去头盔，退下战甲，全身好比在水里浸泡过一般，好半天才缓过劲来。

贡顿索朗老先生说，乃琼巫师一年到头的活动，都有固定的安排。每年藏历正月初二在乃琼寺降神；初四起驾到大昭寺去，参加一年一度的传召大法会。这一天噶厦要派来僧俗官员和古装仪仗队，鸣枪放炮，热情迎请。在前呼后拥的队列中，护法大巫师的队列启动了，第一匹马驮着巫师降神的盔甲、神袍和神靴，第二匹马上坐着巫师本人，接下来是他的助手、侍从和乐师们。神气十足，八面威风。沿途的僧俗百姓，都要躬腰吐舌，顶礼致敬。

在拉萨，乃琼神巫照例入住大昭寺东的老木鹿寺，整个传召期间他都住在那里。正月十四日，达赖喇嘛依旧制要带领僧俗官员拜访乃琼神巫，请他降神宣谕；正月十九日，巫师一行照例要去布达拉宫晋见达赖喇嘛或者摄政王，这是几百年来形成的老规矩。正月二十四日，他被迎请到大昭寺西面的鲁布广场，主持盛大的驱邪送祟法会。在法会上，巫师穿上全套神装，跳神作法，诵念咒语，射出三支金刚箭，点燃一个大草垛，火光熊熊，直冲天宇，他挥刀舞剑，驱赶邪魔。正月二十五日，是传召法会的最后一天，大昭寺的未来佛弥勒强巴像，被安置在木轮车上，由僧侣仪仗队前呼后拥，推着围绕八廓街巡游，象征迎接美好的弥勒强巴未来佛时代的到来。乃琼巫师照例要在前面降神开路，导引整个队伍缓缓前进。

藏历二月三十日，是传小召的最后一天，这一天布达拉宫城楼上挂出大日如来和无量光佛的巨大缎制绣像。拉萨三大寺两千多名僧人，高举着彩旗、经幡、宝伞和法幢，演奏唢呐、法号、海螺，敲打大鼓，从大昭寺走向布达拉宫，乃琼巫师照例在布达拉宫下面跳神作法，驱邪送祟。

藏历五月十五，称为世界煨桑节，拉萨城乡居民，都要到山头水畔，煨桑祭神。当天，拉萨城里城外，所有的男巫女巫，通通到乃琼寺集中，在乃琼巫师带领下，一齐发起神来，进入迷幻状态，你呼我叫，你唱我跳，舞刀的舞刀，弄剑的弄剑，千奇百怪，好不热闹。降神后由乃琼巫师带领，绕寺庙转三圈结束。

猴年五月初十，是莲花生大师的生日。相传这一天，大师要乘坐太阳的光线，回到雪域高原，看看自己的寺院，看看自己的信民。这一天，大小巫师们，也要聚会乃琼寺，跳神作法，庆祝

乃琼法师降神　　陈宗烈摄于1957年

祖师的生日。蔡贡塘寺和布达拉宫的喇嘛们，还要表演金刚之舞，神巫们也要比赛降神。乃琼神巫在这一天发布的预言，被认为最有权威性。

从五世达赖喇嘛开始，到20世纪50年代，乃琼巫师一直身居西藏首席护法的高位，三百多年长盛不衰。巫师是持戒僧人，不能娶妻生子。一代巫师死去之后，据说护法神王将寻找另一个躯体依附。噶厦为此要委托有声望的高僧活佛，千方百计地寻找和发现护法神附体的新人。西藏地方政府还要张贴告示，发出通知，责成各地政府细心查访，及时报告，不得有任何延误和隐瞒。往往有这样的情形，发现有神灵附体的人或者自称是神灵附体的人，不是一个而是好多个。这时候，只好请高僧活佛主持，通过降神比赛的办法，看看他们神气的高低，本领的大小，神谕的可信度，或者通过糌粑团问卜，确认其中一位。最后呈请达赖喇嘛批准，他就是新一任的乃琼护法大巫师。他可能原先是一个穷光蛋，一旦当上了新的乃琼巫师，立刻身价百倍，权势陡升，拥有大量的财富，享受种种特权和尊荣。

自从乃琼巫师在西藏历史舞台出现后，便被推到政教斗争的风口浪尖，成为各种权势集团斗争的工具，或者成为大红人，或者变成牺牲品。五世达赖建立甘丹颇章政权以后，第一件事情便是到北京觐见顺治皇帝，乃琼巫师一路随行，他还向皇亲贵胄奉送了礼物。

五世达赖归天后，第悉·桑杰嘉措匿丧，既不向朝廷报告，也不向公众宣布。乃琼巫师才旺边巴，是这个绝密事件的知情人，有一次偷偷透露给了自己的妹妹，桑杰嘉措情急之下杀死了这位巫师。事后桑杰嘉措有些后悔，专门为乃琼寺修了一道围墙，以忏悔自己的罪过。

六世达赖仓央嘉措时期，上层人物之间的斗争越演越烈。驻藏蒙古首领拉藏汗，杀死了第悉·桑杰嘉措，他又向康熙皇帝打报告，说仓央嘉措是假达赖。仓央嘉措被蒙古官兵押解进京，路过哲蚌寺山下，喇嘛们冲进蒙古军中，把仓央嘉措抢回寺庙。乃琼巫师当众降神宣谕：我用自己的脑袋担保，当今佛爷就是伟大的五世转生！他这么一说，群情更加激愤，纷纷举起刀剑，要和包围寺庙的蒙古官兵决一死战。最后还是仓央嘉措自己主动下山，避免了一场流血惨剧。

七世达赖喇嘛格桑嘉措在理塘出生不久，乃琼护法神便发布神谕，认定他是仓央嘉措的转世真身。1720 年 9 月，十三岁的格桑嘉措从青海来到拉萨，乃琼巫师走上八廓街头，当众跳起了金刚神舞。八世达赖喇嘛时朝，西藏第一神巫拉莫护法出了些问题，受到乾隆皇帝的谴责，从此乃琼一直稳坐第一护法的交椅。

十二世达赖时的乃琼巫师名叫夏加央培，权高势大，家财万贯，名噪一时。他在大昭寺北面，修造了规模宏伟的新木鹿寺，奉送给摄政王第穆活佛作为佛邸。

十三世达赖亲政不久，发生了轰动全藏的卸任摄政王第穆活佛被害的惨案。据说活佛的弟弟罗布次仁，送给一个名叫索顿的宁玛派活佛一双制作精美的彩缎藏靴，此人穿了靴子，自称周身不适，于是敦请乃琼巫师，降麻东益西神卜。乃琼指出有妖孽作祟，当众剖开靴子，发现靴底缝有诅咒十三世达赖的符咒，于是认定第穆活佛一伙阴谋陷害达赖，把第穆活佛残害致死，他的亲信死的死，关的关，流放的流放，丹杰林寺也被摧毁，财产和庄园全都被没收。关于这件大案，至今仍存在不同的看法。但有一点是不容置疑的，乃琼巫师在这一事件中，是立了大功的，是一个受益者。

末代乃琼大巫师

夏加央培过世后，接替他的巫师绰号叫神雕护法。当时刚好英国军队在中印边境一再挑起战争，乃琼预言：如果抗击英军，一定能大获全胜。战争的结果和他的预言恰恰相反，神雕护法因此倒了霉，被赶下法王的宝座。

接替神雕护法的巫师名叫坚赞塔青，据内贝斯基《西藏的神灵和鬼怪》（谢继胜译）一书介绍，他只当了两年巫师，寺庙内部斗争非常激烈，一派以坚赞塔青为首，另一派以经头鲁本为首，双方互不相让，斗得你死我活，最后噶厦出面调解也无济于事，只好采取严厉措施，把坚赞塔青逐出寺庙，鲁本等人送进了监牢。鲁本最后愤恨而死，精魂变成一个大雷妖，成了拉萨北郊巴尔库地方的守护神。

1933年藏历十月，五十八岁的十三世达赖喇嘛得了重感冒，乃琼巫师罗桑索朗，给他降神作法后，又给他服了一种名叫十七味感冒灵的藏药。没想到服药之后，病情急转直下，很快一命呜呼。这件事在西藏政坛引起巨大的反响，纷纷要求追究责任。结果，近侍坚色贡培被流放到工布地方，乃琼巫师被关进了哲蚌寺的监狱。

1950年冬，解放军进军藏东重镇昌都，消息传到拉萨，西藏上层乱成了一团，他们决定请乃琼巫师和噶东神汉降神预示，为他们找出绝处逢生的办法。两位巫师来到罗布林卡，舞刀弄剑，降神作法。先是乃琼巫师发神，他叫罗桑晋美，年纪二十挂零，是噶东神汉丹增班觉主持选拔的。他降了一阵子，也没有说出个所以然，还是噶东神汉丹增班觉经验老到，一下子跪倒在十四世达赖面前，请求他提前亲政。接着请乃琼神再降，他表示也是和噶东神一个意思。他们这次行动，客观上导致了摄政达扎的倒台和达赖喇嘛的亲政。

1959年春，西藏叛乱失败。乃琼巫师罗桑晋美流落国外。不少人把叛乱的败局，归罪为乃琼巫师，说是他胡言乱语导致的结果，罗桑晋美非常气愤，宣称八年不再开口，1983年五十三岁时去世。在西藏境内，他是末代乃琼巫师了。

西藏最大的女巫丹玛森康

丹玛森康是哲蚌寺属下的第二号护法，她是一位女巫。附体在她身上的是雪域十二位名叫丹玛的女守护神。据说平时附体在她身上，由她代言的，是纳木天湖女神多吉玉珍玛。只有藏历新年之时，安多玛钦邦拉雪山女神多吉扎坚玛，才会附体在她身上，请她代言。

1985年8月，我专程到哲蚌寺下面的唐坝村，拜访当代丹玛森康女巫洛桑次珍女士。和她见面之前，我心里有点忐忑不安，因为在我的观念中，女巫总是凶狠恶毒而可怕的。及至进入她的小院，才发现女巫竟然是一个胖胖的、和蔼可亲的农村老阿妈，她当年五十七岁。她的丈夫名叫色朗平措，是十三世达赖喇嘛的亲属，他面容清瘦，举止斯文，很有一些贵族气质。

关于丹玛森康女巫的缘起，有两种说法。一种说法是，有一天，二世达赖喇嘛根敦嘉措正在一个名叫“甲”的僧院里讲经，忽然发现玛钦邦纳雪山女神多吉扎坚玛，骑一头金色的母鹿走进来，献上雪山狮的狮奶。从此，他和这位雪山神女建立了法缘关系。后来，据说有位从玛钦邦纳雪山附近久勒地方来的女子，在拉萨突然发起神来，哲蚌寺对她进行了安置和供养，她就是第一代丹玛森康女巫。还有一种说法，是五世达赖喇嘛的时候，拉萨北郊的娘热山沟，有一位农村少女，突然自称雪山神女附体，成了玛钦邦纳雪山女神多吉扎玛的代言人。色拉寺请她降神，哲蚌寺也请她降神，两个寺庙你争我夺，弄得关系很紧张，甚至打了起来。幸好这位农家少女结婚后，生了两个女儿，一个留在娘热，给色拉寺降神；另一个被接到哲蚌寺，替哲蚌寺的喇嘛们降神。寺庙拉吉委员会决定由玛钦邦纳雪山周围的“甲”、“帕底”、“光如”三个僧团负责，“生要管人，死要管尸”。五世达赖喇嘛亲自加封这位女巫拥有五品官的头衔。降神的时候，身边有两名助手，两名侍从，一名文书，还给一定数量的农奴和土地。这个娘热山沟的农家女子，一夜之间变成了能和西藏僧俗达官显贵平起平坐的女贵族了。

比起乃琼、拉莫等头等巫师，丹玛森康女巫的地位似乎没有那么高，权势也没有那么大。但是，她所代言的丹玛女神确是佛位很高的神，是佛教传进西藏以前的神，是佛祖释迦牟尼的护法神。丹玛女巫降神的时候，号称西藏第一神巫的乃琼护法，也得向她弯腰致敬献哈达。每逢藏历猴年五月初十，拉萨几位著名的神巫，照例要到布达拉宫日光殿晋见达赖喇嘛。她和其他神巫的差别最清楚不过了。乃琼、拉莫等巫师只能在日光殿外的平台上降神作法，唯有丹玛森康女巫，可以直接进入达赖喇嘛的寝宫，和这位西藏的神王平起平坐。据说能进入达赖喇嘛寝宫的，只有两个女人，一个是达赖的母亲，另一个就是这位丹玛森康女巫了。

哲蚌寺的后山上，有一处名叫耿壁乌孜的山岩，相传丹玛女神每次光临哲蚌寺，总是依附于耿比乌孜一块名叫玛力央丹的神石上面。哲蚌寺喇嘛在这里修了一座名叫耿壁日珠的崖石小庙，提供给丹玛女巫生活和降神，还派出四十个道行高深的比丘喇嘛，修持和负责供奉丹玛女神。后来寺庙认为耿壁日珠地势太高，山路太险，不但附近的居民百姓很难登上那里求神问卜，哲蚌寺年长的喇嘛们，要爬上山岩也是困难重重，便在寺庙东面的山坡台地上，新修了一座白色的神堂，女巫平时在这里居住和降神，只有某些特殊的节日，才移驾到山上的耿壁日珠。这个白色的神庙，

西藏最大的女巫丹玛森康·洛桑次珍　　旺久多吉摄

便是丹玛森康。

丹玛森康女巫降神的时候，总是由助手帮她穿上彩缎的女神袍服，系上护心铜镜，戴上装饰有金塔和五佛的美丽金冠，金冠缀着七色流苏珠串。金冠戴在头上，女巫立刻满脸红胀，口吐白沫，全身颤抖，说明丹玛女神已经进入了她的体内，求神的人赶紧来到她的面前，献哈达、敬酒，提出种种请求解答的问题，等女巫断断续续含含糊糊地回答以后，神气消退，助手们把她抬到另外的屋子，让她慢慢地苏醒。

哲蚌寺的拉吉（长老委员会）每年举行两次大的祭祀活动，供奉丹玛女神和她的代言女巫。一次在藏历五月进行，称为夏祭，夏祭在耿壁日珠岩石神庙里进行。五月十三日，哲蚌寺拉吉委员会的全体长老上山请神；五月十四日，耿壁日珠的四十位比丘喇嘛请神；五月十五日，达赖喇嘛派布达拉宫的总管作为代表，到耿壁日珠请神。另一次是藏历十月进行，称为冬祭。冬祭的地点是丹玛森康，祭祀的仪轨和夏祭差不多。每年藏历八月八日，达赖喇嘛照例要登上耿壁日珠高山，去拜访丹玛森康女巫。这一天，她不穿女巫的服装，也不降神，只作贵族妇女的打扮，迎接达赖喇嘛光临。

附体在丹玛女巫身上的，还有一位神灵，名叫雄嘎瓦·丹增白桑，据说他原来是附近东嘎地方的贵族官员，容貌漂亮，性格风流，丹玛女神深深地爱上了他。有一天，丹增白桑骑马去拉萨，路过哲蚌寺山下，丹玛女神施了一点法术，惊了他的坐骑，可怜的丹增白桑少爷，从马上滚了下来，一命呜呼，他的精魂成了丹玛女神的伴侣，丹玛森康女巫也成了他的代言人。

在丹玛森康的旁边，还住着一位女巫名叫普夏。她跟丹玛森康一样，巫统也是母女代代相传，后来断了代，便从觉木隆地方的排米赞康，请来一位女巫继承巫统。

丹玛森康的巫统是母女相承的，每一代女巫必须结婚，也必须生一个以上的女儿，继承她的巫位。如果某一位女巫没有女儿，等于宣告这座神宫的末日来临。有意思的是，从第一代丹玛森康女巫开始，到现在已经三百多年，传承了十几代，并没有发生过这样的事情。也许是降神作法太辛苦，精神上的压力太大，丹玛森康女巫们的寿命都不是很长，一般只活到四十多岁。洛桑次珍的奶奶，死的时候四十四岁，她的妈妈只活到四十六岁。洛桑次珍十九岁时，接替了她妈妈的位置，修习了三个月的马头明王密咒，第一次降神便开了筋脉，大获成功。她只降了三年神，西藏实行民主改革，她们全家从丹玛森康的白色神堂，搬到了山下的唐坝村，成了一个农民，靠耕田种地维持生活。1985 年，我去拜访她的时候，洛桑次珍和朗色平措已经生下了四男四女八个孩子，他们之中有工人、有干部、有司机、有技术人员，还有农民，热热闹闹一大家子。朗色平措是西藏自治区政协委员、西藏大学的资深教员，洛桑次珍是城关区的政协委员，生活比较富裕。就在我写这篇文章的时候，打电话到拉萨，询问洛桑次珍女士近况，当时她已有七十六岁的高龄，身体硬硬朗朗，精神非常健旺，比她的前辈寿命长多了。

唐坝香古兄弟神巫

哲蚌寺的下面，有个唐坝村，居民大都是差民、仆役、屠夫和小商贩，他们依赖寺庙为生，很多人本身就是寺庙的农奴和奴隶。这个村的守护神，名叫唐坝香古。唐坝是村名，香古直译为舅舅，引申有出家人的意思。

关于唐坝香古的来历，我听到过两种说法，一种说法是：拉萨传召大会期间，哲蚌寺照例要派出一位精明能干的喇嘛担任铁棒喇嘛的助手，负责管理传召大会的伙房，名叫香古西尼，意思是柴火总管。大昭寺伙房特别的大，光是熬茶的铜锅就有一层楼那么高，喇嘛厨师上上下下都要爬梯子，炉膛的口子比房门还要大，烧好一锅茶，要用几百斤柴，每天要煮上万喇嘛喝的肉粥，还有同样数目的喇嘛喝的酥油茶。香古西尼权力大，风险也大，如果炉灶出了问题，茶粥供应不上；如果采购的牛羊肉臭了、坏了，便捅下了天大的娄子，要受到严厉的惩罚。有位家是唐坝的香古西尼，临死时发了咒誓，他要变成一个神，守护传召法会的大伙房，使炉灶的火永远旺盛，使唐坝市场的牛羊肉永远新鲜。于是，他的精魂成了唐坝村的地方神，大昭寺伙房的守护神，还有哲蚌寺陀陀喇嘛们的保护神。每年传召的时候，唐坝香古巫师，照例要把六十斤青稞，摆在护法神前，日夜念经诵咒，使青稞变得非

唐坝香古巫师神庙　　廖东凡摄于1994年

常的灵验。当大昭寺伙房里的火将要熄灭时，僧头香古西尼，便用四五米长的木杆往里捅，抓起一把有灵气的青稞往里扔，口里念念有词：唐坝香古大神保佑！保佑！于是，炉灶便会重新呼呼地燃起来。

还有一种说法，我是听唐坝香古护法神庙的管事比西讲的，说是有一个康巴人，流浪到了唐坝村，暴死在这里，死后也成了神。

唐坝香古庙里，供奉两位神灵，都是身穿神袍、胸佩护心宝镜，头戴五个骷髅的金盔，盔上还有一顶三只眼睛的妖魔帽，脸上涂满金粉，两只眼睛直勾勾地很是怵人。他们的模样十分相似，不过，一个嘴巴上有胡子，另一个嘴巴上没有胡子。有胡子的叫大唐坝香古，没胡子的叫小唐坝香古。一个是主神，一个是神仆；一个是哥哥，一个是弟弟。也许一个是香古西尼变成的，一个是流浪的康巴人变成的吧。

唐坝香古是两个神，他们的代言巫师也是两个人，也是两兄弟。在过去的年代，他们是唐坝地方的头人、长官，有着五品官的头衔，还拥有相当数量的土地、房屋和农奴。

1994年8月，我和我的好友柳梧·群培，再一次到了唐坝村，这时候唐坝香古神庙已经重修，神像已经重塑。宝座上端端正正地供奉着巫师降神时的衣袍、头盔和护心铜镜，还有这两位神灵的面具。其实，我去唐坝神庙，还是想打听一个情况。听说西藏自治区党委书记巴桑女士，老家在山南贡嘎县克西村，克西是唐

唐坝香古巫师的神座　　廖东凡摄

坝香古巫师的领地，巴桑是他们家的农奴，巫师将巴桑和几个年纪差不多的孩子，征调到唐坝村的府上当奴仆。刚好巫师的妹妹死了，留下一个没满月的孩子，便让巴桑抚养这个孤儿。可怜的小巴桑才十四五岁，根本没有哺育幼儿的经验，只好每天把孩子背在背上到处转悠，孩子哭的时候，便把他背到羊圈里挤羊奶喂他。就这样，这个孩子在小巴桑的背上慢慢地长大了。有一天，巴桑实在受不了巫师家的奴役，一个人深更半夜逃出巫师府，翻过后面的大山，到解放军建设工地当了一名小工，后来又到西藏民族学院学习，毕业以后，成了一名优秀的藏族女干部。从 20 世纪 70 年代起，她一直是西藏自治区的主要领导干部之一，还担任过中纪委书记处书记和全国妇联副主席，为人始终低调、朴素、平易近人，和普通老百姓没有什么区别。

我打听了一下，唐坝香古大巫师土登格桑、小巫师强巴格桑两兄弟都还健在，还当上了政协委员。在巴桑书记背上长大的孩子名叫群培，现在是一个身强力壮的中年汉子，生活过得很不错，盖了一座漂亮的宅院，购置了一辆崭新的东风牌汽车，还有一辆铁牛牌拖拉机。

有一次，我把唐坝香古巫师家的情况跟巴桑书记说了，她的脸上露出了宽慰的笑容，好像是对我，又好像是自言自语地说：这就好，我们闹革命，不就是为了让西藏人过上好日子吗！

拉萨北山多圣迹

圣城拉萨的北部，有很多的山。山有高有低，有大有小，一座比一座奇特，一座比一座神秀。山和山中间，岩峰壁立，雪水奔流，草地芳菲，古木萧疏。历代高僧活佛和密法大师，在那些静僻清幽之地，悬岩陡坎之巅，构筑了一座座尼庵、佛寺、丛林和静修禅院，开凿了一个个修仙洞窟，使整个的北部山区，成为拉萨最为神秘美丽的一隅。即使在现代，也是最具魅力的旅游区、风景区和历史宗教文化胜地。

拉萨有一个节日，名叫“朱巴次西”，意思是六月初四转山节。相传当年佛祖释迦牟尼，打坐在菩提树下，冥思苦想七天七夜，感悟了人生的真谛，成了佛。六月初四，是他在古印度瓦热那斯郊外的丛林中，向五位弟子第一次讲说苦、集、道、灭四谛，初转法轮的日子。拉萨人在这一天，总是男男女女，相邀相约，成群结伴，到北郊色拉寺后面的深山幽谷去踏青，去郊游，去攀登，去朝拜寺庙，去瞻仰圣迹。人们从早到晚在山野活动，直到夕阳西下，拉萨平野上晚烟升起，他们才头插野花、野果，身披青枝、萝藤，醉得东倒西歪，载歌载舞，尽兴而归。

我在拉萨的时候，不止一次和藏族朋友们一起，参加这一项很有意思的夏日郊游和登山活动。特别是1994年盛夏，有幸和拉萨市政协委员恰日·洛桑朗杰先生结伴同行，探访北山多处圣迹。他边引路、边讲说，使我得到了不少历史、宗教和民俗知识。

色拉后山，摩崖石刻博物馆

六月初四转山，大都从色拉寺出发。穿过殿宇辉煌的寺区，登上色拉乌孜山南坡，山坡上布满了奇形怪状的大石头，差不多每一块石头上，都有一尊神佛的造像。在夏日阳光的辉映下，这些造像一个个好像都活了起来，千姿百态，栩栩如生，令人惊叹，如同进入了琳琅满目的石刻艺术的博物馆。

关于这些造像的来历，有过这么一个神话。传说好几百年前，色拉寺有位长老，做了这么一个梦：宗喀巴大师站在云端，对他说：乌孜山的每一块石头，都是一位神佛的宝座。如果能再现神佛的真容，那是最好不过了。没想到第二天，一个身体强壮的年轻人，贸然出现在长老面前请求说，我是一个来自后藏的石匠，想在贵寺后山的石头上，镌刻一些神像，我不要任何报酬，只是希望长老同意我的请求，长老毫不犹豫地答应了。果然，从第二天开始，色拉寺后面的山上，不断传来叮叮当当的锉石声、悠扬悦耳的号子声。喇嘛们都知道，这是那个年轻的石匠，正在忙乎着摩崖造像呢!没想到第三天，敲打石头的声音没有了，悠扬动听的号子声也没有了。长老十分奇怪，带着几个弟子，爬到后山上一看，那个后藏的石匠，别说人，连影子都看不到了。大大小小的

色拉寺后山的摩崖石刻神像　　陈宗烈摄于 1987 年

石头上，出现千姿百态、各种各样的神像，有的慈祥，有的和蔼，有的愤怒，有的威猛，把长老和弟子们的眼睛都看花了。长老说："这个年轻的石匠，一定是工巧天神毕雪噶玛下凡，才会出现这样的奇迹!"从此，色拉寺的后山，便布满摩崖石刻了。

色拉曲顶，格鲁派的摇篮

色拉乌孜山顶，有一座小小的藏式建筑，既像宫室，又像庙宇，朴素美观，古色古香。几十株苍翠的松柏，掩映在它的四周。

宗喀巴大师驻锡的色拉曲丁禅院　　次旺仁钦摄

这座小庙名叫色拉曲顶，是当年宗喀巴大师坐夏修行的禅院。经堂佛殿一应俱全。宗喀巴大师和他的两位首席弟子甲曹杰、克珠杰的静修室，至今保持完整，采光良好，舒适整洁，好像他们昨天生活在这里一般。别看这个地方小，它的历史比色拉寺还长呢，有人说它是格鲁派的摇篮，的确有几分道理。

1407年春天，宗喀巴大师传教的地点，从山南地区转移到了拉萨河谷。拉萨地区首领柳乌·朗噶桑布，在色拉乌孜山上，修造了这座色拉曲顶的禅院，提供给大师夏日安居和授徒传法。大师在这里住了两年，先后收了六百多个徒弟，给他们传授显密教法。应徒弟们的请求，注释了《中论广疏》，撰写了《了义不了义辩》等书，奠定了格鲁派的理论基础。同时创建了拉萨传召大法会，使格鲁派的名声传扬整个雪域。

大师住在色拉曲顶的时候，克珠杰带着萨迦派高僧仁达瓦的推荐信，专门从后藏前来拜会大师。两人一见面，克珠杰便提出了许许多多经书佛典上的疑难问题，请求大师给予解答。大师不但没有生气，反而十分高兴地说："很好！很好！你对经书佛典有这样好的理解，又有这么多的疑难，是你努力学习、勤于思考的结果。"他高兴地接受了克珠杰的请求，把他收为徒弟。从此，师徒两人一直没有再分开，互相切磋教理教法，最后，克珠杰成为宗喀巴大师教法的传人，被追认为第一世班禅活佛。

这期间，还发生了一件事。明成祖永乐皇帝，非常仰慕宗喀巴大师的道行，派了四位钦差带着诏书和珍贵礼品，专程从南京到了拉萨，邀请大师进京，出任大明王朝的国师，主持京城和皇宫的佛事活动。宗喀巴考虑到格鲁派正在形成，许多重要的著作还没写完，不想长时间离开藏土。第一次，四位钦差到了色拉曲顶，碰巧大师到深山古洞里闭关坐静去了。后来钦差们想了一个主意，请西藏最高首领阐化王扎巴坚赞和拉萨地区长官柳乌·朗噶桑布作陪，在色拉曲顶见到了宗喀巴大师。大师接受了皇帝的诏书和礼品，恳切陈述了自己一时难以进京的原因。不过，自己虽然难以成行，作为代替，还是推荐了上首弟子释迦益西，跟随钦使一道进京，为永乐皇帝效劳。释迦益西在南京举行了很多佛事活动，修建了法源寺，治好了永乐皇帝的重病。皇帝非常高兴，封他为大慈法王。返藏后，按照宗喀巴大师的嘱咐，在拉萨北郊修建了著名的色拉寺。

色拉朱康，宗喀巴修禅的密室

色拉乌孜山顶的北侧，有一座土黄色的小庙，名叫色拉朱康，

宗喀巴大师坐静的密室：色拉朱康　　次旺仁钦摄

也是1407年修建的，到现在将近五百年了。据说宗喀巴大师爱静不爱闹，喜欢独居僻处，默坐沉思。弟子们便在山的北边，修建了这么一座小庙，供大师闭关坐静，修炼密法。小庙刷成黄色，是佛法的象征，更是大师倡导的黄教格鲁派的标志。大师圆寂后，这里成了弟子们修习密宗的地方。六世达赖喇嘛仓央嘉措，也曾步宗喀巴大师的后尘，在里面闭关多日。公元18世纪初，朱康出了一位著名的活佛，名叫朱康·格勒嘉措。由于朱康活佛的缘故，使这个小庙名声大振，前来拜师求法的人络绎不绝。朱康寺规模虽小，但是房舍紧凑、朴素天然，经堂、僧舍、佛邸一应俱全。第四世朱康活佛丹巴坚赞，应安多千户央云曲杰的邀请，在藏北那曲地方兴建了孝登寺，孝登寺开始时只有几顶牦牛帐篷，后来成了相当规模的寺院。朱康活佛成为藏北草原的教主，现在的朱康活佛是第十七世，名叫土登克却，是西藏自治区人大副主任。

普布巧，北山上的美丽金冠

从色拉曲顶寺往东，沿途都是崖峰峭壁，一树树青松翠柏，一簇簇刺树丛林，刺树间果实已经红熟，像挂满了小小的灯笼。南面有一处山崖，很像大海里的珊瑚礁，崖壁上构筑着一座小小的寺庙，便是闻名远近的普布巧寺。普布巧寺曾经是非常华美的，殿宇辉煌，金顶闪耀，是拉萨北郊山上的一大景观。20 世纪 60 年代初，我刚进藏的那阵子，住在贵族夏苏的旧邸，每天打开朝北的窗，便看到色拉寺后面的高山之巅，镶嵌着这座小巧玲珑的寺庙。在清晨的云霞里，在傍晚的斜晖间，如同一顶金光灿烂、熠熠生辉的金冠，戴在拉萨北山高高的悬崖之上。甚至使我觉得，它不是人间的寺庙，而是神仙的楼宇。后来庙里办起了拉萨教师培训班。“文化大革命”爆发，普布巧寺被摧毁殆尽，山崖上变得空荡荡的，好像一个将军没有了头盔，一个国王失去了王冠一般，我的心里感到空落落的。

普布巧寺始建于公元 18 世纪前期。据说六世达赖喇嘛时期，色拉寺有一个穷喇嘛，名叫阿旺强巴，生活非常清苦，佛学修持却是特别的勤奋。当时，拉萨的蒙古人首领拉藏汗，杀死了摄政王第悉·桑杰嘉措。桑杰嘉措的家是名叫仲麦的大贵族，府邸就在色拉寺的西边。桑杰嘉措被杀后，拉藏汗扫荡了仲麦府，房舍仓库洗劫一空，并且把部分财物分给色拉寺喇嘛。喇嘛们生活穷困，一下子得到这么多意外之财，好像天上掉下了宝贝，一个个高兴得不得了。只有阿旺强巴，不但拒绝任何财物，反而规劝别人，不要参与这些不义的举动。他的行为在社会上引起了强烈的反响，人们称赞他是品德高尚的好喇嘛。七世达赖喇嘛时期，阿旺强巴因为学识渊博和道行高尚，被公认为大活佛。当时执政的郡王颇罗鼐·索朗多吉，在色拉寺后山的悬崖之巅，构筑了这座精美绝伦的小庙，供阿旺强巴驻锡和修行，他就是第一世普布巧活佛。阿旺强巴先后担任过六世班禅大师和八世达赖喇嘛的经师，朝廷授予他呼图克图的封号。从此，普布巧活佛世代相传，饮誉藏土。第四世普布巧活佛嘉措强巴，担任过十二、十三两世达赖喇嘛的经师，他们的门徒和弟子遍及整个雪域。拉萨有这样一句口头禅："普布巧寺庙小，宗教地位高。"现任普布巧活佛名叫丹增强巴，年龄五十多岁，是西藏大贵族拉鲁·才旺多吉先生的第三个儿子，西藏佛教协会的常务理事。

热卡扎，岩峰深处的秘窟

从普布巧寺顺着山脊往东走，山势高低错落，岩峰连着岩峰，峭壁套着峭壁，好像神奇的迷宫。在高高耸立的峭壁上，有一个小小的岩洞，它是如此之隐蔽，从周围四处难以发现它的存在。据说，这是当年宗喀巴大师修行的热卡扎山洞，因此特别引人注目。关于这个洞窟，还有这么一段掌故呢!公元1407年，永乐皇帝派了四位钦使到拉萨，敦请宗喀巴大师进京传法。碰巧大师当时并不在色拉曲顶寺，而在热卡扎山洞里闭关坐静。这四位钦使并不灰心，千方百计打探到了大师的行踪。某一天，他们从多底山沟，顺着羊肠小道爬了上去，大师为他们的诚心和执著所感动，约定在色拉曲顶会见钦使，接受了皇帝的圣旨和馈赠。

宗喀巴大师圆寂后，阐化王扎巴坚赞和拉萨地区长官柳乌·朗噶桑布，在热卡扎山洞前，举行了隆重的追悼法会。法会由大师的首席弟子、色拉寺兴修者大慈法王·释迦益西主持。公元18世纪，第一世朱康活佛格勒嘉措，在热卡扎附近建了一座小庙，授徒说法，取名热卡扎寺。民主改革前，热卡扎寺有喇嘛十余人。寺庙虽然地处高山绝岭，前来转经朝佛、瞻仰圣迹的人还是络绎不绝，特别是藏历六月转山节，照例要掀起一个转经朝拜的热潮。

盖藏寺，令人震撼的废墟

热卡扎洞窟的东面，有一大片古寺庙的废墟，破墙断柱，颓壁残垣，高低起落，雄伟壮观，紧贴在峭壁之间，蜿蜒在连绵山岭之上，依托着雄浑的山体，高高插入湛蓝的天宇，看了真的叫人惊心动魄！这是拉萨北山古老的盖藏寺。洛桑朗杰先生主编的《老城史话》上有这样一段介绍："这座小庙是公元18世纪，色拉寺其扎仓堪苏·强巴门朗建造的。他是盖藏寺第一世活佛。堪苏·强巴门朗在这里修复了贡堂·喇嘛祥的修行室和宗喀巴大师修行室以后，以乔布·洛桑朗卓为首的众多弟子，常来这里向堪苏·强巴门朗求法，逐渐成为一座高山小庙。小庙主供佛为强巴贡布尊者和石雕能仁佛像，这些佛像造型神异，面朝色拉寺天葬场。民间流传着这样一种说法，凡送往色拉寺天葬场的死者，不必进行灵魂超度仪式，盖藏小庙的主供佛会为他们护佑。"盖藏寺建立在陡峭的山上，下临万丈深渊，许多人不敢从这里向下俯视。小庙依山而建，如空中楼阁，体现了藏族建筑匠师的智慧和技艺。

20世纪80年代初，拉萨掀起了一股藏族传统文化和文物古迹热。女作家杜培华和朋友们一起深入色拉寺东北的多底山沟。返回时，顺着西面山岩攀登上去，非常惊诧地发现了盖藏寺的废墟群。她在《拉萨踏古》一书中这样写道："在一节节石柱似的断墙左右，布满了已经倒塌的古庙的残迹。它们还在顽强地和风霜雨雪的侵蚀抗争，紧紧地贴在那悬崖上，它们的颜色和悬崖的颜色几乎是浓淡无差。它们从东到西一字排开，全长足有一公里的路程，挂在那样的山崖上，就像雨后的浮虹。它比美国西部死亡大峡谷中的悬崖城堡奇峭，比山西浑源县的悬空寺雄伟壮阔，堪称拉萨一绝景，堪称人类一奇迹。"

20世纪30年代，十三世达赖喇嘛在罗布林卡圆寂。盖藏寺活佛受摄政王热振的派遣，率领寻访团，在青海省湟中县的祁家川，找到了十三世达赖喇嘛的转世灵童，也就是十四达赖喇嘛丹增嘉措，为西藏地方政府立了一大功。盖藏寺和盖藏活佛也大大地火了一把。

扎西曲林，拉藏汗王静修地

从色拉寺往西，经过曲贡古文化遗址，进入娘热山沟。不远处，便看到色拉乌孜山西端，有一座精美的静修院，名叫扎西曲林，意思是吉祥教法洲。关于这座小庙的来历，还得从五世达赖喇嘛圆寂后说起。那时西藏地方政府中有两位强势人物，互相对立。一位是称为第悉的摄政桑杰嘉措，另一位是驻藏蒙古首领拉藏汗王，他们之间的对抗愈演愈烈，最后达到刀兵相向的地步。拉藏汗派出蒙古骑兵，在拉萨西郊的堆龙河上，杀死了第悉·桑杰嘉措，清除了他的势力，从而成为西藏政坛的唯一主宰，再也没有人能向他发起挑战。但是，他是一个藏传佛教的信徒，杀生犯戒总是一条罪孽，桑杰嘉措的死，一直在他的灵魂深处作祟。因此，他希望积累一些功德，来洗刷杀害政治对手的恶行，给藏民留下一些好的印象。他看色拉寺经堂年久失修，墙壁、楼阁都已破旧开裂，同时也过于狭窄，便拨出巨资，建造一座有一百零八根柱子的大经堂。经堂后面有三座佛堂，楼上设达赖喇嘛的寝宫，最上层建有金铜屋顶和屋脊宝瓶，又把色拉寺的旧经堂，改造成为自己在拉萨的一处修行室。请密宗扎仓的僧人，在里面日夜念经礼佛，祈祷长寿和清除罪恶。后来，拉藏汗又考虑到色拉寺究竟是格鲁派圣地，自己长期住在里面不合适，便在色拉乌孜山坳上新修了这座名叫扎西曲林的静修院。他把色拉寺的旧经堂，改成了阿巴扎仓密宗院。在扎西曲林，他邀请了二十多位比丘僧人，日夜不停地给自己念长寿经和禳解经，洗涤当年罪孽。世界上的事情，也不知道是冤冤相报，还是轮回往复，大约过了十余年，驻守新疆的准噶尔蒙古部落，派一支骁勇剽悍的骑兵，夜行昼伏，以人们不敢相信的速度，穿过新疆戈壁和阿里荒漠以及藏北无人区，神不知、鬼不觉地占领了圣城拉萨，把拉藏汗和他的军队，铁桶般地包围在布达拉宫。拉藏汗终究是一个真正的蒙古人，血管里流着的是成吉思汗的血，他只带了一个贴身卫士，冲入准噶尔军队中，进行了最惨烈的拼杀，直至战死在大昭寺西门外的鲁布广场。

拉藏汗战死后，扎西曲林由色拉寺密宗院接管，二十多位比丘僧人，长年在这里修炼密法，宗教活动和密宗院基本一致。20世纪20年代，帕奔岗活佛康珠·强巴丹增，曾经在这里驻锡。这位活佛的名声和才气，当时确实如日中天，无人匹敌。色拉寺上层，干脆做了一个顺水人情，把扎西曲林送给了帕奔岗活佛。活佛运用自己的影响和关系，对进修院大加维修和扩建，使它变得异常之别致和舒适，活佛寝宫、集会大殿、禅房僧舍，一应俱全。可惜，在“文革”期间，受到破坏而荒废。20 世纪 80 年代以后，得到维修，才重新向公众开放。

邱桑寺的喇嘛庙和尼姑庵

扎西曲林寺的北边，娘热山沟的东面，有一片风光秀美的坡谷，山坡芳草鲜美，杨柳成行，果树飘香，山泉雪水在溪涧中欢唱。这里有喇嘛庙，有尼姑庵，有静修院，还有一排排摩崖造像。看得出来，它是最理想的修习佛法的地方，名字叫“邱桑”，意思是好水山居。

邱桑寺庙群的历史，可以追溯到公元 17 世纪中期。那时候，住在布达拉宫的五世达赖喇嘛，很喜欢到北郊的寺庙巡视，在灵山圣水中流连。摄政王仲麦·赤列嘉措是五世达赖喇嘛的得力助手，又是最亲密的朋友。他的家庭仲麦府，就在色拉寺的西边。他看中了邱桑山谷林泉丰茂，远离城市的喧嚣，便修了一座山间小庙，供达赖喇嘛读书和静养。最初规定喇嘛十八人，其中比丘僧十六人，全部由色拉寺派遣。赤列嘉措过世后，他的侄孙仲麦·桑杰嘉措也当上了摄政王。他对邱桑寺庙进行了增修和扩建，自己也盖了几间精舍，以便随时照应五世达赖喇嘛。精舍旁边，桑杰嘉措亲手栽种了一棵棵山桃，至今仍然枝繁叶茂，年年结不少果实，被信徒香客们视为灵物。

后来，桑杰嘉措被拉藏汗王杀死，仲麦庄园也被洗劫一空。邱桑寺长时间没有人管理，拉萨一些尼姑，不约而同地到邱桑寺这片圣地来修行。寺庙的周围，开始出现了尼姑们的庵堂。据说尼姑最早只有三十多人，后来发展到一百多人，远远超过喇嘛的数目。她们的房屋不够用，挤进喇嘛的经堂诵经祈祷；尼姑们喂养的牛羊，常常闯进喇嘛们的住地，吃掉他们种的菜、栽的花。这下子矛盾爆发了，喇嘛们对尼姑的行为非常愤怒，提出了严重的抗议，决心把她们从这片圣地上赶走。经过色拉寺高僧活佛的调解，喇嘛和尼姑达成了协议，尼姑可以留下来，但不能到喇嘛的经堂举行佛事活动。她们也可以喂羊，但不能把牲口赶进喇嘛的住地，只能在附近山坡上放牧。从此，喇嘛、尼姑和平共处，没有发生过大的矛盾和纠纷。

西藏许多著名的活佛，都是宗教领域的胜幢，也看中了邱桑这片风水宝地，先后来这里修建园林别墅。最著名的有赤江活佛、德穆活佛、夏巴活佛、帕奔岗活佛、卡多活佛、则尼活佛等。如今他们的别墅还在，有待进行维护和整修。20 世纪二三十年代，驰名藏土的大宗教家帕奔岗·强巴丹增活佛，依托邱桑寺为坛场，在这里讲经说法，轰动了整个拉萨，前来听经的人成千上万。邱桑寺长老干脆把一处房舍，送给了帕奔岗活佛。现在帕奔岗佛邸已经修缮一新，供信徒香客们瞻仰和朝拜。

在帕奔岗活佛讲经的时候，发生过一件著名的风流韵事：拉萨富商桑多仓的公子司曲拉，遇到美丽的尼姑色金·强巴旺姆，她是大贵族色金家的小姐。两个人一见钟情，爱得死去活来，经过一些艰难曲折，终于冲破藩篱，结为夫妻。拉萨著名民间音乐家阿觉朗杰，为此专门编唱了一首流行歌曲“阿觉顶”，很快在西藏各地广为流传，歌词大意是这样的：

邱桑是活佛的住地，
翠绿的杨柳依依；

依依的杨柳枝头，
画眉鸟婉转鸣啼。

请看那边的草坪，
母犏牛走走停停；
犏牛的毛色真美丽，
可惜牛角有别人的印记。

高坡上的娘热杰钦神庙

从帕奔岗往北，沿着山涧溪流蜿蜒而上，最后来到一处长满刺柴林和红果树的山坡。山坡高处，是直插云天的悬崖峭壁，这里是娘热山沟的最北端，翻过这座山，便到了澎波地区了。山崖下面有一座古老而美丽的尼姑庵，名叫嘎丽寺。嘎丽寺西边，在丛林和乱石之间，立着一处红色的神坛，神坛里供奉的神灵，是娘热山沟的守护神“娘热杰钦”，意思是娘热地方的大神。他脸色血红，上牙咬紧下唇，三只眼睛圆睁，头戴格鲁派僧人的鸡冠帽，身穿彩缎绣花袍，有点杀气腾腾的样子。神坛周围，挂满了五彩经幡和白色哈达。山风吹来，经幡和哈达猎猎飞扬，呼呼作响，好像神灵发怒的样子，气氛颇为严肃。

相传娘热大王原本是色拉寺的一个喇嘛，名叫噶玛赤列。有一次他到山南地方转经朝佛，渡过雅鲁藏布江的时候，没有充足的船钱，被牛皮船夫用木桨打破了脑袋，头皮开裂，鲜血直流，他用经书紧紧按住伤口，最后死在贡噶多雄地方。临死时发下了重誓：“愿灵魂化为雅鲁藏布江的恶魔，兴风作浪，让没有良心的船夫们不得安生！”他的咒誓得到了应验，死后成了雅鲁藏布江上的水神。贡噶多雄地方的百姓，专门修起了他的庙宇，供奉他的神像。那些在水上称王称霸的船夫们，听到他的名字，一个个吓得够呛。行船摆渡，都要焚香煨桑，顶礼水神，哀求他不要掀翻他们的船，淹死划船的人。他们唱起一首有名的祈神歌：

皮船顺水漂流，
小命也卷进了漩涡；
恳求江里的水神，
再不要降下灾祸。

水上之王在山南多雄地方显灵显圣，引起了色拉寺的注意，他们认为噶玛赤列既然是色拉寺的僧人，又出生在寺院附近的娘热山沟，应该回到自己的故乡，守护自己的寺庙，保佑自己的乡亲。于是，噶玛赤列荣归故里，命名为娘热大王。在娘热山上修建了他的神坛，在娘热山下设置了他的降神场。当阳光照到山上的神坛时，山下的神巫便开始降神了。幽魂附体在一位巫师身上，替色拉寺的喇嘛们和娘热山沟的群众，预言吉凶祸福，保佑幸福平安。时间到了1947年，西藏地方政府的前任摄政热振活佛和代理摄政达扎活佛之间，爆发了你死我活的争斗。作为色拉寺巫师的娘热杰钦巫师，理所当然地站在热振活佛一边，他不止一次降神作法，发布预言卜语，说热振和达扎，一定会打一仗，热振方面如果由孜尼活佛担任色拉寺的总指挥，一定会大获全胜，达扎方面一定会垮台，等等。后来，达扎把热振活佛害死在狱中，色拉寺的喇嘛们奋起反抗，最终没有打过用机枪大炮武装的地方政府军队。孜尼活佛兵败被俘，挨了无数皮鞭，差一点丢了性命，被判终身囚禁。娘热神巫也受到了牵连，关进了布达拉宫下面的黑牢，直到1951年西藏和平解放时才出狱。

扎吉神庙，女神原是汉地女

拉萨的北郊，有一座小小的神庙，名叫“扎吉拉康”。庙里供奉着一尊女神，名叫扎吉拉姆。据说扎吉拉姆是一位汉族女子变成的神，朝拜的人很多，香火十分旺盛。

相传数百年前，拉萨北郊除了色拉寺以外，全是一片荒芜的沙洲。后来，色拉寺切扎仓有位高僧，名叫江央麦朗。他从内地五台山朝佛回来，途中遇到一个汉族女子的幽魂。这个女子问：“大师！你到哪里去？”江央麦朗说：“我回拉萨色拉寺去！”女子说：“我想跟你一起去，行不行？”江央麦朗说：“西藏那么远，道路又非常艰险，要翻很多的雪山，过很多的冰川，你一个柔弱的汉地姑娘，那是绝对去不得的。”于是，这个姑娘向他苦苦哀求，说自己是一个有钱人家的女儿，因为和自

扎吉拉姆庙的扎吉拉姆女神像

江洛金·彭朗供稿

己父母不和，被父母赶出家门，她一气之下，结束了自己的性命。临死的时候，发下了钳子一样的重誓：女儿走了，要走得远远的，走到你们圆圆的眼睛看不见、长长的耳朵听不到的地方去，这辈子不回来，下辈子也不回来。我思来想去，只有西藏那个地方合适。大师，如果你不带我去，小女子我的幽魂再也找不到归宿之地了。江央麦朗一听，便改变了念头。一是出于佛家的仁慈，二是怀着对这位汉族姑娘的同情，便和她结伴同行，来到了拉萨的北郊扎吉地方。看见了色拉寺的金顶，江央麦朗说："姑娘!你不能跟我一起到色拉寺去，寺庙里修行的都是喇嘛，不会接纳你这个女儿身，再说在寺庙修行也非常清苦，你不如留在扎吉地方，接受老百姓的供养吧！"

江央麦朗回到色拉寺，向切扎仓的长老讲述了自己路上的遭遇，以及带着汉族女子的幽魂进藏的原因。切扎仓长老赞扬了他的行为，决定在扎吉地方修建一座小庙，塑立这位汉族女子的神像，举行隆重的"伏摩"仪式，封她为扎吉地方的土地神，取名叫扎吉拉姆。但是，扎吉拉姆的形象并不是人们想象得那样美丽和善良，而是面目乌黑，两眼圆睁，张开血盆似的大口，舌头伸得老长老长，手掌还像鸡爪子一般，所以又称"鸡爪神"。从色拉寺派来香灯师，接受信众的求请和卜问。这位汉族女子，自从担任了扎吉地方的守护神，确实尽职尽责，大显神灵，给有病的人治病，给有难的人解难，给无儿女的人带来儿女，给无钱无产的人带来钱财。这样，扎吉拉姆名声大振，周围四境的居民和色拉寺的喇嘛都来敬奉。

历史到了18世纪30年代，驻扎在拉萨城里的清朝官员，大部分都调回内地，只留下九个军官和五百名士兵。为了不干扰城

拉萨北郊的扎吉拉姆庙　　桑吉扎西摄

中居民的正常生活，全部搬到北郊，在扎吉神庙附近修建兵营，开设了衙门。这些官兵远离家乡父母，思乡之情油然而生，附近的扎吉神庙，是他们经常去的地方。听说扎吉女神来自祖国内地，更增添了他们的亲近感和思乡情。朝拜扎吉女神，成为他们最主要宗教活动。为了满足这些官兵的要求和愿望，神庙又增加了抽签、打卦、算命等等内容。驻藏大臣又在扎吉神庙附近，修建了关圣帝庙，请这位武圣保佑驻藏官兵吉祥平安，战无不胜。公元1793年，廓尔喀军队入侵西藏，占领了大片领土。乾隆皇帝派出以福康安为统帅的上万士兵，在山高水险、气候恶劣、瘴疫流行等极其不利的情况下，屡战屡胜，最后把廓尔喀军队打得落花流水，让廓尔喀国王俯首称臣。进藏官兵一致认为，这些胜利离不开关圣帝君在天之灵的保佑，回到拉萨，修缮了扎吉神庙，重塑了关圣帝君的金身。1911年辛亥革命以后，驻藏官兵撤回内地，扎吉兵营由藏兵进驻，成了藏兵第二团的营房。扎吉神庙的香火并没有因此而清冷，拉萨城里的汉族居民照例到神庙来抽签问卦，周围的藏族老百姓也对扎吉神庙信任有加，他们把关圣帝君当成西藏神话英雄格萨尔大王，把扎吉女神当成圣城拉萨的守护神吉祥天女班丹拉姆的化身。

“文革”期间，扎吉神庙跟西藏其他宗教场所一样，受到了冲击和破坏。不过从20世纪80年代开始，寺庙重新开放，敬香朝拜的人一天比一天增加，香火一天比一天兴盛。色拉寺派来的庙祝，据说能很好地传达扎吉女神的意愿，保证信徒们有求必应。有一个消息在拉萨市民中不胫而走，说扎吉女神来自祖国内地，对于内地出差、求学、经商的人特别眷顾，预言也特别灵验。不过女神习性又有了新的爱好，特别爱喝四川出产的沱牌曲酒，求神的人只要献上一瓶或整碗的沱牌曲酒，无论什么事情，都能得到女神的通融。

回民公墓，阿麦热老人的归宿

从色拉寺往东，经过“色拉夏”天葬场，往北便进入多底山沟了。多底山沟和娘热山沟一样，是拉萨北部两条平行的山沟，据说拉萨城市还没有形成之前，这两条山沟就已经有了藏族先民捕鱼狩猎，繁衍生息了。相传在非常古远的时候，多底山沟的居民已达到一万多。多底山沟东西两侧都是连绵不断的高山，高山之巅，是一排排的悬崖峭壁，好像一片片古老的城墙，看起来让人惊心动魄，震撼不已。

多底山沟西侧的第一座建筑物，是回族居民的公墓。拉萨城里有两种回族人，聚居东城河坝林路一带的，是甘、青一带来的穆斯林；聚居八廓街一带的，是克什米尔来的穆斯林。河坝林一带的穆斯林人死了，都送到这里来安葬。根据拉萨文物志记载，这座回族公墓始建于康熙五十五年（1716 年），东西宽二百米，南北长三百二十米，总面积是六点四万平方米，到现在已经三四百年了。

1964 年夏天，拉萨著名民间艺人阿麦热（马福山）老先生，以七十八岁高龄辞世，我参加了他的葬礼。阿麦热早年是赵尔丰的兵，辛亥革命后，流落拉萨古城。他天资聪颖，吹拉弹唱样样行，担任过拉萨民间歌舞艺人团体“朗玛吉朵”的掌门人。解放军进藏之后，他被聘为军区文工团的指导老师，多次到祖国内地参加演出，很是风光了一阵子。我进藏之后与他结识，他的境况已经大不如前了，生活十分拮据，靠文化局发给少量补助金过日子，他的联系人就是我。马老先生过世时，河坝林的回族团体邀请我参加他的葬礼。先是在河坝林大清真寺念经祈祷，遗体用白布包裹，装上大卡车，运到多底山沟的回民公墓下葬。

我随着清真寺的阿訇和回民亲友一起进入葬场，人们列队到礼拜堂做礼拜。我独自一人，在墓地到处走了走，看了看，发现两边的山坡上种满了杨树和柳树，还有山桃、野杏、山楂之类的果树。清风吹来，浓绿一片。坡地上密密匝匝都是坟墓，有的封土已经垮塌，黑洞洞的一直可以看到下面。这时，阿麦热老先生的遗体开始下葬，我就赶去参加葬礼去了。

巴龙日却，多吉秀丹降神场

回民公墓的北面，有一座小小的寺庙，构筑在山坡高处。据《老城史话》介绍，这座小庙最早是著名尼姑玛吉拉珍的师傅觉顿·索朗大师于公元12世纪时修建的。后来很长一段时期，小庙荒弃，香火中断。直到公元18世纪，色拉寺的卸任堪布洛桑达吉，重新进行修复，在里面讲经布道。他死后，被追认为第一世巴龙活佛。从此，这里便成了历辈巴龙活佛的驻锡地。

西藏有个著名的神巫，名叫多吉秀丹，意思是金刚力士。

数百年来，多吉秀丹一直是一个普普通通的护法神，他的代言巫师也不过是一个二流的神汉，在拉萨和西藏没有特别大的影响。但是，从20世纪30年代开始，情形发生了一百八十度的变化。当时老的多吉秀丹巫师过世，西藏地方政府发布榜文，寻找多吉秀丹神灵附体的新的替身。驻扎在拉萨北郊的扎吉藏兵团第四营，有一个普通的藏兵，被派去多底山沟电站干活，一只手卡在电站的机器里，居然没有被轧断，居然完好无缺地抽了出来。有人把这桩奇迹报告了色拉寺的帕奔岗大活佛。帕奔岗活佛认为，一只现代化机器轧不断的手，肯定是金刚力士的手。只有金刚力士，才能这样无坚不摧。于是认定他是多吉秀丹大神附体，这个普通藏兵轻而易举地当上了新的多吉秀丹巫师。由于有帕奔岗活佛和他的弟子赤江活佛的大力支持，赤江活佛后来又成了达赖喇嘛的经师，多吉秀丹巫师的声望和地位，日复一日急剧升高。色拉寺上层专门重修了多底山沟的巴龙日却神庙，为他建立了降神的坛场。不但有大量的侍从仆役，还有一支相当可观的喇嘛乐队，为巫师降神造势。我在拉萨市歌舞团的同事益西，还有他的师傅克珠拉，都曾经是这位巫师身边的工作人员。

1959年西藏发生了武装叛乱，达赖喇嘛出走国外，多吉秀丹巫师也跟着流落到了异乡。年长日久，流亡国外的藏人中间，发生了种种争执和异议。有一种意见认为，由于多吉秀丹巫师过分得势，迫使西藏地方政府的首席巫师乃琼护法八年不肯开口，现在是恢复乃琼护法的名誉地位的时候了。在这种强大的舆论压力下，多吉秀丹神汉郁郁不得志，客死异国他乡。他的儿子洛桑被认定为新的神巫，不过在流亡政府里边，已经失去了固有的地位，只好悄悄跑到了台湾，在台北组建了新的神坛，信徒不少，香客也很踊跃。1995年我到台湾参加海峡两岸藏学研讨会，专门去拜访洛桑巫师和他的师傅年扎拉。他的神庙的确非常华美，经堂佛殿一片辉煌，师徒俩听我讲一口地道的拉萨话，又从我嘴里得知巴龙日却的种种情形，感到非常亲切，情绪也亢奋起来，临别时送了我一部沉甸甸的格鲁教派史，还一再表示想回巴龙日却看一看。

卡多寺，一个活佛的悲剧

多底山沟最深处，山势变得格外的雄壮了。奇峰高耸，乱石穿云。在悬崖峭壁之上，人们可以看到一座造型独特的小庙，经堂佛殿仿佛是从岩石里长出来的。这座寺庙非常隐秘，拉萨人知道的不多，到过的就更少了。寺庙的周围，长满了茂密的刺藜和红果树。每到秋天，金风吹拂，刺树像火一样通红，山果像金子一样的闪耀，真是五颜六色，美不胜收；山林中飞鸟鸣啼，野兽出没，确实是一个神仙般的好地方。这座悬崖寺庙名叫卡多日却。据《老城史话》介绍："小庙是公元18世纪由卡多·索巴嘉措大师创建，从此便成了历辈卡多活佛驻锡的坛场。1959年以前，寺庙常驻比丘僧人二十一名，是色拉寺的一个分寺。"

上个世纪三四十年代，卡多寺活佛格桑土登曾经是摄政王五世热振活佛强白益西的左膀右臂。热振活佛当政期间，这位活佛权高势大，炙手可热，很是风光了一阵。后来热振活佛被达扎逮捕，不明不白地被害死在布达拉宫夏青角监狱。卡多活佛也被关进布达拉宫下面的雪巴列空监牢，原先判决挖掉双眼，终身监禁，后因察绒·达桑占堆等元老提出异议，改判抽打二百六十皮鞭，披枷戴锁，终身囚禁在达赖警卫团营房，1951年出狱后死去。直到1958年，卡多活佛的转世灵童才得到西藏地方政府的承认，这座悬崖小庙重新归卡多活佛管理。

乃果冬尼姑庙

卡多寺的东边，山势更加神异，风光更加奇绝，名叫桑多白瑞，意思是莲花生大师的修行圣地。山下有座小庙，名叫乃朗寺，离乃朗寺不远，有一座尼姑庙，名叫乃果冬。据《老城史话》一书介绍，乃果冬寺是公元16世纪时，由贡迪夏·朗噶坚赞大师创建的。最早的时候，乃果冬是喇嘛庙，乃朗寺是尼姑庙。20世纪30年代，多底山上来了一伙强盗，常常骚扰乃朗寺的尼姑。卡多活佛做了一个决定，把乃果冬寺庙的喇嘛和乃朗寺的尼姑互相对换。从此，乃果冬成了尼姑庵，相对也要安全一些。卡多寺、乃果冬、乃朗寺都属于卡多活佛管辖，习惯上称为卡多三庙。乃果冬的尼姑信奉宁玛派，对于喝酒不大忌讳。因此，民间流传着这样一些话，概括了拉萨几座尼姑庙的特点：

在悬崖高处修行的，
是米穷热寺的尼姑；
在深山沟里放牧的，
是嘎丽寺的尼姑；
在经堂佛殿里醉酒的，
是乃果冬的尼姑；
既有寺庙修行，
又过世俗生活的，
是仓宫寺的尼姑。

从乃果冬继续往北走，翻过高高的果拉雪山，便到了彭波地区和藏北的热振寺了。

拉萨人六月初四转山朝圣，一天怎么也不可能朝遍北山的所有圣迹。因此，有的人进娘热山沟，有的人进多底山沟，有的人爬上色拉寺的后山，朝拜色拉乌孜山上的圣迹。这些寺庙、禅洞和进修院，“文革”期间无一例外的遭到破坏和荒弃。后来有的由国家拨款，有的是民间集资，在不同程度上得到维修和重建，供僧尼修行，向公众开放，只有多底山沟深处的卡多寺、乃朗寺、乃果冬寺，因为地方过分的遥远和偏僻，还有待修复。

旧时拉萨的民间社团——吉朵

我真的佩服藏语的精练和丰富，言简意赅，韵味无穷。拿“吉朵”两个字来说吧，吉，是舒服；朵，是痛苦，两个字组合在一起，就有苦乐与共、有福同享、有难同当的意思。“饿时同吃原上草，渴时同饮山溪水”，“红红的炉火围着烤，冰冷的雨雪抢着淋”，这些谚语，表达着藏族老百姓同甘共苦的传统观念。

往年的拉萨居民，或因共同的行业，或因共同的地域，或因共同的兴趣爱好，或因共同的宗教和神灵信仰，结成了各种各样的团体，有的完完全全是自发性的，有的带有某种行会的性质，内容和形式不尽相同，广义地说，都可以泛称为“吉朵”。

行业性的“吉朵”

旧日拉萨的手工匠师，各行各业，五花八门，都有自己的“吉朵”。画师有“画师吉朵”，裁缝有“裁缝吉朵”，木匠有“木匠吉朵”，石匠有“石匠吉朵”，金、银、铜、铁匠都有本行业的“吉朵”。

有人把“吉朵”翻译成行会。行会是互助合作性质的，有义务管理本行业成员，维持市场的专利和对付外界的竞争，当政府、寺庙需要各种规模的服役时，建立季节性的组织去实施。

画师行会

几百年来，西藏的宗教绘画非常盛行。宗教绘画主要有两种，一是唐卡，画在纸上或布上的；一是壁画，画在墙壁上的。唐卡又有几种，一种是大型唐卡，宗教节日张挂在寺庙或宫堡的墙上，面积达几百上千平方米，称为“吉古”；一种是普通唐卡，面积一般长九十厘米，宽六十厘米左右。

拉萨的画师行会，称为“索琼哇吉朵”，意思是“小角楼”，会址设在大昭寺南面的辛热大院，又称“索琼俄察唐折巴”，意思是

扎西次仁老先生过去是画师吉朵的总画师　　廖东凡摄于1994年

“角楼奇妙唐卡绘制者”。画师行会成立得很早，相传第悉·桑杰嘉措修建布达拉宫红宫以后，留下了二十五位来自拉加里、彭波和江孜地方的著名画师，成立了一个专门的绘画团体，为西藏地方政府服务。从此，他们一代接着一代，在拉萨绘画和传艺。刚开始几代人，还是农村户口，地方政府给了他们一定数量的差地，算是绘画的报酬。每年冬春两季，回乡种地，夏秋两季到拉萨画画。后来，地方政府官员一看，这样跟候鸟似的来来往往，实在太麻烦了。再说农忙季节，乡下要种地，拉萨要画画，互相矛盾，耽误了大事，便让他们在拉萨定居下来，成了拉萨市民。经过多年的演变，画师行会由最早的五十五人发展到了一百六十人。他们再也用不着在农村支差种地，而是按时领薪饷了。

画师行会的成员，分成五个等级，第一等级是“来俊巴”和“仲倒”。“来俊巴”是行会的总管，有五品官的头衔；“仲倒”是行会的副总管，有七品官的头衔；第二等级叫“乌钦”，意思是大工头；第三等级叫“乌琼”，意思是小工头；第四等级叫“居玛”，意思是一般画师；第五等级叫“吉珠”，意思是学徒。这五个等级按步提升。学徒出师成画师，画师升小工头，小工头升大工头，大工头提升为大总管和副总管。据说来俊巴和仲倒，以前没有，十三世达赖喇嘛提倡新政，有让能工巧匠出任官职的意思，才新设了这两个职务。担任来俊巴和仲倒的人选，需要经过达赖喇嘛和地方政府的批准。他们可以出席僧俗贵族官员大会，不过只有一张四方小垫子，而且只能坐在走廊上，不能进会议厅。

画师行会的成员，为官家画画的时候，有一定的薪饷，按规定来俊巴和仲倒每月藏银九十两，糌粑三藏克（八十四斤），茶叶一块，酥油和盐巴若干。乌钦，每月藏银六十两。乌琼每月藏银

拉萨著名画师多布杰（左）和赤列群培（右），过去都是画师吉朵的骨干，
负责修复布达拉宫的壁画

四十五两，居玛，每月藏银三十两。青稞酥油盐巴差不多。

画师行会有一个管理委员会，名叫“吉巴”，意思是公事会议，由十个人组成。总管来俊巴，副总管仲倒，加上两个工头代表，一个老画师代表，一个中年画师代表，一个学徒工代表，“吉巴”负责执行行会各项规章制度管理和经济核算。

行会定期招收新的学徒，接纳新的成员。一个拉萨人的孩子，如果想投身画师行当，必须带上一条哈达，五两藏银，到行会提出申请，经过吉巴委员会讨论通过，上报地方政府有关部门登记造册。如果是本行会画师的子弟，只要六根齐全，不聋不哑，便可以顺利地加入，拜父兄为师；如果不是本行会画师的子弟，必须找一个师傅学艺。当代拉萨著名画师多布杰，因为是裁缝的儿子，学艺路上困难重重。他比别人更刻苦，更努力，最后有了很高的造诣。画师行会保存了大量画谱，还有《量度经》等各种宗教绘画经典，称为《三经一疏》，还有大量绘制祖师、本尊、佛陀、菩萨、护法的图样，提供给学徒们参看和练习，到了规定的时间进行考核。

画师行会有自己的制度和行规，只有卫（拉萨、山南）藏（日喀则地区）的人，才能加入这个团体。喇嘛画师只能在寺院里作画，非行会成员不能在社会上从事经营性绘画。例如，安多强巴是当代西藏最有名的大画师，因为他是安多人，又是一个喇嘛，一直没有能加入“索琼哇”吉朵画师行会。行会成员违背了行规行纪，例如长期不参加行会组织的绘画活动，私自在外面揽活，打架斗殴、偷盗抢劫，经过吉巴委员会商议，进行惩处，轻的申斥，重的掌嘴，直到赶出行会。

画师行会最重要的任务，是组织大型的佛画绘制活动，通俗的说是支画差。1955 年，罗布林卡修建十四世达赖喇嘛的新宫，“索琼哇”吉朵全体一百六十个成员，除老弱病残以外，全部投入了新宫的壁画和唐卡的绘制工作中。现在新宫二楼上的西藏历史和宗教源流等壁画，是西藏民族美术史上的传世之作，都是他们绘制的。新宫建成以后，论功行赏，全体画师差不多都得到褒奖，大工头升为总管或副总管，小工头升为大工头。那时一批年轻的画师，像仁增班觉、格桑朗杰、多布杰、赤列群培等，都升到了乌琼。

画师行会的成员，每年都有一定时间的公休日，大家集中在一起娱乐消闲，过林卡，联络感情，增加团体意识。正月过藏历新年，七月过雪顿节，八月过林卡节。行会有一定的公积金，相传还是第悉·桑杰嘉措时传承下来的规矩，每年三百斤糌粑，三十五斤牛羊肉，七八斤酥油，还有相当部分的柴薪。过节的时候集体使用。每年十月二十日，全体行会成员再集中一天，“吉巴”委员们清算一年的账目，向全体会员公布。再有，行会还要关注成员的福利，帮助操办会员家庭的洗礼、婚礼和丧事，对年老有病、生活困苦的画师，给予适当的帮助。

20世纪80年代以后，国家拨出巨款，维修“文革”中被破坏的古建筑、古寺院，画师行会所有健在的成员，都重新出山，在各寺院绘制了大量壁画、唐卡，创造了西藏宗教绘画的又一次辉煌，有些著名画师被国家有关部门命名为“民间工艺美术大师”。

金、银、铜、铁五金匠师的行会

设在布达拉宫下面雪巴村墙外，有一个相当规模的作坊，名叫“雪得白”。拉萨五金行会的工匠们，社会地位非常低，特别是铁匠，被认为是贱民、黑骨头，坐不能与别人同垫，吃不能与别人同桌，所以，在雪巴村修了一道墙，把“雪得白”专门隔在外头。五金匠师制造那么多神圣的佛像和宗教法器，却是受到如此轻视和鄙弃，真是社会的悲剧。

五金行会和画师行会差不多，不过门类更多，分工更细。工匠们大都是集中在一起干活，不像画师们平时分散在家里作画，有较大规模的唐卡和壁画绘制任务，才集中在一起。

雪得白作坊里，有金银匠二人，铜匠二十七人，铁匠十二人，木匠二人，锻打工二十六人，铸制工十二人，浮雕工二十六人，车工一人，塑像师十二人，画师三人，行会成员总共一百零八人。有来俊巴（五品官）四人，仲倒（七品官）三人，乌钦（大工头）七人，

布达拉宫下的"雪得白"作坊，是拉萨五金行业吉朵所在地　　陈宗烈摄于1957年

乌琼（小工头）八人。据说铁匠不能当来俊巴，不能当仲倒，因为来俊巴、仲倒都是官，而铁匠是黑骨头，地位低下，是不能当官的。

行会成员每年都有一定的节假日，拉萨的传统节日，他们都要过。藏历新年过十五天，四月萨嘎达瓦节过三天，五月卓林吉桑节过三天，六月初四转山节过一天，七月雪顿节过十天，八月沐浴节过七天，九月神降节、十月吉祥天女节各过一天，燃灯节过四天。"雪得白"有小金库，每次集体过节，费用由行会小金库提供。每年八月十五日，大家集中在一起，一边玩，一边算账，财务公开。行会成员去世，补助藏银一百八十两，谁家生孩子，送去五十两藏银。

行会给政府支差的时候，发给一定的薪饷，至少与画师行会差不多，行会还有一定的权力惩罚违背纪律的成员。

泥木工匠行会

名叫“多辛吉朵”，意思是木匠和石匠苦乐与共的团体，行会设在北城的桑顶府，这是羊卓雍湖女活佛桑顶·多吉帕姆在拉萨的府邸。泥木行会非常庞大，行规更为严厉，谁违背了行规，可以用柳树枝条打屁股。

地域性的“吉朵”

西藏居民的主体是藏族，拉萨居民的主体也是藏族。除了藏族以外，还有其他地区、其他民族的人。他们远离自己的家乡，生活在这个语言不同、信仰不同、生活习俗迥异的雪域高原拉萨圣城，特别需要互相帮扶，互相援助，形成一个互助的群体，才能更好的在藏民族的海洋里生活、生存和传承，保持自己民族的宗教信仰和传统习俗。他们从生活实际中，认识到团结的力量、信仰的力量、传统的力量。因此，结成各种形式的社团，定居在拉萨这样一个边远、陌生的环境。

拉萨穆斯林居民

拉萨的穆斯林分为两个社区，一是聚居在八廓街周围的，称为克什米尔穆斯林社区，藏族人叫“拉达卡契”；一是聚居在城东河坝林街区的，称为汉地穆斯林社区，藏族人称为“甲卡契”。

根据拉萨文物志记载，公元17世纪五世达赖时期，拉萨已经有了相当数量的克什米尔人居住。他们中间有个圣者，名叫彼尔·亚郭布，因为当时拉萨还没有清真寺，他常到西郊哲蚌寺附近的根培乌孜山前做礼拜。这种情形被五世达赖喇嘛发现了，便在布达拉宫西面的吉采鲁顶划出一块林卡地，无偿提供给他们使用。彼尔·亚郭布十分感激，率领克什米尔的穆斯林在里面栽植树木，培养花草，修建礼拜堂、澡堂，营造房舍和墓地。据说，五世达赖喇嘛对克什米尔穆斯林十分优待，时常邀请他们到布达拉宫做客，赐予他们很多的食品和藏币，专门指定八廓北街“噶林古雪”白塔周围作为他们的经商地点。这样，更多的克什米尔穆斯林来到拉萨经商和定居，形成了一个相当规模的社区。据福康安统计，乾隆末年，拉萨“有克什米尔回商一百九十三户，首领三名”。20世纪初期，到拉萨经商、旅游、观光的克什米尔穆斯林人多了起来，觉得到西郊做礼拜路程太远，不方便，便集资在八廓街南边的饶色巷修了一座清真寺，提供给信徒们洗浴、礼拜和学习古兰经典，成为克什米尔穆斯林进行宗教礼拜和民俗活动基地。西郊的穆斯林林卡依然保存，经过几代人的经营，这里成了一个环境幽静、绿树成阴的穆斯林园林。

聚居在拉萨东城河坝林一带的穆斯林，大都是来自甘、青、川、陕的伊斯兰教信徒。据说，河坝林原来是拉萨河北岸一片荒芜的河滩，“河坝”是汉语，“林”是藏语，有“洲”的意思。“河坝林”，本身就是一个汉藏结合的名字。河坝林社区中心，有一座颇为壮观的清真寺，寺内有一座四层高的塔楼，是寺庙的标志性建筑。清真寺是穆斯林信徒宗教信仰的中心，也是他们洗礼、葬丧、节日活动的场所。它的历史同样非常古老，据说始建于康熙五十五年（1716年），说明内地穆斯林在拉萨定居的历史，至少有三百年左右了。环绕大清真寺，一圈又一圈都是穆斯林居住的庭院式住宅。据说有三四百户，两三千口人。他们的组织形式，有点像过去年代内地的社区。有一个类似委员会的组织，八位委员分别管理钱粮、房屋、仓库、差税等公务，总头头叫“乡约”，相当于“乡长”。最后一位乡约名叫王沛生，平叛后出任拉萨市副市长，主管文化教育事务，是我的顶头上司，他时不时地给我讲一些拉萨的民风民俗，使我受益不少。

河坝林居民都是虔诚的伊斯兰教信徒，他们之间不少人的妻子是藏族妇女。这些妇女必须改信伊斯兰教。礼拜员在塔楼上召唤信徒们每天进行五次礼拜，星期五中午到寺庙集体礼拜，听阿訇宣讲古兰经教义。每年回历九月是斋戒月，斋戒月最后一天是开斋节，回历十二月十日是宰牲节，河坝林居民都要在清真寺集中，清真寺长老还要组织到麦加的朝觐活动。居民洗礼、婚礼，都要举行仪式，葬礼更是要在清真寺举行，进行最后的沐浴，然后送到北郊多底山沟的墓地埋葬。据说这个墓园始建于清朝康熙年间，与清真寺的历史不相上下。每年清明节，河坝林居民都到这里来上坟，沿袭了内地的风俗。

河坝林居民的主要职业，是屠宰牛羊和出售牲畜。这里有个大型屠宰场，名叫“乞米岗”，宰杀的牦牛拿到八廓东街出售。大量的牦牛角，堆聚在屠宰场周围，一道道牛角墙，形成了拉藏著名的牛角林卡，这座林卡是乞丐、妓女和流浪艺人汇聚的地方。八廓东街有一条街巷，名叫“夏仲”，意思是肉市。有六十多家专门销售河坝林屠宰场牦牛肉的肉店在这里经营。因为穆斯林讲究清洁卫生，肉摊都摆在屋内，不会沾染污垢和灰尘，再说牲畜宰杀之前，要请阿訇诵经祈祷，吃了可以免除杀生的罪孽。拉萨的居民都非常乐意购买他们的牛肉，生意非常兴旺。在过去的年代，每年藏历四月的萨嘎达瓦节，是佛祖释迦牟利尼诞生、成道、圆寂的月份，地方政府禁止屠杀牲畜，“夏仲”肉市没有牛肉出售，只有称为“甲米”的两家肉商照例供应牛肉，据说他们是经过十三世达赖喇嘛特许的，肉铺设在八廓北街的大经旗杆附近。

除了屠宰和出售牲畜之外，河坝林居民还从事餐饮、磨面、种菜和种植果木的活动，回民饭店的甜茶面点，一直为拉萨居民所称道。有一家老字号餐馆名叫“鲁仓”（羊圈），据说过去国民政府驻藏办事处和地方政府的酒宴，大都由他们操办。

拉萨的穆斯林居民当中，出过不少了不起的人物，我知道的当然非常有限。据说近代拉萨许多精通汉藏语文的翻译家，大都出在这个社区。著名民间音乐家有阿多热玛、阿麦热、马海平等。还有著名记者马宁轩、话剧演员郑明香，都是西藏家喻户晓的人物。我在自治区群艺馆的同事名叫马阿鲁，他身体强壮，浑身是胆，乐于吃苦，酷爱文艺，自中央民族学院音乐系毕业后，我俩共事多年，一起结伴走遍了雅鲁藏布江上下游许多地方，考察和记录民间音乐素材，后来他果然成为西藏音乐界的杰出人物。他的家就在清真寺的西边，是一处朴素、整洁的穆斯林庭院，哥哥伊斯玛是大修厂工人，父亲是一位忠厚老实、淳朴的穆斯林信徒。家里有一盘石磨，用毛驴从早到晚不停地碾着面粉，这是他们家主要的收入，还种了几株水蜜桃树，每年收不少果子。

拉萨的汉族和汉族血统居民

人数不是很多，却是个颇有能量的社会群体。汉族在拉萨定居由来已久，相传公元641年，文成公主到拉萨，带来贴身侍女二十五人，还有相当数量的官员、警卫和匠师。七十年后，金城公主嫁与藏王赤德祖赞为妃，带来的男女侍从、乐师、工匠就更多了。文成、金城进藏后再也没有返回汉地，她们的侍从人员大都在藏地安家落户，成了拉萨最早的汉族居民。藏王赤松德赞的重要助手桑希（双喜），是汉族人的儿子，小时候名叫甲珠嘎堪，四岁时成为赤松德赞的玩伴，对于这位藏王在雪域传播佛法，治理国政，起了不容忽视的作用。公元17世纪以后，清朝中央政府在拉萨设置了驻藏大臣府，又派驻了数目不等的军队，有些驻藏官员和士兵，娶了藏族女子为妻，他们并没有返回家乡，而是滞留在拉萨，世代定居在这片雪域圣土上。抗日战争期间，祖国内地不少地方被日军占领，贸易通道又被日本人封锁，物质非常匮乏。从印度进口商品，通过西藏转运内地的商贸一度兴盛起来，许多汉族商人在拉萨开起了商号，做开了生意。他们和他们的后代，有的也在拉萨定居下来，加入了汉族居民的行列。北京、河北商人主要经营绸缎、瓷器、珠宝、工艺品，云南商人主要经营茶叶、红糖，青海商人主要做骡马、枪械、白酒、毛皮生意。

过去的年代，拉萨的汉裔居民，结成各种各样的社团，实力较大的有四川同乡会和云南同乡会，也可以说成四川“吉朵”和云南“吉朵”。20世纪50年代，云南同乡会会长马义材，在旺堆辛嘎开了一所“铸记商行”，经营茶叶、羊毛和鸦片，他的胞兄马铸材，是有名的爱国华侨。这些吉朵有一件最重要的事情，就是认祖归宗，保持汉族人的认同感，把同一籍贯的人联络起来，团结起来，推选热衷公益又有一定社会影响的人担任会首。再一个是进行民族认同教育，办学校、开私塾，培训儿女子侄说汉话，认汉字，学习基本的历史文化知识。三是组织汉民族的传统风俗习惯活动，每年过农历新年、清明上坟、端午节吃粽子、中元节烧纸钱、中秋节赏月，凡有洗礼、婚礼、寿礼，互相祝贺，联络感情。四是建立共同的宗教观念、宗教感情。拉萨的汉裔人群，大都信仰藏传佛教，不过也有自己特有的宗教场所，例如到城西关帝庙，求拜关圣帝君，抽签、打卦、还愿；到城北的扎吉拉姆女神庙，祭祀乡土神、守护神。还有一点非常重要，藏族地区盛行天葬，拉萨人死后，都是送到色拉寺东边的天葬场或帕奔岗天葬场天葬，而汉裔居民，原先都保持着土葬的习俗。拉萨东北的庄热乡，有一片东西长一千米、南北宽六百米、总面积六十多万平方米的墓地，埋葬着从康熙、乾隆年间一直到民国时期数以千计的拉萨汉裔居民。墓园里的坟墓、松柏、碑亭、墓碑、守陵屋等等，虽然历尽沧桑，仍隐约可见。据前中国藏学出版社社长索朗先生说："庄热"就是汉语"葬人"的意思。最近数十年来，拉萨汉族血统的居民，葬俗虽然逐渐改成天葬、火葬，墓葬的墓地也改到西郊的陵园，每年清明节，还是保持着到庄热墓园祭祀先人的传统，摆出饭菜、果品、纸钱香烛，请祖先在天之灵享用。

侨居拉萨的尼泊尔人

尼泊尔人来到藏地，最早是绘制唐卡、壁画，制作神灵佛像、金银首饰，据1793年福康安奏报乾隆皇帝，说"拉萨有尼泊尔居民四十户，商头三人"。到20世纪50年代，已经发展到两百多户了。

近代拉萨的尼泊尔侨民，大部分都以经商为职业。他们的"吉朵"名叫"巴拉"。"果拉夏巴拉"，设在东城塔巴林神庙南侧的德清绕丹大院。这个"巴拉"有尼商二十多户，是实力最雄厚的团体，拉萨著名尼商“夏木嘎布”（白帽子）、“目底村康”（珍珠商行）、“江群瓦”等都是这个巴拉的成员。“强嘎巴拉”设在八廓北街朗子辖（旧时拉萨市政厅）东侧，它们是这座城市里最早的尼泊尔人社团。“夏巴拉”设在大昭寺门外八廓西街北侧，此外还有“曲第巴拉”、“拉康巴拉”等，加起来有一百多户尼商。北城冲色康、西城贡萨康市场，还有尼泊尔人的金银匠，技艺相当高超。“巴拉”的主要职责，是维护拉萨尼商的利益，调解他们的内部纷争，处理与藏人的冲突，聚在一起过尼泊尔的节日。每年藏历新年，组织尼商到领事馆拜年，给领事馆送岁礼。拉萨尼侨大都信奉藏传佛教，也有信印度教的，他们照例要参拜大自在天。拉萨西郊东嘎地方的协嘎日（水晶山）和阿玛孜姆（老奶奶山），是他们崇信的灵山。节日里，他们到这里来朝拜，特别是朝拜协嘎日山上的水晶洞。尼泊尔人崇拜这两座山，有两个说法，一个说法是水晶洞里，飞出过一只大鹏鸟。五世达赖时期，孟加拉国国王特地派来使节，请求赐给一些水晶洞里的灵石，它们在南亚人的心目中十分神圣；再一个说法是，水晶山有个石屋，是乌珠顶冰雹师的密室，这家咒师的祖先，来自尼泊尔阿索拉山谷。这个密室，是一位名叫莫朗森格的尼泊尔圣人修筑的，他来自阿索山谷。咒师使用的驱雹法器，有古印度高僧萨罗诃的禅定带、那若巴大师的骨骼庄严等，特别神异。

拉萨尼人社区，还有一个特殊的规定，商人从家乡来到藏地，一律不准带妻室，但可以娶藏族女子为妻，藏族妻子也不能带回尼泊尔。拉萨人称尼商为“索达”，叫他们的藏族妻子为“干金”，他们的孩子是藏尼混血儿，过去也不准带回尼泊尔。最近几十年，这种风俗有了一些改变。我在拉萨市歌舞团的时候，有个女演员名叫拉珍，嫁给了一个修自行车的尼泊尔人，1963 年跟着丈夫回加德满都去了。1995 年我去加德满都，在迷宫般的街巷里找到她，她已经是六个孩子的妈妈了。三十年不见，她一眼就认出了我，记得我，叫我“汉族老师”。我们俩喝了三壶甜茶，聊了半天，都为三十多年后的重逢感到意外的惊喜。藏尼混血儿，也有相当多的人回到尼泊尔定居，专门成立了一个“混血儿吉朵”，维护自己的权益。

宗教性的“吉朵”

拉萨居民有不同的民族，也有不同的宗教信仰。例如，穆斯林信仰伊斯兰教，一些尼泊尔人信奉印度教，即使同是信仰藏传佛教的藏族人，也是“一个地方一种方言，一个活佛一个教法”。由于来自的地区不同，信仰的教派有异，人们崇信的祖师、本尊、护法，特别是出生神、乡土神千差万别，形成了各种不同的娱神和祭神的“吉朵”。

拉萨所有藏传佛教信徒，无一例外地崇信吉祥天女女神，她是藏传佛教万神殿中的首席护法女神，成千上万女性神灵的无可争议的首领。又被尊为“三界主母”，意思是天空、大地、海洋一切神灵的女王。公元 7 世纪中叶，吐蕃开国君王松赞干布修建拉萨大昭寺，专门迎请吉祥天女作为这座金色圣殿的总护法，也是拉萨圣城的主要守护神，妇女和儿童命运的依怙。大昭寺三楼有吉祥天女的怒像，藏语称为“班丹拉姆”，二楼和三楼之间有吉祥天女的静像，藏语称为“白拉姆”。每年藏历十月十五日，是专门祭祀和娱乐吉祥天女的节日，拉萨的妇女们成立了祭祀白拉姆的团体，藏话叫“白苏玛吉朵”，意思是祭祀白拉姆的妇女会，推选两位妇女作为领头人，据说最早由拉萨各名门贵族的贵夫人和小姐组成，主要是多仁家族、桑颇家族、帕拉家族等，后来可能这些夫人、小姐不大愿意在公共场合抛头露面，或者难耐冬日的风寒，改由这些家族的女管家和女仆充任，还有拉萨城区信仰虔诚、能歌善舞的女子参加，每年藏历十月十五日，是传统的吉祥天女白拉姆节，从十月十三到十月十五日，拉萨全城的妇女都沉浸在一片对吉祥天女女神的歌颂和敬祀的情绪之中。

藏历十月十三日，大昭寺香灯师会把青蛙脸的白拉姆神像（丑像），请到二楼廊檐底下，由白苏玛吉朵的妇女们帮她梳头、洗脸，换上新的神装，供上鲜花净水、酥灯和神香，再由著名画师重新描绘她的面容。第二天，达赖喇嘛的代表和地方政府官员，要对吉祥天女进行大祭，供奉巨型“朵玛”施食，白苏玛妇女们高唱祭神歌。第三天，十月十五日上午，拉萨各大贵族家庭的女眷，来到吉祥天女像前，进行供奉和祭祀，提出每个人的诉求。在吉祥天女节的夜晚，拉萨还有一些白发苍苍的老人，围绕八廓街一边转经，一边彻夜不眠的歌唱，歌声悠扬悲怆，总的都是向拉萨城的守护神吉祥天女倾诉人间的苦难和不幸。他们是由老人们组成的祈神团体，藏话叫“果嘎瓦”吉朵，意思是白发老人祈神团。

旧日的拉萨，几乎每一个地方神和他们的巫，都有一个由这个社区信徒们组成的供养和祭祀的团体，名叫“拉米吉朵”，直译是信民供神会，负责地方神的祭祀，女巫、神汉的供养，巫师降神的时候，负责维持秩序，在每年固定的节日里，例如藏历五月十五日的世界烟祭日，信民们集体供养和娱乐地方神和他们的代言神巫。拉萨北城有“塔巴林神巫信民会”，东城有“噶玛厦神巫信民会”，南城有“多吉秀丹神巫信民会”，北郊娘热山沟有“娘热神巫信民会”，西郊东嘎地方有“嘎东神巫信民会”等，数也数不清。每年藏历正月初三，是南方云旦神王附体的嘎东神汉在嘎东寺降神，预言吉凶祸福。嘎东下属的小巫们和他们的信民会，通通汇聚在嘎东寺，唱歌跳舞、降神作法，然后围绕嘎东寺转三圈，最后唱歌跳舞，饮酒祈神，久久不散。噶玛厦神巫的“信民会，”由包括衙役、公差、丐帮、背尸人、卖艺人在内的广大拉萨市民组成，人员庞杂，实力雄厚。藏历五月十五的烟祭节，“信民会”照例要把神巫迎请到东郊的噶玛厦园林，在里面降神，歌舞娱乐，进行各种供养。六月三十日，噶玛厦神巫照例要在色拉寺降神预示，信民们要把他预示的内容制成各种标语、图案，在拉萨街头展示。

娱乐性的“吉朵”

早先，拉萨没有专业性的演艺团体，不论城区还是郊区，所有歌舞、藏戏、说唱团体，都是临时性的，季节性的，按志愿结合的吉朵形式组织起来的，可以称为“娱乐性的吉朵”。他们的主要任务是给西藏地方政府支差。每逢达赖喇嘛坐床、亲政、出行的场合，他们便会被征调出来，排列在道路的两侧，一边表演，一边欢呼，烘托出一种热烈的气氛。当年中央大员莅临西藏，或者班禅、章嘉、萨迦等大活佛过往拉萨，他们也同样要出动进行夹道欢迎。牙含章先生在《达赖喇嘛传》一书里，记述了十三世达赖的灵童到达拉萨的情形：“从东郊的堆古塘开始，一直到布达拉宫门前，在长达十余华里的道路上，满满地排列着欢迎的僧俗民众，道路的右边是三大寺的喇嘛们，高举着伞、盖、幢和鲜花、供品，吹着大号、打着皮鼓、击着铙钹。左边是市民和农民的歌舞团体，他们身着鲜艳的服装，唱起吉祥歌，跳起吉祥舞，打着藏式腰鼓，当达赖的轿子穿过时，鼓声、钹声、号声、歌声，汇成

20世纪40年代朗玛吉朵的领班、盲人音乐家阿觉朗杰（左二）　　雪康·塔结提供

一片。”西藏的民间说唱里，还有这样的唱词：“右边有朝巴协玛，左边有阿姐拉姆，中间是我说折嘎的白发老人！”朝巴，指打鼓的男人；协玛，为唱歌的少女。阿姐拉姆，是唱藏戏的演员。这些民间歌舞、藏戏团体，除了迎送官员活佛之外，当地官员上任、节日庆典、宗教祭祀，他们都要应召前往表演。

据我所知，拉萨东边的德庆乡，过去有“朝巴协玛吉度”；工

拉萨歌舞艺人团体朗玛吉朵成员阿勒啦（中），向青年演员传授技艺
新华社记者吴祖政摄于1963年

布塘地方折布林村，有专门表演八部鬼众的“羌姆吉朵”；南郊柳梧地方，有“朝巴协玛吉朵”和跳祭祀歌舞谐钦的“吉朵”；西郊东嘎地方，古时就有表演歌舞和藏戏的团体。五世达赖喇嘛在他的自传里记载，他在经过东嘎的时候，受到当地歌舞、藏戏艺人的夹道迎送。这些歌舞、藏戏、打鼓的民间组织，一是出于西藏地方政府支差的需要，二是老百姓自我娱乐的诉求。按地域、按行业、按不同的艺术品种组织起来的。村民们自愿结合，代代相传。他们有少量的集体财产，例如共有的服装、道具和乐器，还有一位公认的领头人。这个领头人，在歌舞团体称为“谐本”（歌

头），在打鼓团体称为“阿布拉”（长者），在藏戏团体称为“格更”（老师），他们往往艺术造诣较深，办事能力较强，有相当的权威性和号召力，他们是这些吉朵的骨干和核心。娱乐性“吉朵”，最出名、最具代表性的，要数“朗玛吉朵”。这是拉萨民间歌舞艺人组织的团体。“朗玛”，是拉萨民众自古至今最为喜闻乐唱的一种音乐歌舞艺术；“吉朵”，意为苦乐与共的民间互助团体。从古老的年代，直至20世纪50年代，它是拉萨城区最为活跃、最受各阶层民众欢迎的民间歌舞艺术组织。

朗玛吉朵

最早是由五世达赖时期的执政官第悉·桑杰嘉措创建的，桑杰嘉措从小酷爱藏族音乐歌舞，擅长演奏六弦琴、二胡、笛子等多种乐器，还写了一本名叫《感官意乐喜宴》的书。他专门为朗玛吉朵制定了条例，对这个团体的宗旨、参加成员、表演内容和经费来源等，都做了明确的规定。每逢西藏地方政府举行庆典、宴请宾客，都要召集朗玛吉朵前来演奏乐器、表演歌舞，甚至劝酒行令。拉萨僧俗贵族、富商大户，冬日请客、夏日过林卡、平日喜庆活动，往往邀请朗玛吉朵前来助兴。

早期朗玛吉朵表演的歌舞曲调较少，乐器也比较简单，只有笛子、六弦琴等几样。公元18世纪后期，拉萨出了一位多才多艺的贵族青年，名叫多仁·丹增班觉，他擅长歌舞，精通音律，后来出任首席噶伦，奉命去与尼泊尔首领谈判，遭到尼泊尔军队的劫持，关押在深山老林整整一年。朝廷出动大军进行反击，尼泊尔军队溃败，国王被迫投降，丹增班觉得以返回藏土。乾隆皇帝为了弄清事件的来龙去脉，把丹增班觉召到北京查问。他在北京滞留了一年多，也没有太多的事情做，有时候便跑到前门、天桥一带，观看歌舞、戏剧、曲艺演出，发现北京表演艺术丰富多彩，各种乐器品类繁多，曲调优美，悦耳动听。他和一些乐师交上了朋友，先学会了扬琴，接着再学笙的时候，审查宣告结束，很快返回了拉萨。丹增班觉被免去首席噶伦的职务，不过还保留了公爵的头衔，这样他就有了较多的时间和精力，与朗玛艺人们一起切磋技艺。他引进了内地的扬琴，又传授了汉地的工尺谱。从此，朗玛吉朵有了很大的进步，曲调丰富了，乐器也增多了。演出时，往往使用扬琴、六弦琴、二胡、京胡、竹笛、串铃等七种乐器。

朗玛吉朵有自己的组织形式，由一两位艺术造诣精深、社会影响大的长者总领其成，充任师傅或者领班，每年推举两名吉巴，意思是代表，负责协调、联络和管理。20 世纪初期，朗玛吉朵的领班是阿多热玛，他是一位经验丰富、技艺高超的回族著名艺人。继阿多热玛之后，藏族艺人旺杰拉和回族艺人阿伊吾力相继出任掌门人。20 世纪三四十年代，朗玛吉朵的领班由阿觉朗杰充任，他是一位盲艺人，不但精通各种乐器，还谱写了许多新的堆谐歌曲，一时风靡全藏。阿觉朗杰之后，朗玛吉朵的领班是回族艺人阿麦热，他曾代表西藏民间艺术家到北京献艺。拉萨著名歌舞艺人阿勒拉、罗布曲珍等，都曾是朗玛吉朵的成员。

朗玛吉朵演出，乐器演奏由藏族、回族、汉族乐师担纲，唱歌跳舞者几乎全部是藏族妙龄女子。早期的朗玛吉朵以表演朗玛歌舞为主，朗玛曲调优美、舞步舒缓、情意绵绵，为拉萨各界人士所钟爱；后来阿里、拉孜、萨迦一带的堆谐歌舞传到拉萨，这种歌舞音乐流畅、情绪热烈，再伴以节奏欢快的踢踏舞步，很快成为拉萨人的最爱，也成了朗玛吉朵音乐歌舞表演的主要内容了。

拉萨老房子的故事

拉萨是著名的历史文化古城。从公元633年藏王松赞干布砌下红山宫第一块基石开始，到现在已经过了一千三百七十多年。在这漫长的岁月中，拉萨一直是西藏的首府，是雪域高原的政治、经济、宗教和文化中心。在各个不同的时期里，建筑了许多丰富多彩、风格独特的城堡、宫殿、寺庙、街巷和民居。它们是西藏人的祖先留下的文化瑰宝，是这片土地上古老而灿烂的历史的见证，是藏族人民伟大创造能力和审美情趣的集中体现，也是中华民族优秀文化的重要组成部分。

有一点应该特别指出的是，拉萨自从建城以来，虽然经过无数次的改朝换代，还有这样那样的战争和动乱，可是没有经历过大规模战乱的摧毁，更没有遭遇过特大的地震、泥石流、水淹、火灾等可怕的自然灾害。因此各个历史时期的古建筑、老房子大部分得以完整地保存下来，这是一宗极为宝贵的历史文化财富，我们应该像爱护眼睛一样加以珍惜和保护。

从20世纪60年代到80年代，我在这座古城生活和工作了整整二十四个春秋。由于工作的需要和个人的兴趣爱好，我对拉萨的古建筑、老房子比较留心，每到这些地方，总是不厌其烦地向知情者请教和打听，年长日久，积累了一定的知识，现在把它们写出来，以供当地领导、文物部门、建筑部门和旅游观光者以及西藏文化爱好者参考。

吐蕃时期的老房子

藏王松赞干布在公元7世纪30年代，统一了西藏高原，建立了吐蕃王朝，定都在吉雪沃塘，它就是拉萨城的前身。他建造的第一幢房子，是红山顶上的布达拉宫。不过当时不叫布达拉宫而叫红山堡寨。他在这个堡寨里，举行了两场婚礼，一是和尼泊尔赤尊公主的婚礼，一是和唐朝文成公主的婚礼。可以毫不夸张地说，他们三位是这座世界名城当之无愧的始建者。

拉萨古城出现的第二座建筑，应该是北郊娘热沟口的帕崩岗宫堡，它是构筑在一块龟形巨石之上的，房屋最初高达九层。从南亚学习音韵学和文字学回来的大臣吞米·桑布扎，幽居在这个造型奇特的古堡里，创制了今天还在使用的藏文。

这座城市的第三个建设工程，是兴修大昭寺和小昭寺，时间大约在643年。文成公主依据阴阳五行的测算，认定雪域高原为魔女仰卧地形，吉雪沃塘湖为魔女心脏所在，只有填平沃塘湖，在上面盖一座释迦神庙，才能镇压邪魔，去凶为吉，化险为夷，天呈八幅法轮，地呈八瓣莲花，人间八大吉祥，吐蕃王都将成为兴旺繁荣之地。大昭寺和小昭寺同一天开工，同一天竣工，同一天开光。主神座上，分别供奉两位公主携来的佛祖十二岁和八岁等

吐蕃时期的老房子，建于公元7世纪的大昭寺　　　陈宗烈摄于1957年

身金像。从此这两座神庙，便成了拉萨老城的中心，雪域藏人信仰之所依。也是同样的原因，吉雪沃塘城更名为拉萨城。拉萨，是神佛所居之地的意思。

接着，在大昭寺四周，修了四座法王宫，北面法王宫在20世纪80年代还有遗址，为八廓北街24号。在拉萨四周，又建了八座三怙主庙，藏话叫日松贡布。我在拉萨的时候，至少有五座还保存着，在转经路附近还能看到。

松赞干布有三位藏族妃子，分别是门萨赤姜、木雅萨玉雍、象雄萨李普曼，按照习惯，每个人都修了一座神庙。门萨的庙，修在东郊的扎耶巴山谷，名叫周乌玛波祖拉康，意思是红猴释迦庙。木雅萨的庙，修在药王山东麓，称为帕拉鲁普石窟庙。象雄萨的庙，名叫梯布果拉康。现在，前两座庙原址还在，只有象雄萨的庙，不知在什么地方。

公元9世纪初，赞普赤德松赞在拉萨南郊柳梧乡境内建噶琼寺，现在寺庙原址和石碑犹在。赤德松赞的儿子赞普赤祖德赞热巴巾，在协荣地方修造了乌香朵九层神殿，后被朗达玛彻底摧毁。热巴巾在位期间，在大昭寺周围修了六座佛殿，分别是东边的噶鲁和木鹿，南边的喀瓦和喀瓦堆，西边的产康和产康它玛。现在的旧木鹿寺，是当年吐蕃古寺的遗存。北城的锡堆寺，是在产康寺的原址上建造的。

割据时期的老房子

从公元877年吐蕃王朝覆灭，到1265年萨迦政权建立，其间三百八十八年，西藏处于豪强割据、四分五裂的动乱年代。朗达

建于1407年的八廓南街的拉让宁巴府，18世纪改为大贵族吞巴府　　*边多摄于2006年*

玛毁法之后，佛教在这片土地上偃旗息鼓将近一百年。拉萨大昭寺、小昭寺无人问津，荒草杂树丛生，成了狐狼野兔的巢穴，布达拉宫遭雷击火焚，成了一片废墟。到了公元10世纪，佛法之火又在安多和阿里点燃，逐渐引进拉萨及其周围地区，历史上称为藏传佛教后弘期。也就是这段时间，桑嘎尔译师从阿里来到拉萨，第一次维修了破烂不堪的大昭寺。

拉萨东边的达孜县境内，从青海学法受戒回乡的卫藏十青年首领鲁梅，在叶巴地方修了巴浪寺。公元1175年，噶举派高僧蔡巴·喇嘛向，在拉萨东郊五公里处修建了蔡寺，不久又修了贡塘寺，这两座寺庙，成了蔡巴噶举派的祖庭。

拉萨西郊的堆龙德庆县境内，公元10世纪前后，有鲁梅弟子那朗·多吉旺秋兴修的热察寺，著名高僧多瓦仲巴修建的嘎东寺，他的再传弟子班丹觉色修建的觉木隆寺。1073年，阿底峡大师的得意弟子俄·勒白西绕，兴修了柳梧桑普寺。嘎东、桑普、觉木隆三座寺院，在很长时间里，一直以研习因明学饮誉全藏，被称为噶当派三大佛学基地，至今这三座千年古寺依然香火不断。

萨迦、帕竹时期的老房子

公元13世纪中叶，萨迦王朝建立，首府设在萨迦，把西藏分为十三个万户，拉萨归蔡巴万户管理。历任蔡巴万户长非常重视拉萨城市的维护和建设，维修了大昭寺，增设了新神殿，开拓了

建于帕竹时期的朗子厦，17世纪后改为拉萨市政厅　　边多摄于2006年

八廓街，治理了拉萨河。14世纪中期建立的帕竹王朝，首府设在山南乃东城，拉萨由柳梧宗管理。乃东王朝虽然是个噶举派政权，对于宗喀巴大师创立的格鲁派还是很支持的。正是在乃东王和柳

梧宗宗本的资助下，拉萨成了格鲁派的强大基地，许多宏观巨构的寺院，在圣城周围拔地而起。1409年，宗喀巴大师在东边达孜县境内兴建了格鲁派祖庭甘丹寺，不久后又修了桑阿卡密法寺；1416年，大师的得意弟子江央曲杰·扎西贝丹在西郊兴建了哲蚌寺；1419年，大师的亲信弟子、明朝皇帝的帝师强钦曲杰·释迦益西，在北郊兴建了色拉寺。在这以前，柳梧宗宗本朗嘎桑波在北山上修了一处名叫色拉曲顶的静修院，提供给宗喀巴大师讲经和传教。

朗嘎桑波还在大昭寺南侧建了一座三层的藏式楼，作为宗喀巴大师筹办首次拉萨传召大法会的办公地。这栋楼名叫拉让宁巴，意思是旧佛邸。1728年，尼木地方的大贵族吞巴·色却次旦出任西藏地方政府噶伦，这栋老房子拨归他家使用，因此又称为吞巴府。吞巴相传是吐蕃名臣、藏文创制者吞米·桑布扎的后人。在帕竹时期，柳梧宗下面有个朗孜庄园，一度实力非常雄厚，在拉萨盖了一座两层石头碉房，名叫朗孜厦。甘丹颇章政权建立后，朗孜厦改成拉萨市政厅。民间还有一种说法，相传柳梧宗女土司阿宗，强迫朗孜庄园少主人洛珠勒桑为夫。洛珠勒桑不肯屈从，偷偷带领妻子次仁吉姆出逃，被女头人阿宗逮住，关押并害死在朗孜厦这栋碉房里。所以说朗孜厦作为监狱，是古已有之的了。

甘丹颇章时期的老房子

公元1642年，以五世达赖喇嘛为领袖的藏传佛教格鲁派，借助和硕特蒙古首领固始汗的军事力量，推翻了首府设在日喀则的藏巴汗政权，建立了甘丹颇章政权，把西藏的首府重新搬回拉萨

清代的拉萨古城（壁画） 宋兆林提供

圣城。经过几代人坚持不懈的努力，在康熙、雍正、乾隆等清中央政府的大力支持援助下，拉萨逐步建成为一座雪山环绕的繁荣兴旺的中世纪小城。一座座王宫、佛寺、政府衙署、贵族宅院，还有石板铺就的街巷，独具特色的民居，都在布达拉宫下面、大昭寺周围兴建起来。到现在为止，这些房子大都有两三百年甚至更长时间的历史了。下面，我对甘丹颇章时期的某些老房子稍做介绍。

藏王府

从五世达赖到七世达赖前期，西藏的政务由一位藏王主管。

这位藏王，有时候叫第悉，有时候叫贝子，有时候叫郡王，有时候叫汗王，不管如何，大都习惯以藏王称之。藏王就应该有藏王的宫室，不过情形也不能一概而论，例如五世达赖时期，前四任藏王索朗群培、赤列嘉措、罗桑图多、罗桑金巴，都是持戒僧人，他们总是生活在五世达赖身边，不是住在哲蚌寺的甘丹颇章宫，就是生活在布达拉白宫，他们没有自己专门的宫府。

仲麦藏王府

和前几任迥然不同的是末任第悉桑杰嘉措。他二十七岁时出任这个位高权重的职务，在雪域西藏是一人之下、万人之上。五世达赖喇嘛对他更是无比宠爱和信任，专门颁布盖有达赖本人双手印模的布告，张贴在布达拉白宫东门墙壁上，要求所有僧俗官员百姓，像拥戴自己一样拥戴桑杰嘉措。五世达赖圆寂后，他又以达赖的名义上书康熙皇帝，请求加封自己为藏王。康熙皇帝答应了这个要求，加封他为掌金刚持达赖喇嘛教弘宣佛法之王。这下他的权势更大、地位更牢固了。桑杰嘉措出生于西藏大贵族仲麦家，仲麦府坐落在拉萨北郊的娘热村，离色拉寺的西面不远。五世达赖喇嘛从十三岁开始，就和仲麦一家有着密切的交往，建立了深厚的友谊，这些都在他的日记里有过记载。五世达赖在百忙之中，亲自主持和监护桑杰嘉措的学习，延请高僧大德为他授课，使他年纪轻轻便掌握了非常丰富的历史、宗教、天文历算、藏医藏药、建筑、工艺等学问，并具有歌舞、戏剧、绘画、骑射、棋艺等方面的特殊才能。他虽然身着僧装，却从拉萨齐美嘎采和白热康莎两户贵族人家，各娶一位女子为妻，为他生下了三子一女。仲麦村有他豪华的府邸，娘热沟口的热莫采地方，有他游乐的园林。在他执政后期，和蒙古汗王拉藏汗关系非常紧张，最后达到你死我活的地步。拉藏汗派遣妃子次仁扎西率领一支军队，把桑杰嘉措杀死在堆龙的朗孜村。接着一不做、二不休，又纵容色拉寺的喇嘛、游民和乞丐，还有蒙古官兵，对仲麦府进行哄抢和洗劫。藏王府里如山的财富，很快被洗劫一空。他还把桑杰嘉措的府邸，拱手送给了色拉寺，成了寺庙的吉苏，也就是管理处。现在，这座建筑物还在，不过，早已没有了往日的风光。

甘丹康萨藏王府

拉萨藏王宫室，最著名、最壮观、历史最悠久的，要数甘丹康萨宫了。说起甘丹康萨的来历，还得从五世达赖喇嘛讲起。

五世达赖驻锡的庄园

公元1634年，五世达赖年满十八岁的时候，拉萨河流域的地方首领吉雪第巴顿珠杰布，把自己在拉萨城里的一处庄园，送给五世达赖居住。经过一些日子的翻修，这位大活佛正式迁入新居，新居取名叫甘丹康萨，意思是极乐新屋，也有和哲蚌寺的佛邸甘丹颇章（极乐天宫）相对应的意思。

他在1634年7月的日记中这样写道："七月，甘丹康萨宫修复后，请我们去豁卡，我们师徒一同前去。这座庄园面对拉萨，左右方和背面是巴、占、娘、多四部的村庄，田野辽阔，在这里巡行漫步，令人心旷神怡。我们在庄园中排设坐席，又在曲果麦林卡里，大张喜宴，款待大队人马。"根据他的描绘，当地的甘丹康萨，完全还是一片乡间景色。

蒙古首领的汗王府

五世达赖在甘丹康萨住了十年左右，当然他更多的时间还是驻锡在哲蚌寺的甘丹颇章宫。他显然对甘丹康萨情有独钟，在他的日记里时有记述。1642年，青海蒙古部落首领固始汗领兵消灭了日喀则的藏巴汗，格鲁派从此掌握了西藏的政权。五世达赖对他感激万分，便把甘丹康萨庄园主动让给固始汗作为汗王府。固始汗大兴土木，对甘丹康萨进行了维修和扩建，使之有了一种王府的气魄。

1653年10月，五世达赖从北京晋见顺治皇帝回到拉萨。皇帝在册封达赖喇嘛的同时，也封固始汗为“遵行文义敏慧顾实汗”。五世达赖在当年十一月初七的日记里写道：“我应固始汗的邀请，到新建的甘丹康萨去赴午宴。我发现庄园除往日的美妙布局外，稍有一些变动。”第二年十二月初七日，固始汗久病不治，在甘丹

18世纪的藏王颇罗鼐·索朗多吉，在甘丹康萨藏王府生活了二十一年（色拉寺壁画） 次旺仁钦摄

康萨去世。王位传给长子达颜汗，达颜汗去世，王位传给他的二弟达赖汗。达赖汗过世后，经过一些周折，传位给次子拉藏鲁白即拉藏汗。1717 年，准噶尔蒙古人入侵西藏，拉藏汗兵败被杀，从此结束了固始汗家族在西藏的历史，也结束了固始汗家族在甘丹康萨宫居住了长达七十年的历史。

颇罗鼐的藏王宫

公元 18 世纪前期，西藏局势极为复杂，先是准噶尔人侵藏，后来又发生卫藏战争。1728 年 12 月 21 日，雍正皇帝正式封颇罗鼐·索朗多吉为贝子，令其总管西藏事务，成了名副其实的藏王，西藏形势才基本稳定。当年冬天，颇罗鼐全家搬进了甘丹康萨宫。从固始汗进驻，已经过了八九十年之久，王宫不少地方，显得凋破和陈旧，颇罗鼐进行了大规模的改建和维修。1731 年，皇帝加封他为多罗贝勒，1740 年更晋升为郡王。颇罗鼐父子在甘丹康萨宫生活了二十余年，经过长时间的精心营建和维护，使这座藏王宫堡达到几乎完美无缺的地步。

1732 年，清朝官员王世睿运饷进藏，写了《进藏纪程》一书，书中描绘了亲眼看到的甘丹康萨的情形："番王颇罗鼐受封贝子，其子若婿，俱封辅国公。居于藏（拉萨）之西偏，碉楼穹隆，拾级而登，凡五层高插云表，内设氆毯趺坐，实王之巢窟也。"

当时的噶伦多嘎夏仲·次仁旺杰在《颇罗鼐传》一书中，记录了这位藏王在甘丹康萨宫的生活起居，其中有一段描述过藏历新年的盛况："藏历水牛年（1733 年）新年元旦的喜宴设在布达拉宫。第二天，在甘丹康萨宫附近那座树木浓密、草坪似锦的园林中，支起迦尸迦帐篷，在里面大摆宴席。正月初一，即是新年，谓之殊胜善功德。天刚黎明，颇罗鼐王爷就穿上新装，盥洗之后，上垫入座，在佛经、佛像、佛塔神圣三宝之前，欣然摆下供台，首先起誓。一一祝祷完毕，然后所有的家丁、侍从，都穿上漂亮的新衣，盛装打扮，手捧洁白的长哈达，献到颇罗鼐王爷手中；身穿袈裟的僧众，放下披单；藏民脱下帽子，叩首致敬；姑娘们手指抚着散发，放在胸前，合掌致敬；蒙古男女都是手抚双膝，表示敬意。他们全被盛典弄得心花怒放，欢欢喜喜到布达拉宫去。第二天，在甘丹康萨宫附近的园林里，拉萨周围的僧俗大众，贵贱人等，大多汇聚在此。另外还有克什米尔人、尼泊尔人、欧洲人、不丹人、蒙古人等无数男女，人人大吃大喝，欢喜样子十分。”（引自多卡夏仲·次仁旺杰的《颇罗鼐传》，汤池安译）

依照有关史料和拉萨老人们的描述，我对全盛时期的甘丹康萨宫有这么一个印象：这是一个富丽堂皇的藏王府，也是一处典型的藏式建筑群，整个王府坐北朝南，当中是高达五层的主楼，顶层是赭红色的柽柳女墙。主楼门外是十余级的石砌阶梯。一楼是大厅、会客室、议事堂，二楼以上是经堂、佛殿、护法神殿、大藏经室，还有藏王夫妇的寝宫、起居室，藏王长子居美次登夫妇、次子居美朗杰及女儿德丹卓玛等的住房。主楼东边是名目繁多的附属建筑，而西边，则是宽阔美丽的花园、草地、池沼和柳树林。

1747 年二月初三，颇罗鼐郡王去世。七世达赖喇嘛亲自来到甘丹康萨宫，为他做了功德无量的回向法事。乾隆皇帝敕封其次子居美朗杰为郡王，承袭父职，继续掌管卫藏事务。为此，又在甘丹康萨大摆盛宴，歌舞百戏，欢庆多日。

做过驻藏大臣衙署

居美朗杰是个狂妄无知、野心勃勃的自大狂。登上王位不久，便毫无节制地自我膨胀，谋杀自己的兄长，迫害父亲的老友，最后又阴谋背叛朝廷，被驻藏大臣傅清和拉布敦发觉，诱入驻藏大臣衙门诛杀。于是，甘丹康萨宫被宣布为逆产，改为驻藏大臣衙署，多余的房屋供驻藏官兵居住。在乾隆皇帝的严厉督促下，策楞、兆惠、班第、那穆札尔等四位副都统以上的驻藏高级官员，乖乖地进入宫内居住和办公。看起来，甘丹康萨的房屋实在非常宽裕，后来第穆活佛阿旺嘉措、策墨林活佛阿旺次臣两位摄政王，都曾在里面居住。

在甘丹康萨这个优美而舒适的环境里，驻藏大臣们一茬接着一茬地轮替着。当时正值乾隆盛世，天下太平，西藏边陲久已不见战争硝烟，有些驻藏官员不能居安思危，悉心筹边，而是贪图享受，醉心娱乐。庆麟和雅满泰等任职期间，竟然切断北郊农村的水渠，引进园内形成湖沼，在里面乘船游乐，随意建造亭台，指令兵丁演戏。他们的所作所为，被后任的驻藏大臣巴忠一状告到乾隆皇帝那里，乾隆十分震怒，很快发布圣谕："庆麟抵藏后任意修饰房屋，诸事废弛，是以前降谕旨，将庆麟在彼枷号三年。但枷号庆麟之意，特为驻藏大臣、官员示戒，非以垂戒唐古特人也。"

就在此后不久，驻藏大臣衙署搬到宇妥桥南面的梅朵吉采花园，甘丹康萨逐渐被荒弃，最终沦为拉萨一大片普通的街区。我在拉萨的时候，常常在甘丹康萨遗址一带徜徉。它的范围大极了，东到小昭寺，北到林廓北路，南到策墨林寺，西抵江森夏林卡。后来策墨林寺和锡堆寺的林卡，早先都是甘丹康萨林卡的一部分。那座雄伟壮丽的主楼，早已不见踪影，不过不少房屋还冠以甘丹康萨的名字，例如甘丹康萨藏医、甘丹康萨私塾、甘丹康萨牛栏、甘丹康萨马圈等，这也许就是著名的宫堡留在老一辈拉萨人心里最后的记忆吧!

班觉热丹藏王府

在拉萨，还有一座著名的藏王府，名叫班觉热丹宫，它一度和甘丹康萨宫齐名。现在甘丹康萨早已湮没，而班觉热丹，时至20世纪80年代，还十分完整地矗立在大昭寺的西边。

班觉热丹是固始汗的孙子拉藏汗兴修的。在他登上汗位的一千七百年，固始汗家族在甘丹康萨王宫已经住了五十多年，拉藏汗认为有必要建一座新的王府，以巩固自己的地位，显示汗王的权威。王府取名班觉热丹，意为吉祥兴旺。欧洲耶稣会传教士伊·德斯得利，1716年3月抵达拉萨，不止一次得到拉藏汗王的接见，他在著作中描绘了班觉热丹的情形："王宫坐落在主要广场的北部，它精美异常，十分坚固，还有对称分布的格子和阳台。它有三层楼那么高，用砖石坚固砌成。"他还记述了1717年准噶尔人

18世纪初建造的藏王府班觉热丹，后来成了居民大院　　陈宗烈摄于1958年

攻入拉萨并占领班觉热丹王宫的情形："十一月三十日下半夜到黎明时分，敌人已攻占了不幸的拉萨，准噶尔首领次仁敦多布在一片欢呼声中被拥进王宫札西康（即班觉热丹）。他们发现，王宫空空如也，拉藏汗带着全家、执政大臣和将领逃进达赖喇嘛住的布达拉宫去了。"

于是，班觉热丹宫成了次仁敦多布的司令部。这位传教士继续描绘自己耳闻目睹的情形："次仁敦多布一踏进王宫，便下令洗劫拉萨城。他们拿起武器，闯入民房，还冲入寺庙，进行洗劫，抢掠庙宇积存和藏匿的财物。他们还不满足，再三闯入民宅，不管男女老少，加以侮辱和毒打，或绑吊梁上折磨，逼使他们讲出财富埋藏的地方，这种洗劫持续了两昼夜。"（引自伍昆明《早期传教士进藏活动史》和向红笳所译《西藏探险》）

三年后，康熙皇帝派出两路大军，在西藏地方首领康济鼐、阿尔布巴等人的支应下，把准噶尔贼军赶出藏土，成立了以康济鼐为主、阿尔布巴为副的噶厦。康济鼐领兵从阿里返回拉萨，在曲水地方派人给坐镇拉萨的阿尔布巴等人写了一封快信，内容大致是："我们一行很快就到拉萨了，请准备一处像班觉热丹那样的深宅大院作为住处。"阿尔布巴答复说拉萨没有现成的府邸，你们来了只有暂住江洛金行馆了。为此，康济鼐大发雷霆，他认为自己既然是皇帝封授的贝子王爷，就应该住进王府。几经周折，康济鼐全家还是住进了班觉热丹藏王府。这次住房纠纷也为他和阿尔布巴的关系埋下了阴影。后来，双方矛盾愈演愈烈。1727 年藏历六月十八日，阿尔布巴等人竟在大昭寺噶厦办公室里，残忍地杀死了贝子康济鼐。第二天，"又派兵攻打一街之隔的班觉热丹宫，命令刽子手去杀死王妃两姐妹。她俩孤立无援，只有相互抱头痛哭，刽子手来到跟前，正待举刀砍杀，一见她俩是那样的年轻美貌，鲜艳得像林卡里的花神，一时不忍下手。这时，扎西贝惹瓦等人怒气冲冲地跨步上前，大骂刽子手，吓得刽子手只好重新举起刀来，两位妃子同时被害”。（引自汤池安所译《颇罗鼐传》，多嘎夏仲·次仁旺杰著）

也许因为前后两位藏王，即拉藏汗和康济鼐的悲惨下场，班觉热丹被认为是不吉利的房子，是凶宅，从此再也没有西藏的王公贵族敢进去居住。而是把它献给了扎什伦布寺，作为接待过往人员的公房。1882 年藏历四月，装扮成南亚班智达的英印情报人员达斯，在地方政府噶伦帕拉夫人的关照下，住进了班觉热丹，他在日记里记述了对这座往日王府的印象：“班觉热丹的大门，大约有八九英尺高，五英尺宽，从门楣上挂下的饰物，约一尺半宽，在风中飘动，两根约有二十到三十英尺高的粗大旗杆，上面挂满经幡，矗立在大门的两边。我们登上一段陡峭的梯子后，来到一条走廊，对面是一处精致的有玻璃窗的房屋，那是房管员的住处。他很快给我们安排了一间住房，一位老妇人给我们端来了茶和青稞酒。从我们的窗子往外看，可以看见丹吉林寺旁边的沼泽地上，有一丛丛的杨树和柳树，再往西就是布达拉宫闪闪发光的金顶。”（引自达斯《拉萨及西藏中部旅行记》，陈观胜、李培茱译）

我在拉萨期间，多次去过班觉热丹，因为里边的住户有我的熟人和朋友。这座古建筑坐落在大昭寺西边，紧靠唐蕃会盟碑，北面是果玛康萨大院，再往西边，毗邻藏医院前的空旷地，南边是拉萨著名的老房子齐堆林。正门向南，进去后是一个长方形的石板场院，场院四周是三层高的藏式碉楼，门窗廊柱，整齐有序，比起其他的居民大院显然要精致许多，当时我就惊讶于它的整齐和宏阔，后我才知道，这里两度做过藏王府。

1985年夏天，我在拉萨办理调京手续，发现大昭寺附近的老房子正在大规模地拆除。这些房子，大都有几百年甚至上千年的历史，有着无法估量的历史和文物价值，心里一着急，便去找了当时的自治区副主席雪康·土登尼玛先生。他找了一辆车，两个人一起来到工地，发现到处尘土飞扬，喧闹一片，班觉热丹的房子，已经拆得差不多了，工人们正把拆下来的门窗梁柱，呼隆呼

梅朵吉采（石狮子）——驻藏大臣衙署大门　　见《中国西藏文化大图集》

隆地搬上卡车。我从一个工人的肩上接过一副门框，门框古老而且低矮，符合西藏古人用矮门的习俗。门槛经过几百年的踩踏，已经成了牛轭状，又薄又光溜。毫无疑问，这是一件西藏建筑史上的活化石，我手捧这件宝贝，揣摩再三，心中犹豫极了，拿不定主意是不是留下来。这位工人有点不耐烦，夺过来扔进车上的废

品堆里了。雪康和工地负责人谈了好久，因为他不主管城建工作，同时这一带的老房子大都已经拆完，只好怏怏地打道回府。

现在，班觉热丹已经重建，成了大昭寺广场的一个商业楼了。

驻藏大臣的衙署

公元1727年(雍正五年)，雍正皇帝决定设置驻藏大臣，代表朝廷督办西藏事务。首任驻藏大臣为副都统马喇，还有一位是蒙古人，副都统僧格。到第二年的1728年，藏事基本平息，颇罗鼐出任藏王，驻藏大臣衙署正式开始办公。从1727年到1912年，历时一百八十五年，驻藏大臣和帮办大臣前后有一百三十六位；驻藏大臣的衙署，先后也换了好几个地方。

冲色康衙署

第一座驻藏大臣衙署，设在大昭寺东北面的冲色康大院。这里原来有一些房屋，相传是五世达赖视察八廓街和冲色康市场后，稍事休息的地方。经过相当的整修，成了十分威武壮观的衙门。主楼坐北朝南，高达三层，顶层有柽柳红墙，这是权力和地位的标志。主楼两侧，是汉式廊庑和石板庭院。从正门进入，必须走过长长的回廊，才能到达公堂。

伍昆明先生编著的《早期传教士进藏活动史》一书，其中有欧洲卡普清修会卡西阿诺神父拜会驻藏大臣的日记摘抄（1741年1月12日），从中可以知道冲色康驻藏大臣衙署的某些情形：

“我们向驻藏大臣致敬。引见之前，我们在这座宫府的外门等候了一会儿。顺便说，它是拉萨最好的房子。在外门逗留时，一位翻译用很长时间询问我们国家的状况。进宫后，我们在另一套房子里等了一段时间。驻藏大臣是一位约三十岁的汉人，坐在椅子上，前面置有一张小桌，他扶着椅子通过翻译向我们讲话。这个翻译一条腿跪在地上，合拢着手，然后起来用藏语告诉我们驻藏大臣汉语所说的意思。交谈了一会儿，他告诉我们去另一个房间，译员及其他人陪我们一起进餐。餐后是一杯特别好的茶，饮完后，我们回到驻藏大臣所在的厅。我们感激他的盛情款待，他再次提出刚才他已提到的邀请。结束时，他的一位随员用挂圣带的方式，给我们每人脖子上挂了一条一直拖到脚上的、又大又长的哈达，这是一种特殊的荣誉。我们从宫里走出，穿过很长的外廊时，颈上都挂着哈达。”

其实，清朝中央的官员最早住的地方，是拉萨东北边的门冲府，这里周围绿草如茵，溪流如带，是一个美丽舒适的好住处。1723 年，侍郎鄂赖进藏，就寓住在门冲府。直到 19 世纪初期，门冲一直是驻藏大臣在拉萨的一处公寓或别墅。辛亥革命以后，十三世达赖把门冲房舍，赏给了从英吉利学习采矿归来的僧官钦绕滚桑，从此这位僧官就成了门冲府的主人了。

还是回到冲色康衙署，就在驻藏大臣接见欧洲传教士后的第九年，还发生了一件震撼中央王朝和整个雪域的大事，整个衙署被摧毁殆尽。事情的原委是这样的：1747 年藏历二月，郡王颇罗鼐去世，他的次子居美朗杰承袭王位。居美朗杰个人野心极度膨胀，谋杀兄长，陷害贤良，最后竟阴谋背叛朝廷。当时的驻藏大臣傅清和拉布敦，见他反情已经暴露，决定提前下手，将他诛杀。1750 年农历十月十三日，驻藏大臣把他召到冲色康衙署，说是有圣旨宣谕。居美朗杰上了楼梯，进入内室，傅清抽出佩刀，砍中居美朗杰的脖子，随从又用重器，猛击他的头部，于是当场毙命。他的侍卫长罗桑扎西发现情形有变，赶紧跳窗逃跑，啃聚了数以千计的同党，层层包围衙门，鸣枪放炮。因为墙高而且坚固，久久无法得手。他们便在衙署四周堆满柴草木料，纵火焚烧，大楼很快陷入一片火海。暴徒们趁着火势，攀缘而上，涌入大臣府，傅清身负重伤，自杀而死，拉布敦搏杀阵亡。同时遇难的，还有千总两名，士兵四十九名，家属、商民七十七人。被劫走的库银多达八万余两。经过这场变故，冲色康衙署遭受炮击火焚，已经千疮百孔、残破不堪，无法再做驻藏大臣衙署了。

暴乱只持续了一天，很快便被平息。逃逸的罗桑扎西等人，也被公多仁班智达派兵抓获，受到了惩治。乾隆皇帝颁发圣旨，追封傅清和拉布敦为一等伯，列入贤良祠、昭忠祠，春秋致祭。于是，把冲色康衙署改建为双忠祠，历任驻藏大臣和官员百姓春秋祭祀，香火不断。

双忠祠建成四十二年后，傅清的侄儿，大将军福康安，奉命统帅大军反击廓尔喀入侵藏土，凯旋后班师返回拉萨，专门瞻仰祭拜了双忠祠，并且对它进行了全面修缮，写了长篇祭文，刻碑勒石纪念。铭文的最后，有这么一段：康安以五十七年奉命督师进剿廓尔喀来藏，谒双忠祠，瞻拜遗像，距公殉节时，盖四十余年矣!藏番追念两公遗泽，岁时奔走，香火不绝，至今犹有能道当时遗事者。唯碑碣缺如，堂庑垣牖，间有倾圮，爰于班师之日，葺而新之。

20世纪初期，部分拉萨居民搬进冲色康大院。1924年，十三世达赖筹建拉萨警察局，把冲色康大院东北侧部分房屋，改建为警察总部了。我在拉萨的时候，有一年多的时间，与冲色康衙署旧址对门而居，街道居委会就设在大院里。我有位过从很密的朋友住在原大臣府的二楼，因此这个老院是我常常光顾的地方。在我的印象里，里面的房屋都是厚重的石头建筑，古老而陈旧，采光也不大好，不过双忠祠的碑碣石刻还在，大院有两扇大门，一扇朝南，通向繁华的八廓北街，一扇朝西，与我的住地面对面。大门高大而威严，两边的高墙结实而牢固，我想，它应该是当年驻藏大臣衙署的正门吧！

北郊扎什城衙署

驻藏大臣的办事机构，还有一处非常重要的地方，就是拉萨北郊的扎什城兵营。说起这座兵营的来历，还得追溯到雍正六年（1727 年）。那一年，西藏掌权者内部发生了激烈的冲突，以阿尔布巴为首的部分贵族，杀死了朝廷任命的总理西藏事务的贝子康济鼐，又追杀康的支持者颇罗鼐，从而引发了长达一年之久的前后藏战争。朝廷急派吏部尚书查郎阿统率大军飞驰进藏。查抵达拉萨后，颇罗鼐已经获胜，局势趋于稳定，大量的军队驻扎拉萨已无必要。于是只留下两千官兵，由驻藏大臣马喇和总兵周瑛统领，其余返回内地。

但是，这两千军队驻扎拉萨，也有不少的困难和问题。军队没有固定的兵营，而是和城市居民杂居混住。由于语言不通，信仰各异，风俗有别，矛盾和误会时有发生，大家都感到不自在。雍正十一年，总理西藏事务的贝勒颇罗鼐向皇帝建议，认为西藏局势稳定，边境安宁，驻藏官兵只留下两位将军、五百士兵就足够了。同时他还建议在拉萨北郊的扎什地方，兴建一座永久性的兵营。使官兵们安心军务，生活也稳定一些。

雍正皇帝同意了颇罗鼐的请求，决定驻藏官兵减少到五百人，由总兵官周起凤带领。命令驻藏大臣青保协同颇罗鼐在北郊扎什坝子上营建永久性的兵营。当年七月十九日，青保报告说：“奴才等会同颇罗鼐，照军机大臣等所议，前往查看色拉、招（拉萨）之间所有第巴先前建房之扎什塘地方，宽旷平坦，毗近水源，远离农田，距城五里，地势极好，相应按官兵之数，建城方圆二百丈，南、东、西三门；城基宽一丈，高一丈三尺，垛墙三尺，共一丈六尺，均以石砌，城上宽五尺，三门，每门阶梯一。总兵官住房，计大门在内十五间；游击、守备各一员，每人计住房大门在内七间；千总、把总十员，每人住房三间；办理粮饷同知住房计大门在内七间，米仓六间，其下守仓兵丁住房七间；兵五百，每两人合住一间；三座城门上，每门一间，三门守兵住房六间，北城上火药炮弹等仓库三间在内，共应建房三百四十一间。”（引自中国藏学出版社《元以来西藏地方与中央政府关系档案史料汇编》第二辑）

同年九月初四，扎什兵营落成，全体官兵迁入。经过数十年

清代壁画中的驻藏大臣衙署　　见《中国西藏文化大图集》

的经营，扎什兵营逐渐成为一个军事要塞，一个汉藏结合的小城镇。地方当局容许汉族官兵娶藏族妇女为妻，组成汉藏结合的家庭。出售食品、肉类、茶酒、日用品和手工产品的商贩，也在附近汇聚。军营内外，逐渐修建了万寿宫、关帝庙、观音殿、城隍庙，还有扎吉拉姆护法女神庙，很受藏汉族民众的信奉。历任驻藏大臣，每年春秋两季都要赴扎什城，观看军队操练。每逢初一、十五，照例到扎什城行香。光绪年间的驻藏大臣有泰，在他的日记里多次有这样的记述，例如："光绪二十九年十二月二十九日，辰时赴扎什城关帝庙并风云雷雨神、观音阁、财神庙前行礼。""光绪三十年正月初一日，卯时赴扎什城万寿宫、关帝庙、城隍庙、大昭如来前行礼。"可见礼拜之勤，信仰之切。

辛亥革命后，清朝驻藏官兵返回内地，扎什城成了藏兵第二团的兵营。这个团编制一千人，是藏军的主力部队。西藏和平解放之后，在扎什城原址上，开设了汽车大修厂和机器修理厂。我曾多次随拉萨市歌舞团到厂里为工人们演出，发现雍正年间建造的兵营，还比较完好地保存在厂区内。

南城梅朵吉采衙署

18世纪后期，某些驻藏大臣任意修改甘丹康萨的房舍，开河行船，搭台唱戏，遭到乾隆皇帝的严厉申斥。于是想找一处理想的地方，另建一座新的驻藏大臣衙署。他们看中了拉萨南城、大昭寺西侧的梅朵吉采游乐园。这座园子南到拉萨河，北抵宇妥桥，东边是著名的鲁布广场，西边为大片菜园，面积大约两三平方公里。其间林木茂盛、草地平展，是建造驻藏大臣府最好不过的地方。驻藏官员们打听到，这里原来是贝子阿尔布巴家族的休闲园林，阿尔布巴受到惩治后，产权归属多仁家族。多仁是当时数一

驻藏大臣有泰（左三，1902—1905年）和他的幕僚（摄于1904年）
见《中国西藏文化大图集》

数二的大贵族，父子两代都出任过首席噶伦，又被皇帝封为辅国公。但是近几年情形有了点变化，一是老主人多仁班智达已死，二是少主人多仁·丹增班觉在首席噶伦任上时，率团与尼泊尔廓尔喀人谈判，被敌人劫持，关押在尼境内达一年之久。直到福康安大军击溃了廓尔喀入侵者，尼方被迫将丹增班觉等放回，乾隆皇帝把他召到北京审查，最后的结论是没有大罪，却有过失，保留公爵封号和花翎顶戴，免去首席噶伦职务，于1793年藏历八月回到拉萨，其地位和权势已不如从前了。

其实，当丹增班觉在北京接受审查的时候，驻藏大臣便派人到了多仁府，提出要用冲色康附近的一处名叫桑珠康萨的宅院，交换多仁府属下的梅朵吉采园林。当时丹增班觉的母亲、妻子和儿子明珠索朗班觉等人，明明知道这种交换自家要吃很大的亏，还是迫不及待地答应了。因为他们想用这样慷慨的奉献，来减轻皇帝对丹增班觉的惩罚。丹增班觉从北京回来，也承认了这个既成的事实。

三年后的1801年（嘉庆六年），应多仁·丹增班觉父子的请求，驻藏大臣和宁、英善，发给他们一份盖有大印的执照，由多仁家族永久保存。执照的内容是这样的："圣谕办理西藏事务理藩院右侍郎副都统和宁、英善：丹津班珠尔父子领有之梅朵吉采，其房屋已于乾隆五十七年，因原驻藏大臣和琳之旧衙门桑珠康萨破旧不堪居住，换至梅朵吉采，桑珠康萨则移交丹津班珠尔父子。昔日粮台长官李金仁所给执照已破旧，谓须另赐，为此，特再赐执照。伊丹津班珠尔父子凭此执照，桑珠康萨原有之土地房屋得以永远领有。汉藏谁都不得争夺，众皆遵从。嘉庆六年。"

上述文字都是引自汤池安先生翻译的多仁·丹增班觉写的自传《多仁班智达传》，关于梅朵吉采驻藏大臣衙署的来历，应该是说得最清楚不过的了。

驻藏大臣得到了梅朵吉采园林，开始在上面规划衙门，构建房屋。衙署四周都是高而坚固的围墙，主体建筑是两座庭院，称为东院和西院。庭院坐北朝南，中间为一栋三层楼房，两侧是平房和廊庑。东院楼房为驻藏大臣官邸，西院楼房为驻藏帮办大臣或卸任驻藏大臣住处。楼房底层为大堂，大臣升堂议事、审讯、会见西藏地方官员及各种仪礼大都在这里举行。二楼、三楼是驻藏大臣的书房、卧室、办公室、侍从室等。楼下分前院和后院，前院大都为衙署所辖办事机构，例如夷情（藏事）局、洋务（外事）局、粮饷处、巡捕房、签字房等，后院多为衙署官员住房。后来的驻藏官吏，不少人都娶有称为江古学（太太）的藏族小妾。我们从《有泰驻藏日记》里，时不时可以看到官员衙役办喜事、喝喜酒的记述。有泰本人也娶了一个名叫娥珠的藏族小姑娘，后来有泰被朝廷革职查办，娥珠也跟着他返回内地去了。东院和西院内，还有一些神坛佛座。据有泰日记记载，每逢吉日时，他在参拜了大昭寺、磨盘山、扎什城的神佛回署之后，一定要顶礼署内的关帝、文昌、药王、马王、丹达神、衙神、龙神、灶神等。

东西两院的北面，是一溜马号，饲养着二三十匹好马。驻藏大臣平日出门坐八抬大轿，如果天气晴好，心情愉快，往往要骑上马驰骋一番。衙署西边，是伙房、菜地和池塘，不时有仙鹤、大雁、黄鸭、鸥鸟飞来游玩嬉戏，可见当时拉萨生态环境之优越。署西原本较窄，升泰驻藏时，购进了西边的许家菜园，在这里盖了一座后楼。有泰驻藏时，又盖了一处藏语称为“召康”的花厅，在里边饮宴休闲，观赏风景。有泰还把主楼的窗户，全部换上了玻璃。重修了衙署的东大门，大门北侧盖了兵房，当雄达木八旗的民兵，按惯例轮流到拉萨负责衙署的守卫，起先住帐篷，后来改住房子了。东门外，左右两边各立一尊石狮子，象征着驻藏大臣的权势和威严。从此，拉萨的男女老幼，都把这个衙门称为夺森格，意思是石狮子。时至今日，拉萨上了点年纪的人，差不多没有不知道夺森格的，而问起梅朵吉采或驻藏大臣衙门，他们往往茫然无法作答了。

末代驻藏大臣联豫，1906年冬（光绪三十二年）接替有泰，1912年（民国元年）6月返京。驻藏大臣衙署由噶厦接管，成了藏兵第四团（江孜团）兵营，和平解放后改为西藏军区警卫营驻地，20世纪70年代改为西藏军区第二招待所。那时我所在的西藏民间文艺研究会没有办公室，从军区二所借了几间房子暂用，我每天都到这里面上班，发现原先驻藏大臣府的一些房屋还在，不过东门外那对著名的石狮子，已经不翼而飞了。记得我刚进藏的那些年，它还好好地蹲在那里呢。

摄政大活佛的家庙

1757年（乾隆二十一年），系政教两任于一身的七世达赖喇嘛格桑嘉措，在拉萨布达拉宫示寂。驻藏大臣以最快的速度，报告了北京的乾隆皇帝。乾隆皇帝想：卫藏地方极为重要，权力不能真空。过去实施的藏王制度，事实证明弊病甚多，不宜再恢复了。于是，这位帝王想出一个新的办法。在前一世达赖圆寂以后，后一世达赖亲政之前，挑选一位年富力强、佛学深厚、德行高尚的格鲁派大活佛，代理达赖喇嘛的职务。从前一世达赖圆寂到后一世达赖坐床，称为“色紧”，意思是执政；从后一世达赖坐床到亲

政期间，称为“司曹”，意思是摄政。其实，在往日的西藏，老百姓并不细心去区分前半段还是后半段，统统称之为摄政王，甚至藏王。这就是西藏摄政制度的缘起。

第一位被委任为摄政的是六世德穆活佛德勒嘉措。在他以后，又有九位大活佛被任命为摄政，包括两位策墨林活佛、两位德穆活佛、两位达扎活佛、两位热振活佛、一位地珠活佛。这些大活佛驻锡之地大都不在拉萨，有的甚至在很遥远的地方。他们既然到了拉萨，掌管政教大权，地位和达赖相等，必须有居住、办公、诵经、礼佛的地方。于是，西藏地方政府在朝廷的资助下，为他们盖起一座座金碧辉煌的佛宫和家庙。在拉萨，一般称它们为林，例如：德穆活佛驻锡的丹吉林，策墨林活佛驻锡的策墨林，热振活佛驻锡的锡堆林，达扎活佛驻锡的功德林等。这些古建筑和他们的主人一起，经历了兴衰荣辱的沧桑岁月，演绎了不少悲欢哀乐的故事。

德穆活佛驻锡的丹吉林寺

德穆活佛是林芝地区德穆寺的寺主，这座寺院是一世帕巴拉活佛德钦多吉在1452年兴建的。寺庙周围雪山环绕，古木参天，

第珠活佛驻锡的木鹿寺
边多摄于2006年

鸟兽麇聚，宛如人间仙境。历辈德穆活佛道行高深，影响巨大。四世德穆活佛丹巴坚赞曾随五世达赖进京，朝觐过顺治皇帝。六世德穆活佛是七世达赖的首席弟子，时年三十五岁。应该说，由他代理达赖喇嘛，总理西藏政教，是比较合适的人选。

1757 年藏历五月初一，六世德穆活佛德勒嘉措在拉萨甘丹康萨宫，正式登上摄政王的宝座。第二年，西藏地方政府在大昭寺西边的旷地上，着手兴建他的佛宫和家庙。1763 年竣工，乾隆皇帝赐名为广法寺，藏语的意思为丹吉林。从此，丹吉林成为了历辈德穆活佛的驻锡之地，德穆活佛也被人称为丹吉林活佛。

我在西藏文联的同事、十世德穆活佛丹增嘉措的公子旺久多吉先生告诉我，当年的丹吉林寺，规模庞大，气势恢宏，雄伟壮观。南面是今天的宇拓路，北面是今天的北京路，东边是大昭寺，

丹吉林寺遗址　　*边多摄于2006年*

西边是今天的第一小学校。从南大门进入院内，东、西两侧都是佛堂僧院，中间是石板铺成的庭院。庭院正北，是高达四层的寺庙主楼，下面两层是庄严华美的大经堂，经堂左右陈列着藏文大藏经，后来还有历辈德穆活佛的肉身灵塔。经堂里面是佛殿，佛殿里供奉金碧辉煌的神佛，例如燃灯、释迦、弥勒三世佛，文殊、观音、金刚手三怙主，宗喀巴、甲曹杰、克珠杰师徒三尊等，东西两边还有本尊神殿和护法神殿。本尊神殿主供大威德怖畏金刚，护法神殿主供红色司命主则玛热和林芝地方守护女神工孜德穆。

据《古城史话》一书记载：底层本尊殿供奉三米多高的大威德金刚；二楼护法神殿供奉有宝帐怙主；三楼护法神殿供奉有司命主则玛热大神。三楼四楼是德穆活佛的佛宫，分别为议事厅、接见厅、习经室、坐静室、护法殿、日光殿、侍从室、净厨等。东边有称为“拉让”的活佛办公处，西边有称为“召康”的活佛静修法苑，四周为大片大片的柳林、池沼和草地。

六世德穆活佛出任摄政二十年，1777 年五十五岁时圆寂。摄政王位由策墨林一世阿旺次诚担任。接下来，七世德穆佛晋美嘉措执政九年，九世德穆活佛执政十年。经过六世、七世、九世三位活佛近四十年的精心经营，丹吉林寺庙集团声势日益壮大，财富日益增强，建筑日趋雄伟，庄田牧地遍布全藏，成为一个举足轻重的僧侣贵族集团。

俗话说，山高积雪，树大招风。九世德穆掌政期间，得罪过不少权贵，加上他的弟弟、丹吉林寺的扎萨（总管）喇嘛罗布次仁，年轻气盛，傲慢不逊，使一些僧俗贵族怀恨在心。就在九世德穆活佛卸任、十三世达赖亲政以后不久，拉萨政坛发生了一桩震惊全藏的大案。据说九世德穆活佛的弟弟罗布次仁，送给著名掘藏师索达喇嘛一双团龙锦缎彩靴，索达自称穿后全身难受，鼻孔流血。请乃琼护法巫师降神，巫师预示靴子里面有异物作祟，剖开靴底一看，发现藏有诅咒十三世达赖的符咒，这下问题闹大了。丹吉林的政治对手们，一口认定是德穆活佛谋害达赖、妄图卷土重来的阴谋举动，立刻逮捕和关押了德穆活佛，他很快不明不白地死在狱中，时年仅四十五岁。他的亲信新龙娘珠喇嘛、琼结白日活佛等先后自杀身亡。总管喇嘛罗布次仁受尽了种种骇人听闻的酷刑，最后死在热卡扎流放地。他的妻子、出身多仁家族的德吉小姐，也被拉到八廓街当众鞭打三百皮鞭。

木鹿寺第珠活佛

后来结案时判决：永远革除德穆活佛名号，禁止其灵童转世，没收丹吉林寺和德穆佛邸全部财产，以及在西藏各地诸如乃东、隆子、林芝、江孜、洛隆、加查、错那、昂仁、墨竹工卡等地的庄田、牧场。这件大案发生在1899年，光绪二十五年。

十世德穆活佛丹增嘉措的公子旺久多吉在他的近著《慧眼照雪域》（中国藏学出版社出版）中提到：“九世德穆活佛因所谓的咒杀十三世达赖喇嘛的事件被诬陷屈死，在十世德穆转世之时，哲蚌寺的洛色林扎仓、色拉寺的麦扎仓和丹吉林寺的全体僧众，一致要求噶厦为九世德穆冤案平反，清廷也下诏书，认为九世德穆实属被诬害，深表同情，并且复其职权，归还其一切财产。因此1910年（宣统二年），父亲（指十世德穆丹增嘉措）

正式在丹吉林寺坐床。自此，德穆恢复了被革除的名号，归还了财产。”

辛亥革命之后，拉萨出现了严重的动乱，驻藏清军和藏军之间，展开了一场旷日持久的混战。丹吉林寺的喇嘛们，旗帜鲜明地站在清军一边，这和九世德穆事件当然有密切的联系。丹吉林寺成了清军的据点，寺庙前面的沼泽地里，不时可以看到炮弹炸出的深坑。最后清军撤回内地，丹吉林寺再一次被秋后算账，真是雪上加霜，财产再一次被没收，寺庙的房屋也被拆毁。年仅十岁的十世德穆活佛，也没有安身之地，只是在八廓南街一栋名叫嘎林厦的老院子里，给了十二根柱子的地方安身。丹吉林寺部分房屋，后来改成了邮电局。

西藏文管会 1985 年所编《拉萨文物志》一书，介绍了几经劫难的丹吉林寺情形：今仅剩下一栋三层高的楼房建筑，楼房坐北朝南，占地面积一千二百七十平方米。底层建筑分东西两个部分，东部前面是一方形经堂，经堂后面是并排三个拉康（佛堂）。居中者较大，两侧者较小。东部建筑从 1948 年起，噶厦划归哲蚌寺古卫康村管理，每年传召法会时，古卫康村的僧人驻足此地。他们还于其中供奉一尊护法神（笔者按：可能指大威德金刚），神像今已荡然无存，难究其详了。现存西部建筑前部是一面积二百五十平方米的经堂，后部是排列不甚规则的库房，曾划归萨迦寺管理。以后又交给桑耶寺管理，桑耶寺每年派来六个喇嘛，担任护法神殿的香灯师。西部建筑顶层还有一护法神殿（笔者按：可能是孜玛热神殿），前部为经堂，后部为佛堂，佛堂四壁原先绘满了壁画，后来被涂上白灰，面貌全非了。

解放后，丹吉林寺部分房屋改成了副食品公司仓库。

策墨林佛驻锡的策墨林寺

策墨林寺是卓尼诺门汗的佛宫和家庙。

公元1777年，首任摄政王德穆活佛德勒嘉措，在布达拉宫猝然去世，谁当他的继任者成了朝廷的重要课题。高僧活佛中有意出任此职者为数不少，甚至当朝国师章嘉呼图克图也有自告奋勇的意思。最后乾隆皇帝力排众议，推荐了当时雍和宫的住持阿旺次诚担当这一重任。

阿旺次诚出生于甘肃卓尼地方一个贫苦家庭，年轻时背着背架翻山越岭到西藏学法，进入色拉寺麦扎仓当了一名学僧。最后成了一位著名的学者，考上了拉然巴格西。当他在甘丹寺出任夏孜扎仓住持的时候，北京传来一纸调令，调他去担任雍和宫住持。从此他在乾隆皇帝身边工作了八年，皇帝对这个心直口快、性格倔强的安多喇嘛可以说是知根知底，宠信有加。

修复后的策墨林寺　　边多摄于2006年

当代策墨林活佛　　吴雨初摄于1989年

1777年7月14日，皇帝敕封阿旺次诚为卓尼诺门汗，任命他为西藏摄政，随即走马上任。到拉萨后，因为没有自己的房舍，暂住甘丹康萨宫。他了解到，西藏驿站过多，差民乌拉差役过重，牛马毛驴得不到休息，百姓们逃散的很多。于是采取断然措施，裁撤了部分驿站。他考察了拉萨市场，发现白银与糌粑等食物的比价不合理，吃亏的是下层僧俗民众，于是对拉萨市场的糌粑、食物价格和白银比例做了严格的规定。他说："我当过喇嘛，深知糌粑食品的重要。"他对行销白银、糌粑的价格制定了商品法律，这样对色拉寺、哲蚌寺僧人带来了很大好处。老百姓也编歌唱道："先生从汉地来，安置三界快乐，毛驴伤疤愈合。"（引自恰白等编著的《西藏通史——松石宝串》）

在阿旺次诚执政九年后的1786年，年满二十岁的八世达赖强白嘉措亲政。当年正值章嘉国师在京圆寂，乾隆皇帝急调他回京出任掌印喇嘛。临行前和八世达赖深谈了七天，对政教各个方面一一做了指点。阿旺次诚离开拉萨以后，西藏出了不少麻烦事情。尤其是廓尔喀军队一再侵犯西藏边境，乾隆很不放心，又把阿旺次诚派了回去。

阿旺次诚说话办事，一贯保持着直来直去、刚正不阿、干脆爽快的作风。多仁·丹增班觉在他的自传中，记录了这么一件事："一天，我等噶伦四人，面谒摄政诺门汗禀告公务，他对我等噶伦，就像上师玛尔巴对大汉力士一样，怒目而视，指手厉声斥责道：'土猴年，区区一个廓尔喀野蛮之邦，竟入侵卫藏佛法刹土，而你们这些乳汁喂养的白螺一样的噶伦代本等西藏贵胄，那时全无男子气概。'等等，如此训斥，宛如夏泛洪水一样涌来，迅猛异常。正待回禀前后详情，摄政诺门汗言道：'所有要说的都说了，还想文过饰非，真不识相，快滚！'同时将身前盛满糌粑的糌粑盒，摔到我们的身上。我们像糌粑供佛塔似的，全身白扑扑，是日只好回家。翌日，我们再次面见摄政诺门汗，将事情的原委如实禀告。他就如四沙门法中他怒不还怒一样，心境舒坦了，对我很亲切，赐教甚多。"（引自汤池安译《多仁班智达传》，笔者略有删节）

这就是阿旺次诚的性格！

卓尼诺门汗阿旺次诚出任摄政王以后，西藏地方政府在朝廷的大力援助下，为他兴建佛宫和家庙。工程进展很慢，直到1811年（嘉庆十六年）才完成。刚开始取名图丹曲科林，后来嘉庆皇帝赐名祝寿寺，藏语的意思为策墨林。这时阿旺次诚已过世二十年，乾隆皇帝也已经晏驾十二年了。从此，策墨林寺成了历辈卓尼诺门汗的驻锡寺院，卓尼诺门汗的转世活佛被称为策墨林活佛，阿旺次诚被追认为第一世策墨林活佛。

策墨林寺坐落在拉萨北城偏西，南面是丹吉林寺，北靠甘丹康萨宫，西邻锡堆寺，东北不远便是著名古刹小昭寺。庙门朝南，进门后是一个方形石板庭院，东、西、南三面都是两层楼的僧舍，有一百多位僧人在里面居住和修持。策墨林寺的僧人不是一般的僧人，他们和丹吉林、功德林、锡堆寺的僧人一样，有比较高的社会地位，被市民们称为“古雪”，意思是先生。

寺庙北面是高达四层的主体建筑，东半部称为白宫，是一世策墨林活佛时期的建筑；西半部称为红宫，是二世策墨林活佛时期的建筑。很明显，稍晚期的红宫比较早的白宫建筑要精美得多。底层和二层是经堂和佛殿。三楼四楼有活佛的寝宫和藏经室，珍藏着策墨林建寺以来的重要文物。

索朗旺堆、张仲先先生主编的《拉萨文物志》记载：策墨林寺主楼白宫建筑面积约八百平方米。第一层为经堂，经堂后面是佛殿。里面原有一世策墨林阿旺次诚和二世策墨林阿旺强白的银灵塔，灵塔高达一层楼。第二层为护法神殿，主供护法金刚马头明王。西面的红宫修建较晚，布局规整，规模较大，雕饰精美，色彩鲜艳。底层也是由集会的经堂和多间佛殿组成。佛殿供奉有铜铸的弥勒强巴像，银质的白度母像，宗喀巴大师像，药王殿里供奉有八大药王像。护法神殿主供东方护法神王托乌神，它也是色拉寺麦扎仓的主要护法神。红宫经堂正中，设置有历辈策墨林活佛的宝座，三世活佛丹巴坚赞、四世活佛土登克珠的金灵塔都安置在这里。

1819 年（嘉庆二十四年），第三任摄政王七世德穆活佛去世，年仅二十六岁的二世策墨林活佛阿旺强白登上了摄政王的宝座。由于年纪轻轻担此大任，加之性格刚烈，做事未免有些年轻气盛，独断专行，保持着前辈策墨林活佛的强势作风。他的所作所为，引起七世班禅大师丹白尼玛的不快，也得罪了驻藏大臣琦善。琦善是个官场斗争的老手，林则徐也在他手里吃过大亏。在阿旺强白出任摄政王二十五年后的 1844 年（道光二十四年），琦善参奏他贪渎营私，罪大恶极。后来奉旨剥遣，发往黑龙江安置，所有财

产查抄变价，赔修各庙宇。（牙含章《达赖喇嘛传》）

关于阿旺强白的问题，刚开始说得非常可怕，说什么三位达赖喇嘛短命，都是策墨林亲手掐死的。后来经过调查，在阿旺强白任上死去的，只有十世达赖楚臣嘉措一人。他在七岁的时候，有一次爬到凳子上去取曼扎盘，不小心掉下来，脸上划了一道口，阿旺强白并没有直接责任。在他被押解到内地的前夕，色拉寺几千名喇嘛，手持武器冲进关押这位摄政王的策墨林寺法苑，把他解救出来，前呼后拥地回到色拉寺。胆大包天的喇嘛们还想发动更大的动乱，甚至扬言要杀死琦善。还是阿旺强白挺身而出，制止了这场一触即发的反叛，他说："我是一场阴谋的受害者，我将到北京去向皇帝呈报实情，我们现在只能遵旨行事。你们应该返回僧院安心修行。"（上述文字参看了有关史料和古伯察《鞑靼西藏旅行记》耿昇译）

阿旺强白流放黑龙江不久，朝廷又改变了当初的决定，准许他返回甘肃卓尼自己的家乡养老，直至圆寂。西藏地方政府也发还了策墨林寺的财产和房屋。

三世策墨林活佛名叫丹巴坚赞，也出生在甘肃卓尼地方。1910年到1912年，十三世达赖出走印度，委任正在甘丹赤巴任上的他为代理摄政王。策墨林寺和策墨林佛宫又一度兴盛起来。四世策墨林活佛土登克却，1922年出生在甘肃卓尼，据说为人沉静，少年时学经于色拉寺麦扎仓，考取格西后返回策墨林主持寺务。当时前任摄政热振活佛和代理摄政达扎活佛之间斗争非常激烈，达扎先是怀疑土登克却站在热振一边，热振遇害后，又担心公众推举他出任摄政，便以不守梵行为名，将其逮捕入狱，并流放到山南乃东宗，1949年死在流放地，年仅二十九岁。五世策墨林活佛丹增赤列，1950年出生在拉萨一个名叫热然巴的小官吏家庭。他头脑聪慧，知识渊博，办事稳重，是一位热情充沛、精力旺盛的年轻活佛。现任西藏佛协副会长、西藏政协副主席。

和平解放后，策墨林寺成了西藏歌舞团的驻地，过去喇嘛们的僧房成了演职人员的宿舍，部分厅堂成了仓库和办公室。庭院里修了一个颇具规模的排练场，不时还演出音乐舞蹈节目。“文化大革命”后，西藏歌舞团从里面迁出，寺庙宗教活动又逐步恢复。现在，不仅庙里有喇嘛修行，各街区的佛教信徒，也定期到策墨林寺诵经祈祷，香火相当兴旺。

热振活佛驻锡的锡堆林寺

锡堆寺坐落在策墨林寺的西边，两座寺庙的大小、规模、方位、格式都很相似。南邻丹吉林寺，西靠江森夏林卡，北面是拉萨人转经的林廓北路。锡堆林是历辈热振活佛的驻锡之地。

提起热振活佛，必须说说热振寺。热振寺是历辈热振活佛的本寺，坐落在拉萨河上游的林周县境内。寺区松柏掩映，寺前碧水长流，是一个风景秀美的宗教圣地。由藏传佛教后弘期祖师阿底峡的嫡传弟子仲敦巴，在公元1057年始建，并且在这里形成了藏传佛教噶当派。从此热振寺一直是噶当派的根本道场。15世纪宗喀巴在噶当派的基础上，创立了新兴的藏传佛教格鲁派，热振寺也成了格鲁派的重要寺院。18世纪中期，七世达赖把热振寺赏给了自己的恩师赤钦·阿旺却丹。阿旺却丹圆寂后，寺主实行灵童转世制度，阿旺却丹被追认为第一世热振活佛。在这以前，热振寺采用的是师徒衣钵相传的方式传承。

锡堆寺的历史比热振寺更为古老，它始建于公元9世纪初的吐蕃王朝时期。据藏文古史《西藏王统记》记载，藏王热巴坚之

五世热振活佛强白益西（摄于20世纪30年代） 陈宗烈提供

时，高僧娘·丁额增和少数臣僚在大昭寺周围建噶鲁和木鹿、噶瓦和噶瓦卫，还有正康和正康塔玛等六座小庙，锡堆寺就是当时修建的六座小庙中的噶瓦寺的前身。藏王朗达玛灭佛，这些寺庙遭到不同程度的破坏。佛教再兴，四个喇嘛重修噶瓦寺并在里面修行，取名为锡堆寺，意为四僧人寺。锡堆寺得到蔡巴万户长的支持，房舍有所扩大，僧人逐渐增多，还建立了固定的供养制度。

赤钦·阿旺却丹执掌热振寺后，锡堆寺便成了这位大师在拉萨的禅林。因为阿旺却丹既是达赖的恩师，又是皇帝加封的阿齐都诺门汗，和七世达赖长期苦乐与共，感情深厚，锡堆寺的状况也逐渐改观。但是，锡堆寺真正地扩建和改建，形成日后的宏观巨构，还是在三世热振活佛楚臣坚赞担任摄政王的时期，也就是

1845年到1862年的十七年间的事情。

1845年4月（道光二十五年），摄政王策墨林二世阿旺强白被朝廷革除了职务，三世热振活佛楚臣坚赞担任了摄政王，并被朝廷加封为阿齐都诺门汗。《西藏通史》上这样记载："藏历木蛇年（1845年）四月二十六日，天命文殊大皇帝降旨命热振阿齐都诺门汗掌管西藏事务，遍知者班禅大师即携摄政的官印从罗布林卡到布达拉宫。当天太阳升起之时，热振阿齐都从大昭寺启行，经布达拉宫大门平措堆朗到东面的寝殿，登上摄政座位，接着由布达拉宫膳房送茶饭饮食。热振活佛到森穷平措朵吉寝殿，会见达赖喇嘛和班禅大师，向他们敬献哈达。达赖喇嘛和班禅大师赐给茶点，然后到日光殿，达赖喇嘛和班禅大师落座，交给摄政官印。热振活佛受印后，向达赖喇嘛和班禅磕头敬礼，献曼扎和佛像等，由西藏地方政府向摄政献礼品，僧俗官员执事向摄政献哈达，举行庆祝宴会。"这一年，十一世达赖喇嘛克珠嘉措刚刚八岁。

关于三世热振活佛的体态和性格，我们从法国传教士古伯察的《鞑靼西藏旅行记》一书中，可看到一点端倪，尽管这位脾气古怪的传教士的描写很难说是准确的。书中记述了1846年他刚到拉萨时，对三世热振以及锡堆寺的一些印象，这时应该是楚臣嘉措出任摄政的第二年。古伯察在书里写热振、写琦善的文字很多、很长。在我这篇短文里，只能引用开头最少的一部分："我们急步走了五六分钟，便到了西藏摄政的府上。穿过一个大院子，面前有一扇镀金的大门挡住了我们的去路。门扇半掩半开。领路人通过左边的小过道进去了。不大一会儿，大门便被打开，在布置朴素的一套房间的深处，我们发现有一个人，盘腿坐在一块由虎皮覆盖的厚垫子上，这就是摄政。他以右手示意我们走近一些。我们一直走到他面前，把我们的帽子摘掉放在腋下以向他致敬。摄政是一位五十多岁（作者注：其实当年只有二十八岁）的人，面颊很宽，喜气满面而且特别白净，显得有一种王公的威严。他黑色的眼睛被长长的睫毛覆盖，显得特别聪明和仁慈。我们刚刚就坐，摄政就默默地非常注意地审视了我们很长时间。他的头左顾右盼，以一种半嘲弄半亲善的方式向我们微笑。这出哑剧使我们觉得非常滑稽，以至我们忍不住哑然失笑，我们用法语低声说道：'好！这位先生似乎是个老好人，我们的事好办了！'摄政以一种充满和蔼的口气说：'啊！你们讲的是什么语言？我听不懂你们说的话。'我们告诉他刚才讲的是法语，又用藏话把刚才的意思重复了一遍。他说：'啊！你们觉得我善良吗？但我很坏，难道我不坏吗？'他又用同样的话问周围的侍从，这些人都微笑着，避而不答。摄政继续说：'你们说得对！我很善良，因为善良是摄政义不容辞的本分。我对自己的子民和外来人都很善良！'"古伯察在他的书里，还详细记述了与三世热振交往的情形，说他对西方世界的情况很感兴趣，多次与他们进行宗教问题的探讨和辩论，"当他看到显微镜下虱子变成老鼠那么大小的怪物时，吓得大惊失色，双手捂住了脸。给人的印象他是个善良的人，厚道的人，富于同情心的人"。

三世热振活佛楚臣坚赞在摄政王位子上待了十七年，在这漫长而充满权势斗争的岁月里，热振寺、色拉寺杰扎仓和锡堆林寺，形成了三位一体的利益集团。热振活佛的地位大大地提高了，经济实力和政治势力大大地增强了，锡堆寺的经堂佛殿僧院，特别是活佛的寝宫和拉让，也在这个时期得到扩充、完善和美化。从此，锡堆林和丹吉林、策墨林等摄政王家庙完全可以并驾齐驱，如果不是更为雄伟壮观的话，同样是经楼高耸，殿宇庄严，神烟萦绕，金碧辉煌。成了圣城拉萨一处重量级的佛教圣地。

锡堆寺的大门朝南洞开，进门后是一个非常宽敞的石板庭院。东、西、南三面为两层楼，是数百僧人的住房和僧院。主楼紧靠北端，巍峨挺拔，高达四层。底层和二层为经堂和佛殿。经堂是全寺五百僧人诵经祈祷的地方，也是历辈热振活佛和热振派其他活佛讲经布道、摩顶加持、举行各种典礼的地方。多位热振活佛的肉身灵塔，也安放在大经堂。经堂面阔九间，进深七间，由四十八根大柱支撑，四壁绘满彩色壁画，梁柱上挂满彩幡佛像，有一天窗直通二层，二层楼上有陈列全套《大藏经》的厅堂。经堂后面为佛殿，佛殿并列三间，中为正殿，两侧为偏殿，主供噶当派和格鲁派的祖师、佛陀、本尊和菩萨，护法神殿供奉马头明王、热振寺的地方神青嘎瓦白毡神，还有锡堆寺的守护神多吉玉珍玛神女等。

三世热振活佛的一生，可以说是一出令人慨叹的悲剧。他是高高兴兴地上台，热热闹闹地掌权，凄凄惨惨地逃亡。牙含章先生在《达赖喇嘛传》一书中写道："到了19世纪60年代，由于清朝在西藏的统治动摇，西藏内部的不稳状态也日趋严重。1862年（同治元年），摄政热振活佛和哲蚌寺僧众因事发生冲突，原来哲蚌寺有一堪布，因其克扣布施被摄政革退，哲蚌寺僧众不服，聚众到摄政府(锡堆寺)闹事，驻藏大臣满庆派粮务委员李玉圃等带兵弹压，李玉圃又偏袒哲蚌寺，以至事态扩大。哲蚌寺僧人又联络甘丹寺喇嘛，打开布达拉宫的武器库，取出火炮向摄政府（锡堆寺）轰击。事件发生后，热振佛一面向驻藏大臣报告，一面调聚力量还击，坚持了一整天之后，终因力量悬殊，热振只好在夜

六世热振活佛丹增晋美（摄于20世纪80年代）
吴雨初摄于1989年

间携带摄政印信潜逃。”

其实，导致热振活佛下台的动乱，主要是大贵族夏扎·旺曲杰布在后面操纵和掌控。夏扎原本是地方政府的噶伦，热振活佛发现他有强烈的政治野心，便解除了他的职务。后来热振以私自与外国首领勾结为由，把他幽禁在尼木县的杰齐寺。哲蚌寺喇嘛风波，使他得到了天赐良机，趁机潜入拉萨，发动了这场政变。

《西藏通史——松石宝串》一书记载：“关于这方面的情况，流传着几种说法。一种说法是哲蚌寺喇嘛涌到锡堆寺，口出恶言，手持石木器械，将大殿门内顶棚扯坏，打损窗户，又掀开楼梯之门。刚开始有汉藏官兵，进行了一些抵抗，后来夏扎等派人联络，藏兵相继撤走，只有色拉寺杰扎仓僧人坚守。摄政热振活佛和基巧堪布嘉旺活佛、噶伦哲康巴等人撤退到色拉寺，在那里也不敢久留，又翻过澎波果拉山逃往祖国内地，到京城去向皇帝控告夏扎等人。还有一种说法认为：当时藏军已受甘哲仲基（甘丹寺、哲蚌寺僧人反对热振摄政的团体）控制，藏军成了攻打锡堆寺拉让的主力。按照夏扎的主意，从地方政府的武器库中取出大炮，安在喀阿东地方，轰击锡堆寺，锡堆寺喇嘛也开枪还击，后来说成是朝布达拉宫开枪，又使热振一派背上了恶名。”

再说三世热振一行经过千辛万苦，九死一生，总算到达了北京，向同治皇帝控告夏扎和驻藏大臣满庆。只因当时朝廷优柔寡断，软弱无能，案子一拖再拖，最后不了了之。可怜的热振活佛忧愤交加，1864 年病死北京，时年四十七岁。他被撤销了呼图克图的称号，锡堆寺也被破坏得一塌糊涂，成了一个大输家。夏扎·旺曲杰布如愿以偿，趁机当上了摄政王，不过因为没有得到皇帝的批准，一直没有摄政的大印。就在他上任的第二年，也被暴病夺去了性命。夏扎死了，热振也死了。十三年后的 1877 年（光绪三年），光绪皇帝发了一道谕旨：“兹据松桂奏，现在众喇嘛等，禀诉已故热振呼图克图从前劳绩及被屈情形，据情代奏等语。着照所请，准其查访已故热振呼图克图转世之幼子，仍掌该寺事务，并将名号赏还。”这道圣旨，总算给锡堆寺和热振活佛带来一点安慰。

1933 年冬，十三世达赖喇嘛土登嘉措圆寂，二十三岁的五世热振佛强白益西登上摄政王的宝座。七十年前被炮火摧残的锡堆寺又修复一新，寺庙北面的热振林苑别墅也收拾得舒服美观。锡堆寺和热振佛宫，又进入了一个兴盛时期。1939 年抵藏的国民政府官员朱少逸，在《拉萨见闻录》一书中这样写道：“九时许，乃兴巴（接待官）来署通知，谓热振呼图克图，定于本日下午三时接见。余等在内地，闻热振之名已久，此时有机会一睹法相，殆亦佛家所谓因缘者欤？热振所居处名锡堆寺，为三层楼房，坐北向南，分前后两院。据云藏中官员，四品以下者，至前门即需下马，四品以上者，始得乘骑径抵后院门前。院门向东，左右有土堆二，上置木柱，各系巨獒一头，见人辄直立怒吼，做欲啮状。进门为石砌甬道，甚宽敞，植冬青及各种花木。北面背阴处，并排设大木笼四，分置雪豹、猿猴、雉鸡、梅花鹿各一只。据云热振喜蓄野物，寺内奇禽异兽，为数甚伙。”

但是，五世热振也没有能摆脱他以前的诸位摄政王例如二世策墨林、三世热振、九世德穆的命运轮回，他的命运简直是三世热振楚臣嘉措的翻版，甚至比三世热振更为悲惨。在他执政后的第十四年（1947年），政敌们把他逮捕并关进布达拉宫的夏青角黑牢，用最野蛮的方法把他杀死在这座恐怖的石堡里面，成了西藏近代史上的一个大悲剧!他的林苑别墅被夷为平地，锡堆寺再一次遭洗劫，他所属的色拉寺杰扎仓再一次遭受攻打和炮轰，他的本寺热振寺更是屡遭藏军摧毁和洗劫，变得残破不堪。

和平解放后，锡堆寺先后成了西藏藏剧团、黄梅剧团和安装队驻地，如今已成了一个居民大院。寺庙下属的次巴拉康（祈寿殿），一直香火旺盛，信徒甚众。历代热振活佛生活起居的林苑别墅，20世纪80年代已由六世热振佛丹增晋美修葺一新。我在拉萨期间，与这位热情开朗的年轻活佛过从甚多。我发现这里和朱少逸先生在《拉萨见闻记》中描述的非常相似。

达察活佛驻锡的功德林寺

功德林寺是历辈达察活佛驻锡的佛宫。它和丹吉林、策墨林、锡堆林并驾齐驱，合称拉萨四大林。达察活佛又称济咙活佛，拉萨人都叫功德林活佛、功德林呼图克图。

达察活佛的母寺原本不在拉萨，而是在千里之外的昌都地区八宿县，称八宿桑珠德青林寺。这座寺庙由宗喀巴大师的亲传弟子巴索喇嘛始建，并开始了佛统的传承。拉萨的功德林寺是八世达察活佛贝丹贡布时修建的。贝丹贡布1760年（乾隆二十五年）

出生在波密的玛觉地方。从十岁到二十岁，一直奉旨在北京寺院学习，然后返回拉萨哲蚌寺学经，获得了格西学位。三十岁那年，乾隆皇帝下了一道诏书，封他为博勒图诺门汗，派去内蒙古多伦诺尔寺当掌印喇嘛。刚走到长江源头的楚玛尔河边，西宁府官员又飞马传来圣旨，皇帝封他为毕力诺门汗，让他十万火急返回拉萨，接替西藏摄政王的职务。皇帝的圣旨很坚决，不容他有半点迟疑，因为摄政王策墨林一世阿旺次诚，当年（1791 年）三月二十七日，在布达拉宫里突然去世。西藏的形势非常动荡，急需贝丹贡布回去协助八世达赖喇嘛处理政教事务。达察活佛只好掉转马头回到拉萨，时间已是 1791 年 8 月份了。他在拉萨没有住处，只好暂时住在城东一座名叫旺丹边巴的老房子里。

1791 年确实是西藏最困难的一年，廓尔喀军队两次大举入侵西藏，占领吉隆、聂拉木、定日等地，劫持了噶伦多仁・丹增班觉、宇妥・扎西顿珠等谈判代表，廓尔喀军一直打到日喀则城，洗劫了班禅大师驻锡的扎什伦布寺。乾隆皇帝怒不可遏，派遣自己最心爱的将军福康安和身经百战的老英雄海兰察，统帅一万七千多索伦兵、金川兵、四川兵和西藏兵，顶风冒雪开赴西藏前线，和廓尔喀兵展开了空前激烈的战斗。只用了三个月的时间，收复了全部沦陷的藏土，打到了廓尔喀王城的近郊，迫使廓尔喀王屈膝投降，称臣纳贡。达察活佛受命于危难之中，既要维护达赖喇嘛和班禅活佛的安全，又要保持卫藏地区的稳定，更要调动一切人力、物力、财力支持军情如火、瞬息万变的战争前线。他凭着高尚的道德风范和惊人的工作毅力，把繁重的事务处理得尽善尽美，保证了战争的胜利，深受进藏官兵的钦佩和拥戴。1792 年（藏历水鼠年）深秋，福康安胜利班师，凯旋回到拉萨。在返回内地之前，用汉、藏、蒙等各族官兵捐献的白银七千秤，其中包括福康安带头捐献的七百两，在布达拉宫西面磨盘山南麓兴修一座寺庙，作为达察活佛在拉萨的驻锡之所。寺庙建成后，取名祈寿法轮洲，佛殿面积四柱，经堂面积十六柱，建有殿门上下抱厦、拉让、僧舍、净厨等，以供放佛像、佛经、佛塔之用。水鼠年（1792年）动工，木虎年（1794年）工程全部告竣。八世达赖喇嘛赐寺名为祈寿法轮洲，嘉庆皇帝赐名为卫藏永安寺，译成藏话，就是功德林。

功德林寺坐落在布达拉宫的西侧，罗布林卡的东边，磨盘山的南面，药王山的北边，周围四近是拉萨风景最美丽的地方。功德林寺院的范围很广，寺内林木葱茏，经堂、佛殿、僧舍高低错落，相映成趣，富丽堂皇。山门外两池碧水，映照出寺庙金顶红墙，如同神宫仙阙。主楼高达四层，墙体石砌，顶层饰以染成赭红色的柽柳枝，有着丝绒般的质感。楼顶装饰着闪闪发光的鎏金宝瓶、宝幢、宝幡。主楼一层和二层，为经堂佛殿。经堂五间五进，正中为大柱支撑的高大明亮的天窗，这是一百一十三位僧人诵经祈祷集会的地方，中间设置历辈达察活佛的宝座。

经堂后面是佛殿，主供宗喀巴大师身像。两侧有弥勒佛殿、依怙神殿和护法神殿，护法神是吉祥天女班丹拉姆，地方神是骑山羊的唐青多吉嘎纳。八世达察活佛1810年去世后，宗喀巴殿改成灵塔殿，供奉装藏八世达察法体的金灵塔，以后又增加了九世达察活佛丹巴坚赞、十世达察活佛曲吉坚赞的银质灵塔。三楼、四楼为达察活佛的佛宫，各处厅堂殿宇，悬挂着清朝皇帝亲书的匾额，珍藏着文物珍宝。

寺庙前面建有碑亭，碑亭以琉璃瓦覆盖，石碑上用藏汉两种文字镌刻清朝驻藏大臣和宁撰写的碑文，叙述驱逐廓尔喀入侵和建造功德林寺的经过。寺院东西两侧，都是喇嘛的住房。而主楼西边，又有一个单独的院落，那里是活佛的库房，僧官的办事房，还有各种附属建筑。再往西，是一大片郁郁葱葱的杨柳树林。历代达察活佛的林苑别墅，就建筑在这些绿色的树木之中，称为“朵加林卡”。

达察活佛丹贝贡布过世后，十世达察活佛曲吉坚赞也曾出任摄政王十一年，他和八世佛丹贝贡布一样，都是病死在任上。两位可以说是吉星高照，善始善终，没有像策墨林、热振、丹吉林活佛那样，落得个查抄财产、关进大狱的悲惨下场。因此在四大林中，功德林财产最富、田庄最多、寺院最华美。

和平解放后，功德林寺庙改为西藏交通厅办公地，后来交通厅搬到西边的林卡里，这里变成了交通厅招待所。现在，寺院重新恢复，有住寺喇嘛七十多人，它和磨盘山上的关帝庙联在一起，香火倒也十分兴旺。

贵族的宅院

西藏过去是僧侣贵族和世俗贵族联合掌权的地方。西藏到底有多少贵族之家，拉萨有多少豪门大宅，我并没有掌握准确的数字。李有义、林耀华先生编写的《西藏社会概况》一书中这样写道："西藏的贵族共有一百七十余家。他们的采邑、庄田，遍及全藏富饶地区。拉萨政府有俗官名额一百七十五个，好像每家贵族在政府里都有做官的机会。但实际上，在拉萨政府中发生一定影响、掌握主要政权的不过二三十家有势力的大贵族。他们为了便于从事政治活动，争取官爵，一般都向拉萨集中，在拉萨城区和郊区，自建高楼大宅者约六七十家。"国民政府时期的蒙藏委员会委员长吴忠信在《西藏纪要》一书中，有过这么一段文字："西藏原有一百七十五家贵族，以后历年增加，现已超过二百之数。"意大利藏学家毕达克在《西藏的贵族和政府》一书的导言中指出："西藏有一百七十五位世俗贵族官员（藏语称仲戈），一百七十五位僧侣贵族官员（藏话称孜仲）。而希腊彼德王子在《卫藏贵族》一书中罗列的世俗贵族家庭竟有二百多个。"

在西藏，要成为一个贵族，必须要有自己的庄园，藏话称为谿卡。这些庄园必须由中央政府或西藏地方政府封赠，藏语称为“帕谿”，意思是祖业。但是，并不是所有的贵族在拉萨都有自己的府第宅院。据我所知，在拉萨没有房子的贵族并非少数，他们每次到拉萨来，只好借住在亲戚家，或者租住在公屋里。

西藏的贵族世家也分三六九等，最高、最显赫的，称为尧西贵族、第本贵族，其余是一般贵族。

尧西，历辈达赖喇嘛的家

尧西贵族，指的是历辈达赖喇嘛的家族。不是所有达赖的家，都能称为尧西的。从第一世到第六世达赖喇嘛的家，都没有尧西的名号，其中三世达赖和五世达赖的家，都是显赫一时的名门望

七世达赖喇嘛的家桑珠颇章旧址　*廖东凡摄于1991年*

七世达赖之家桑珠颇章府园林别墅 陈宗烈摄于1958年

族，他们却不是尧西贵族。称为尧西的首要条件，必须要由中央政府加封，一般是封为公爵。这样，一方面在拉萨建造公爵府或尧西府，另一方面在乡间分封相当数量的庄田、农奴和牧场。从七世到十四世的八个达赖家庭，情况也不完全一样。八世和十二世的家，因为人丁不旺，合成为一家。九世达赖喇嘛祖籍康区邓柯，他的父亲名叫丹增曲杰，是土司的儿子，母亲叫顿珠卓玛，是一位贤良的妇女。九世达赖去世时年仅十一岁。父亲在悲痛之余，返回邓柯老家去了，没有在拉萨成为尧西贵族，也有传言说他家的产业，曾经合到了索康巴家，不知是否属实。

七世达赖喇嘛家的房子，名叫桑珠颇章，意思是狮龙宫。宅院坐落在八廓南街西侧，东边是夏扎府，西边是多嘎府，南边是松比府，北面是大昭寺广场商业区。桑珠颇章府原本是17世纪后期，由蒙古和硕特首领固始汗家族兴建的一座王府。七世达赖名叫格桑嘉措，祖籍康区理塘，父亲索朗达吉，西藏江孜人，是理塘寺大喇嘛的随从；母亲洛桑曲珍，为理塘村的村民。格桑嘉措1708年出生，后被认定为六世达赖转世灵童。1720年到拉萨坐床，父母和全家也到了拉萨。他的父亲被雍正皇帝加封为辅国公，噶厦便把桑珠颇章的房子修缮一新，安置七世达赖全家，这就是西藏的第一座尧西府。桑颇府大门朝西，进门是一个非常宽广的大院，主楼坐北朝南，高达三层，雄伟壮观。两边是高低错落的附属建筑群，东头还有小型的游乐园。1951年人民解放军进藏后，桑颇家把这座有两三百年历史的老房子，以数十万大洋的价格出售给进藏部队，成了西藏贸易总公司，自己则在拉萨南郊，建造了一座堪称华美的林苑别墅，直到20世纪七八十年代，桑颇的别墅还是拉萨最好的。

八世和十二世达赖喇嘛家的房子，名叫尧西拉鲁，我在下面还要专门介绍。

十世达赖名叫楚臣嘉措，老家也是在康区理塘，和七世达赖是同乡。父亲洛桑年扎，是当地一个小头人。1822年（道光二年），通过金瓶掣签，认定为九世达赖的转世灵童。道光皇帝赏给洛桑年扎一等台吉的花翎顶戴，于是这家边远小民，一夜之间成了西藏的大贵族。西藏地方政府在布达拉宫和大昭寺之间的一片平坦的树林草地上，建造了一座崭新的尧西府。这座府邸大门向南，进门后是一个宽敞的石板大庭院，东西两侧为两层楼房，正中为三

桑颇家族的传人——桑颇·才旺仁增　　陈宗烈摄于1958年

层高的花岗石主楼，金镶铜饰，庄重华美。主楼西边，是一片片的柳林、草地、池沼、亭台，每年春天，桃红柳绿，美不胜收；而秋末冬初，黄叶似金，成为圣城一景。宅院门前，流过一条小河，河上有一座古老的五孔风雨桥，名叫宇拓桥。因此，十世达赖家的房子，取名叫尧西宇拓府。他们在府里住了一百三十多年，出过不少西藏政坛显赫一时的人物。西藏和平解放后，该家以数十万大洋的价钱，把房子卖给了中共西藏工委，自己则在拉萨东郊，新盖了一座新的园林别墅。

十一世达赖名叫克珠嘉措，是西康泰宁寺附近一个普通人家的儿子，父亲叫才旺顿珠，母亲叫拥仲布赤。他1838年出生，1842年四岁时通过金瓶掣签，认定为十世达赖转世真身。他的父亲，1841年被道光皇帝封为辅国公，后来又加恩赐给宝石顶戴和双眼花翎。遵照朝廷的旨意，在拉萨营造一座新的公爵府。公爵府建造在拉萨北城楼群密集的街区，这是一处主楼三层的巨大宅院，现在看来显得有些狭窄，但是原先非常宽阔。每年雪顿节，照例要在里面演出藏戏。房子落成后，取名为彭措康沙，意为美满新居，简称尧西彭康。彭康家的周围，有许多著名建筑，西边是丹吉林寺，北面是策墨林寺，南边是江洛金公爵府，而它的东边，是拉萨最热闹的冲色康市场。1940年，彭康公的长子贡布次仁和锡金国王的公主结为伉俪，婚礼持续了好几个星期，嫁妆非常丰富，一时在西藏传为美谈。彭康家专门在宅院的南边，新造了一座三层楼的新府第，供新婚夫妇居住，称为孜姆康沙，意思是公主新屋。

七世达赖家尧西桑颇家族的后人，西藏大书法家唐麦·贡觉白姆女士

陈宗烈摄于1958年

十三世达赖喇嘛土登嘉措家的房子，名叫尧西朗敦府。他的原籍是山南朗县，父亲贡噶仁青，母亲洛桑卓玛，都是虔诚信佛的农人。1879年5月，三岁的土登嘉措经过光绪皇帝的批准，在布达拉宫登上了达赖喇嘛的宝座。父亲被朝廷封为辅国公，赏宝石顶子。噶厦按惯例拨给许多庄田和百姓，这家普通农民便成了西藏最大的贵族之一，称为尧西朗敦。朗敦，是他们老家的房名，

意思是象形山的前面。朗敦家的府第没有像以往达赖家那样建在城里，而是建在郊区。南郊的拉萨河边，有一片两三里长的柳树林子，是历年来僧官们夏日游乐休闲的地方，叫孜仲林卡。地方政府在孜仲林卡东头，划出一大片林地，替十三世达赖喇嘛家营建了一座豪华的宅院。宅院分东西两个部分，西面是公爵府，主楼高达三层，是一座坚固豪华的花岗石建筑，两侧是二层楼房，当中为石板庭院。东面是林苑别墅，精致美观，朝南的一面为落地大玻璃窗，房舍舒适，采光良好，空气清新。四周绿树环绕，花草茂盛。西藏和平解放后，朗敦家把主楼庭院卖给了西藏军区，成了军区群工部的办公楼。他们全家搬进东头的林苑别墅里。现在，朗敦家族的后人们，相继在别墅附近，又建了几处颇具现代化色彩的新居。

十四世达赖喇嘛丹增嘉措家的房子，名叫尧西达则府。他的家乡并不在西藏，而在青海省湟中县的祁家川，藏话叫当采。父亲祁却次仁，母亲德吉次仁，都是务农为业的平民。1940 年 2 月，经过国民政府批准，五岁的丹增嘉措继位为十四世达赖喇嘛。他的家也由一个青海的普通农家，一跃而为雪域西藏第一家庭。十四世达赖家的府第，盖在布达拉宫东边的江森夏林卡。这是一个古老的林卡，占地面积很大，森林树木繁茂。尧西府盖在林卡的西头，取名尧西达则，就是老家的房子当采的谐音。因为时间已经到了 20 世纪 40 年代，府邸的设计、房舍的布局都比前代的尧西府更合理、更美观，建筑材料也相对轻巧一些。宅院大门朝南，即今天的北京西路。进门是府邸的前院，两侧是矮墙，当中是甬道和花坛。矮墙西面，是花圃和菜地，东边则是浓荫密布的林木。二门进去，是一个集中、严谨的藏式大庭院，东、西、南三面均为两层楼房，雕梁画栋，赏心悦目，院中铺满石板。主楼坐北朝南，朝南一面全是大玻璃窗，屋内全是光滑平整的阿嘎地面。二楼左右两侧有木梯通到三楼，三楼的厅堂房舍更为精美和考究。那是达赖喇嘛的父母、兄长、姐姐和姐夫们的卧室和起居室。1959 年，十四世达赖喇嘛的家人，随他一道去了国外。尧西达则府改成了自治区第二招待所。

第本府，古老世家的宅院

第本贵族，大都是古代王公大臣的后裔、各地诸侯酋长的传人。在西藏公认的有五家，即吞巴家族、绕嘎夏家族、多仁家族、帕拉家族和拉加里家族。拉加里是吐蕃赞普的苗裔，王府、庄园都在山南曲松县，拉萨没有他们的宅院。多仁府和帕拉府，下面

拉萨绕嘎夏（多嘎）第本府外景　　边多摄于2006年

有专门的文字介绍。

第本吞巴的房子，坐落在八廓南街。东邻索康府，西连协嘎林巴府，北面是俄堆普小巷，南边与邦达仓商号隔街相对。吞巴家族有着古老而光荣的历史，他们的祖先吞米·桑布札，是藏文的创制者，吐蕃王朝六贤臣之首。吞米的故居在尼木县的雅鲁藏布江北岸，那里有两座高达四层的藏式碉楼，直到20世纪60年代，仍然在江边巍然耸立。中世纪的帕珠王朝时期，吞巴家族的首领西宗，被乃东王封为贡噶宗世袭长官，兴建了著名的贡噶多吉丹密宗寺，他的后代形成了名叫亚郊第巴的地方势力集团，称雄雅鲁藏布江两岸很长时期。到了公元1728年，总理西藏事务的藏王颇罗鼐，把吞巴家族的传人色却次丹从尼木老家召到拉萨，任命他为噶伦，清朝皇帝加封他为一等台吉、扎萨克。吞巴·色却次丹成了西藏地方政府的重要官员，藏王的左右手，当务之急的事情是在拉萨准备一处符合他的身份和地位的宅院。在八廓南街，有一栋三层楼的老房子，原先是宗喀巴大师组建拉萨传召大法会的驻锡处，称为拉让宁巴，意思是旧佛宫。时间过了两三百年，大师的传人们都有了自己的宏大寺庙，拉让宁巴基本上空置下来，于是加以粉刷装修，提供给吞巴一家居住。从此，旧佛宫变成了吞巴府。但在拉萨人的口头，至今仍然两个房名随便叫。吞巴府的房子，因为建筑年代很早，又置身房屋拥挤的闹市区，不像其他的豪门巨宅那样，有宽敞的庭院和大片的林卡。它的中间是一个方形的天井，四周都是三层高的藏式碉楼。从八廓街进门，通过一个过道，便上楼梯登堂入室。往年，底楼的房子出租给商人作铺面，二楼、三楼才是吞巴贵族家的客厅、经堂、仓库、卧室、起居室和游乐室。解放后，这栋房子成了自治区外贸公司，现

第本多嘎家族的传人彭措绕杰1953年率观礼团在祖国内地访问，受到邓小平同志的热情接待。 新华社记者摄

在是八廓街居委会所在地。算起来，它的寿命已经六百岁了。

另一个第本绕嘎夏，无论是家族的古老还是在历史上的作用，都可以和吞巴相媲美。绕嘎夏的房子，坐落在八廓南街的西头，东边是尧西桑颇府，北面是曾经无比显赫的世家多仁府。它的南边，对着拉萨河的一条支流，支流上有个渡口，藏语叫绕嘎夏。绕嘎夏，就是渡口附近人家的意思。

绕嘎夏家族的源起，完全是一个神话。我听这个家族的后人雪康·土登尼玛先生说过，在非常古远的年代，有一只母神牛，吃了褐色草上面的露珠，生下一个小男孩，取名热卡西，他就是绕嘎夏家族的第一位祖先，这个家族也被称为卡西家族。到了藏传佛教后弘期，出身卡西家族的达隆塘巴·扎西贝，1180年在拉萨

担任西藏地方政府噶伦的多嘎·彭措热杰（左三），正在噶厦议事，右一为桑颇·才旺仁增，左一为阿沛·阿旺晋美。 陈宗烈摄于1958年

北面的旁多地方，兴修了一座噶举派寺庙达隆寺。从此，这个家族不仅成了达隆寺和达隆噶举派的座主，还充任了旁多和林周地方的最大领主。其实，这个家族的祖业庄园，还是在山南措那地方的辛多嘎豁卡，历辈卡西家族的祖先都塔葬在这个庄园的经堂里，这在西藏世俗贵族中是绝无仅有的。因此，更多的人把他们称为多嘎家族，他在拉萨的邸宅也称为多嘎府。这个家族的中兴，还应该归功于多嘎夏仲·次仁旺杰，他不仅是18世纪西藏最有名的政治家，还是最著名的文学家和传记作家。1728年，他被藏王颇罗鼐任命为噶伦，尽管在此之前他和颇罗鼐处在对立的位置。1750年，次仁旺杰再次被乾隆皇帝委任为噶伦，并赐予扎萨克和台吉的封号。绕嘎夏的房子，应该是在这一时期建造的。他在噶

伦自传中这样写道："此后，达赖喇嘛和颇罗鼐返回拉萨，接着迎请塔布格西洛桑金巴到绕嘎夏，请他全部讲解《吉祥密集根本续》。"我从时间上分析，大致应该是藏历火蛇年即1737年。说明至少在此时之前，绕嘎夏第本府已经建成了。这是一处典型的拉萨贵族府邸，分前后两个院落，前院东、西、南三面都是两层藏式楼，楼上楼下都有藏式长廊，梁柱彩绘，壁画斑斓，中间是一个石板铺就的大场院。后院中间有一大天井，天井四周为三层的藏式碉房。一楼为柴草库、饲料库、酿酒室、奴仆室；二楼为氆氇库、酥油库、粮食库和管家室、总务处、一般性的会客室；三楼朝外的一面为大玻璃窗，外面是宽敞的阳台、回廊、围栏，里边分别为经堂、佛殿、藏经室、贵宾接待室、主人全家的卧室、休闲室、育婴室、典礼室。和平解放后，这座房屋改成了拉萨被服厂。

两世达赖的家——拉鲁府

六世达赖的游乐园

尧西拉鲁府，是八世达赖喇嘛强白嘉措和十二世达赖喇嘛赤烈嘉措家的宅院。拉鲁，意思是神龙之地。该府坐落在布达拉宫以北大约一公里处。这里日照良好，气候温和，柳林茂密，水草丰美，湖沼星罗棋布，风光最为秀丽。这里春天来得早，到这里游春、踏青的人络绎不绝。拉鲁家族的传人次旺多吉在自传（刊《西藏文史资料选辑》十六）中这样写道：据说，在古代吐蕃第三十四代赞普芒松芒赞时期，这里已成为著名的游乐之地。后来，甘

修复后的尧西·拉鲁府　　边多摄

丹颇章政权建立，六世达赖喇嘛仓央嘉措，每每在处理政、教事务之余，前来这里休憩，并在其中一个最大的湖沼中间，兴建了一座三层楼高的宫殿，作为休闲之用。据说，宫殿落成后，仓央嘉措常常穿着得道者的服装，兴高采烈地率领随从人员前来游玩。当时的民歌也唱道："拉萨啊拉萨美丽！拉鲁比它还美丽!拉萨和拉鲁之间，宗角鲁康更美丽!"拉鲁·次旺多吉先生在他的书里还说，六世达赖在被护送到京城以前，有一段时间就被幽禁在拉鲁的阁楼里。他在那里留下一对达玛鼓，一直被拉鲁家族当成圣物珍藏着。

八世和十二世达赖的家

公元1758年（乾隆二十三年），西藏南木林宗托杰地方的拉日岗村，名叫索朗达吉的小贵族家，出生了一个灵异聪慧的男童，四年以后登上布达拉宫的宝座，他就是八世达赖喇嘛强白嘉措。他的全家随他一起，风风光光地进了拉萨城，父亲被皇帝封为辅国公。当时的西藏地方政府必须为新的达赖家做两件事，一件是在乡间划拨一些田庄，一件是在拉萨建造尧西府。他们认为，新的尧西府盖在拉鲁地方最为合适，一是地域广阔，二是风景秀美，三是历史悠久，离布达拉宫和罗布林卡都比较近。在六世达赖修建的水上楼阁附近，有一座当地小头人的房子，名叫喜康。噶厦派来大批泥木石匠，拆除了喜康，填平了土地，建造新的府第。大约用了一年时间，一座美丽壮观的宅院，在风景如画的北郊原野上出现了。人们给它取了一个美好的名字：尧西拉鲁嘎彩①。

尧西拉鲁嘎彩是一个全新的建筑。四周有围墙，墙内分成前后两个大院。前面的院落，东西两侧是两层藏式楼房，中间是花坛、草地和石板庭院。后面是尧西府的主楼，主楼高达三层，由青灰色的花岗石建造，楼顶是赭红色的柽柳女墙，金闪闪的黄铜装饰，红白相间，金碧辉煌，映衬着周围的清池碧水，柳林苇塘，农田牧野，鲜花草地，宛如龙宫仙阙，人间圣境。清朝驻藏官员中，有些文人墨客，把“拉鲁春曦”誉为拉萨八景之一。

八世达赖一家，在拉鲁府住的日子不久，他哥哥索朗扎西的儿子又被认定为蒙古哲布尊丹巴活佛的转世灵童，当上了蒙古第一号大活佛，索朗扎西因此也被封为辅国公。拉鲁一家，短短几年之内，出了两个大活佛，两个辅国公，真是尊荣显赫到了极点，幸福兴旺到了高峰。在人们的心目中，新建成的拉鲁府真是佛光照耀，洪福齐天了。

历史的书翻过了一百年，西藏山南曾期寺附近贫苦农民平措次旺的儿子，在1860年被认定为十二世达赖喇嘛，他的父亲被咸

① 嘎彩：意为欢乐之地。

丰皇帝封为辅国公，赏给一品顶戴。西藏地方政府又面临修造新的尧西府的问题。因为第九、第十、第十一世达赖寿命都很短，再造一座新的府第有相当的困难，加之当时八世达赖喇嘛拉鲁家，父系后嗣已经中断，母系家族人丁稀少。噶厦决定不再建造新的尧西府，而是将十二世达赖家并入八世达赖家，合称为拉鲁。十二世达赖的父亲平措次旺过世后，公爵的封号由十二世达赖的二哥罗布旺秋继承。他在十三世达赖时，既是首席噶伦，又是抗英藏军总司令，被尊为噶伦公，在僧俗两界享有很高的威望。他过世后，儿子晋美朗杰继续掌管拉鲁府。

驻藏大臣的拜访

1905年（光绪三十一年）农历九月初九重阳节，驻藏大臣有泰一行，专程拜访了尧西拉鲁家，他在当天的日记里写下了房屋陈设等等情形，我把它做了一些摘引：

> 早九点策马出后门，由琉璃桥走布达拉山东，经旱河到拉鲁佛公处。到时多人站班，皆其属民当差者，询其所属有两千余户，佛公（晋美朗杰）接于大房外，献酥油茶、青稞酒、人参果饭、点心，碗碟无一非玉非翠非水晶者，茶盖茶托，诸是真金。其房四面环绕，上下皆可通，无分前后，即登楼，又上一层楼，乃其住处。正面两层楼为佛堂，向不住人，番家通例也。其东西楼上乃客座，并可住于此。到其西楼，四面皆有玻璃，四围山皆入眼中，甚高敞也。屋内则汉番洋什物无美不备，有相片，醇贤亲王、丁文诚、李文忠皆真，余不可考矣!备早面，在楼下平地西北花厅用餐，花厅三间，式样颇好，不过太华丽，无处不是五色金花，竟有汉装抱小孩美人，甚可笑。饭后，在花厅外对面支一帐房略坐，

极其精致。至其西佛楼，院内有两池水，甚清。其楼乃供各佛，并其叔十二世达赖喇嘛像。下楼后，见西边有一泉水，极清。云是楼乃海眼，由楼内可看此泉即由内所出。两池并流，水沟内皆有鱼，呼为神鱼，不敢动也。又下楼至花厅，东首新挖一小池，水极清，底有泉，管家抱一白鹅投之，游泳其间，亦颇有趣。新挖池有阶可下，或云公（爵）爷即浴于此。闻其墙外常来仙鹤，且甚多，野兽亦间乎有之，盖此处离人烟远也。遂入席，饭罢，赏其家人银二十两，谢主人，衬月色，乘马而归，四围山影，清凉无比。（见中国藏学出版社《有泰驻藏日记》，吴丰培整理，引用时略有删节）

英人柏尔的描述

十六年后的1921年，英国驻锡金前行政长官柏尔，在拉萨时探访了拉鲁府。这时，晋美朗杰公爵华年早逝，家庭承继乏人，尧西府的情形，已经大不如前了。他在《西藏志》一书中做了这样的描述：

拉鲁大厦，在拉萨郊外，其结构与以上所描写诸略有差异。大厦四面，筑有墙垣一座，以资拱卫，以抵制猛烈之冬风。拉鲁贵族，饶有广大之田庄。其家主，则又赫然公爵也。公爵固为俗人爵位中之最高者，但于1921年，余挈上校金涅第独访其家，至则衰颓满眼，情景殊非愉快。先是拉鲁父子，皆封公爵，不意近来竟相继凋谢。家人俱而它徙，唯留仆役看守空屋而已。拉鲁之子，年甫十六，即已亡故。拉鲁之母与妇，因迭遭惨变，悲痛愈恒，不忍在本宅居住，乃于拉萨别谋住所。并请达赖喇嘛收取其田庄，但达赖未准所请。数年前，拉鲁邸宅，重新改建，有人认为此事即为后来蹇运之原因。西藏有一俗谚："房屋改造，大栋必倒。"明

出任噶伦时的拉鲁·次旺多吉，时年38岁
拉鲁本人提供

白言之，即谓改建屋宇，家中必有人死亡也！

余在拉鲁大厦中，见有僧人结为若干小群，占据房屋四五间，正在高声诵经。在下层大客厅中，又有僧侣十五人或二十人，凭记忆歌唱。歌唱之时，头即随而摇动。其所以举行此种祈祷者，盖冀使亡人易于通过佛教中之洗罪所，而得到优良之转生。拉鲁家庭，虽值变故，仍极力款客，殷勤招待。为余侪进茶、饼、水果之房间，半为礼拜堂，半为客厅。又有一室，置一金色朝亭（佛塔）模型，形体颇大，一锥形泥水建筑也。余见此模型，因加问讯，答者曰："拉鲁死后，即立此模型，以防灾祸，不料竟致失望！"另有一室，容量颇大，墙壁用石灰水洗刷。墙上高悬相片，多半为中国伟人肖像。此室非常暗淡，殊令人作不快之感想。虽有人庄重告余曰：此英国室也，以其陈设为英国式也。

有人导引余侪至一小室，长可十尺，宽五尺，地板颇坚固、精致。主人在日，每值冬季，即于此处睡眠祈祷。卧榻置窗下，墙壁上饰有各种中国壁画，形态清爽，令人感觉愉快。礼拜堂中有唐卡（神像），均绣在中国丝上。邻园中有一小屋，屋上更有一阳台，上置箱子一口，蓄豚鼠一对。余问此鼠来自何处？答者笑言曰："此鼠属于达赖喇嘛，唯因贡献畜类者太多，凡达赖臣民，应代为照料。"

"拉鲁大厦，华人认为为拉萨五景之一。事实上亦名不虚传，但值余侪造访时，景象凄凉不欢耳。（柏尔《西藏志》，第96—98页）

拉鲁·次旺多吉的作为

柏尔探访后的第五年，即1926年，拉鲁公晋美朗杰的遗孀央宗次仁，收养了贵族龙夏的一个十二岁的儿子，他就是西藏近代史上的著名人物拉鲁·次旺多吉。次旺多吉成年后，娶贵族吞巴之女索朗德吉为妻，生下四个儿子，一个当了南木林达那寺活佛，一个当了拉萨普布巧寺活佛，一个当了昌都嘉热寺活佛。拉鲁宅院又兴旺起来了。

多年前，拉鲁·次旺多吉先生对我说："拉鲁嘎彩是六世达赖喇嘛生活和八世、十二世达赖喇嘛家居住的地方，既有历史意义，又有文物价值。宅院周围的苇塘湿地，是保持拉萨空气新鲜、雨量调

当代尧西拉鲁家族的传人次旺多吉　　高国镕摄

节的好地方，政府应该花力气进行保护。”最近，我听说拉鲁府得到了维修，拉鲁周围湿地的保护，更是成果显著。

显赫世家多仁府

多仁是西藏显赫兴隆了两百多年的古老贵族世家。多仁家的宅院坐落在大昭寺西南，东临八廓西街，南边门对多嘎府，西靠著名古建筑曲堆林。因为离大昭寺门外的唐蕃会盟碑很近，宅院被称为“多仁”，意思是大石碑附近的房子。

多仁家族的来历

其实，多仁家族的老家，不是在拉萨，而是在年楚河上游江孜城西边的噶锡庄园。那里环境优美，土地肥沃，果树成林，四季飘香。噶锡，意为四喜，即人喜、鸟喜、龙喜、神喜的幸福乐园。18 世纪初，噶锡家族有两兄弟。哥哥叫噶锡瓦·次丹扎西，弟弟叫噶锡瓦·索朗杰布，索朗杰布就是鼎鼎大名的康济鼐。1717年，驻牧新疆的准噶尔蒙古部落，派出六千骁勇剽悍的骑兵，夜行昼伏，攻入拉萨圣城，杀死了统治西藏的蒙古汗王拉藏汗。当时担任阿里总管的康济鼐，配合朝廷反击准噶尔人的入侵。当准噶尔人取道阿里逃往新疆的时候，康济鼐在途中设伏，击杀了部分准噶尔官兵，夺回了布达拉宫的镇寺之宝鲁格夏热观音菩萨像。康熙皇帝褒奖了他的功劳，封他为贝子，委任他总理西藏事务，实际上就是藏王。不久，西藏掌权者发生内讧，互相争斗不休。1727年藏历六月，康济鼐在大昭寺的噶伦办公室，被他的政治对手们残忍地杀死，两个年轻的妻子和秘书、亲信，通通惨遭杀戮。他的密友、噶伦颇罗鼐逃往后藏，发动武装反抗。时任阿里总管的噶锡瓦·次丹扎西，领兵和颇罗鼐汇合，在争夺江孜重镇的激战中，次丹扎西不幸战死，颇罗鼐攻入拉萨。他的行动得到了清中央政府的支持，雍正皇帝委任他总理西藏事务。多仁·丹增班觉在《多仁班智达传》一书中这样写道："念及噶锡瓦·次丹扎西战死之功，王爷颇罗鼐奏请雍正大皇帝，封（他的长子）朗杰次丹为一等台吉即特尔固吉格台吉，授一品珊瑚顶子，赏戴花翎。他是西藏最早得到花翎顶戴的人。王爷颇罗鼐又将江孜地区喀卡、萨拉、甲曲诸庄园赐予，以示眷顾。后将亲生女儿夏仲·德登卓玛嫁与朗杰次丹和恩主（指朗杰次丹之弟多仁班智达）为妻，在领地噶锡举行盛大婚礼。不久，大皇帝复又降旨，封噶锡瓦·朗杰次丹为辅国公。"

这样，噶锡瓦家族真是好事连连，喜上加喜，封官晋爵，当了藏王的佳婿。封了公爵就应该住公爵府，不过当时可能战乱刚刚平息，西藏地方政府缺少财力和物力，难以建造豪华的高宅大院，新封授的王公贵族，大都住进原有的旧宅院里。例如，康济鼐住在拉藏汗王的一处王府班觉热丹宫，颇罗鼐住进固始汗王的甘丹康萨宫，七世达赖家住进王府桑珠颇章宫，吞巴噶伦住进宗喀巴大师三百年前的旧佛邸。噶锡瓦家被封为公爵后，安排住进前任摄政王达孜哇的旧宅院，达孜哇因被准噶尔蒙古人立为藏王，遭到皇帝的惩处。从此，这处宅院便成了世家贵族多仁府。

多仁府的扩建和改建

达孜哇的房子，主楼只有两层，加上一些附属建筑，宅院并不怎么宽敞，更不怎么气派，与多仁家的荣誉和地位相比，显得非常寒碜。多仁家一直想找一处更大、更气派的邸宅，这也是后来多仁班智达急于搬进甘丹康萨宫的一个原因吧!

1740年（乾隆五年），噶伦公朗杰次丹英年早逝。乾隆皇帝降旨："辅国公朗杰次丹因病亡故，着封伊弟班第达为辅国公，世袭罔替。"多仁班第达本名乌珠绕丹，因为自幼勤奋学习，学识渊博，兼通显密，曾在七世达赖和颇罗鼐面前当众考试，被授予班第（智）达称号。这一年，多仁班智达顺利进入西藏权力核心，当上了噶伦。不久，山南甲域酋长绝嗣，藏王颇罗鼐把甲域酋长的名位和产业，永远赐给了多仁公班智达和他的妻子德登卓玛及其子嗣。从此，多仁家族便正式成了名副其实的第本世家。

十年之后的1750年，当时颇罗鼐已经去世，他的次子居美朗杰承袭了郡王的大权。他是个狂妄自大、无法无天的人，阴谋背叛朝廷，被驻藏大臣召到冲色康衙门诛杀。居美朗杰的同党啃聚数千人，包围攻打驻藏大臣衙门，形势万分紧急，驻藏大臣派一名把总冒死给多仁班智达送去令箭，命令他总理藏务，平息暴乱，也就是让他代理藏王。

事态平息后，多仁班智达把全家搬进了甘丹康萨宫，开始履行职务。但是，报告送到北京，乾隆皇帝却提出了不同的意见，他不是对多仁班智达有什么看法，而是整个的反对延续藏王制度。他说："即使多仁班智达如颇罗鼐一般恭顺，谁也不能保证他的子孙后代不出问题。"于是这位君王毅然决断，将政教两任赋予七世达赖喇嘛一身，这就是西藏政教合一制度的开始。乾隆皇帝也没有冷落忠心耿耿的多仁班智达，让他继续担任首席噶伦。多仁班智达对此没有任何意见，只是提出了一个请求：说多仁家的房子实在是有些狭窄和简陋，希望在甘丹康萨宫多住一段时期。这个要求乾隆皇帝也没有答应。他说："公爵是公爵，郡王是郡王，公爵不能住郡王的府第，这是朝廷的定制。"于是，多仁一家只有乖乖地搬回自己的宅院了。

多仁班智达担任首席噶伦三十多年，一直兢兢业业，忠于国事，为雪域安宁、边陲巩固，尽了很大的力量。尤其是1780年（藏历铁鼠年），征剿三岩匪患大获全胜，皇上御赐红宝石顶子和孔雀花翎。后来他坠马受伤，体力衰退，请求告退，推荐儿子丹增班觉秉承父业，继任噶伦。丹增班觉出任噶伦以后，西藏内忧外患，难题一个接一个，年轻稚嫩的他，一直疲于应付。特别是廓尔喀军队，三番两次入侵藏境。1791年（藏历铁猪年）六月，丹增班觉作为西藏首席代表，在聂拉木与廓尔喀人谈判，被敌人劫持，从此开始了人生苦难的历程，在原始森林和加德满都被囚禁了整整一年，又从藏尼边境步行到北京接受朝廷的审查。审查期间又得了天花，幸亏大难不死，保住了一条性命。最后乾隆皇帝亲自过问，做了这样一个结论："丹增班觉有过错，但还不算大罪。撤销首席噶伦职务，保留公爵头衔和花翎顶戴。"可以说是不幸中之万幸。

1793年（藏历水牛年）八月，多仁·丹增班觉在离家两年多之后，历经千辛万苦，九死一生，居然奇迹般地从北京回到了拉萨。这时他的父亲多仁班智达和几位亲人均已过世，更感家庭和亲情的可贵，决意把几十年前父辈们的愿望加以实现，和儿子索朗班觉一起，把多仁府进行一次彻底的翻修和扩建。这时驻藏大臣衙门用桑珠康萨的房子，换走了多仁家的梅朵吉采林卡。他们便拆掉桑珠康萨，把那里的土石木料作为维修、扩建多仁宅院的材料。他在《多仁班智达传》中这样记述：

拉萨多仁府的中央寝室、东厢房、灶房和仓库等二楼的四个房间，以及楼下三四间楼底库房是第司·达孜瓦在世时就有了的，其余德吉绕吉、药室、线香室、汉室、扎什伦布、氆氇室、帐篷室、武器库等东、西、南三处围绕晒台的两层楼房、马厩、牛栏和堆放柴草的地方等北面一带围绕晒台的两层楼房的房舍，多仁西边一带密宗法师经常举行酬补仪轨的灰色厅堂、南北面的酒房等围绕桑康（烟祭室）的顶楼扎什俄噶、德瓦坚、日勒滚堆、学馆、日光套间、格萨尔佛堂等三层楼上的全部房间，都是恩主达尔汗公班智达在世时采购土石木料，雇用工匠人力差役等，逐步扩建起来的，绝非公房，人神共知！

只因墙基不是石砌，下面地基墙脚已被风雨剥蚀，损坏严重。后来上层、中层逐渐扩建了许多，甚是危险。祈愿法会时，观看的人多，地方要大，现在再也不能听之任之。游乐地梅朵吉采已经作了驻藏大臣衙门，换来旧衙门拉萨北面的桑珠康萨，这里的土石木料用不上了，所以尽量利用，不够的要去采购，并且招来卫藏领地的工匠人力差徭，不够的再去雇工。

多仁府东南西北、上中下三层，从当年（1795年）秋季开始，到翌年春季竣工，修建得很整固，一切顺利如意！（引自《多仁班智达传》，多仁·丹增班觉著，汤池安译，中国藏学出版社出版）

走向衰败和没落

这是我所见到过的关于多仁府房屋布局和翻修情况的权威性文字。此后，虽然索朗班觉靠祖上的余荫，出任噶伦数十年，但是这个家族再也没有出现过像康济鼐、多仁班智达甚至丹增班觉那样出类拔萃的人物了。多仁这条古老的世家贵族的航船，在西藏上层政治的险风恶浪中间总算开到了19世纪。就在20世纪到来的前一年，拉萨发生了一个震惊全藏的大惨剧，卸任摄政王九世德穆活佛因为涉嫌诅咒十三世达赖喇嘛，被他的政敌们迫害致死，他的亲信和亲属们下场更为悲惨，多仁家族的女儿德吉，因为是活佛弟弟、丹吉林寺总管罗布次仁的妻子，被判押解在八廓西街带枷示众，由刽子手们当众鞭笞。从此以后，闪烁在多仁门楣上的光环更加暗淡，他们只能在险恶的官场中小心翼翼地度过光阴。20世纪六七十年代，我在拉萨的时候，经常从多仁府门前走来走去，因为它就坐落在八廓街往西的延伸线上，有时候我也进去看一看，并没有给我深宅大院、甲第连云的震动感。后来，多仁府的东屋，开了一家甜茶馆，接着又成了八廓街派出所。现在，多仁府所在的地段，已经成为大昭寺广场的一部分了。

兴盛一时的帕拉府

第本贵族帕拉家的府第，坐落在大昭寺以东河坝林路北侧，东面是噶玛厦神庙，北面是旺堆辛嘎市场，而南边，是著名贵族雪康家的老房子。帕拉府是一座高大、坚固、美观的藏式大宅院。

帕拉家族的祖先并不在西藏，而是在喜马拉雅山南边的不丹王国。不丹西部有个很有势力的帕觉拉康寺，寺庙的宗教首领也叫帕觉拉康。在五世达赖喇嘛当政的年代，西藏地方政府和不丹王国打了一场大仗，帕觉拉康的首领毫不犹豫地站在西藏一边，结果藏军失败了，他只好带领全家逃出了不丹。西藏地方政府在江孜城西北一个名叫重则的地方，拨给他一座名叫萨鲁的庄园，后来又把江孜西南一座名叫班觉伦布的庄园封给了他。于是，这

拉萨第本贵族帕拉府　　边多摄于2006年

位不丹王国的宗教首领，一跃成为西藏的贵族世家。他仍然沿用了不丹的名字，给自己的家族取名为帕拉，也有人称他们为班觉伦布的，拉萨的府邸往往被人称为班觉厦。这位不丹宗教首领定居在江孜以后，膝下只有一个女儿，便从当地贵族努马家招进一位女婿，延续了帕拉家族的传承。我在20世纪60年代到过位于江热村的班觉伦布庄园，这是一座三层楼的精美建筑，墙体用白色花岗石砌成。周围柳林茂密，田野肥沃，现在已改成了贵族庄园陈列馆。

真正使帕拉家族在西藏政坛崭露头角的，是叫帕拉·丹增朗杰的人。八世达赖时期，他是藏军的前藏代本，在1791到1793年反击廓尔喀人入侵的战争中，他表现得异常勇敢，屡建奇功，深得汉藏首领的宠信，后来被提升为地方政府的噶伦。据说就是这个时候，帕拉家族在拉萨建造了这座名叫班觉厦的大宅院。

19世纪晚期，装扮成高僧的英印特务达斯，在拉萨多次造访帕拉府，受到帕拉代本夫人的热情接待，他在手记中这样写道：

“班觉厦是一栋高大的、有平屋顶的石头建筑物。有两个大门。第一层用来做储藏室和帕拉庄园众多仆役的住处。房屋的梁、檐板和窗框都漆成红色。有少数几扇窗子嵌有小块玻璃，大多数窗子是用纸糊上的。到达二层时，帕拉夫人的使女极其友善地向我致意，今天夫人邀请我来进餐。夫人领我到她的起居室，那是间长十六英尺、宽十二英尺、在三层楼上的朝南的房间。房里有两个汉式抽屉木柜，柜上有一些瓷杯，大部分的墙壁都挂着中国画，内容大都是野餐和跳舞；天花板用中国丝绸蒙着，地面铺着叶尔羌和西藏生产的厚地毯、绸面的坐垫还有擦得发亮的小桌，上放着吃糌粑用的木碗。我们谈了一会儿，喝了几杯茶后，夫人告退，她的一个使女领我们到大厦各个房间走走看看。各房的家具跟夫人房里大同小异，只是质量差些，做工也粗糙些。墙壁涂成绿色和蓝色，到处都有一些神鬼的图画，房梁也是雕刻彩绘的。”（达斯：《拉萨及西藏中部旅行记》，陈观胜、李培茱译，中国藏学出版社）后来西藏地方政府发现，达斯并不是什么印度高僧，而是地地道道的英国间谍。因此，美丽、热情而过于轻信的帕拉夫人也受到牵连，她和她的丈夫帕拉代本一起被充军流放整整七年。

历史走到了20世纪前半期，这个家族出了著名的帕拉三兄弟。老大名叫帕拉·土登维登，出生于1911年，他是一位僧官，出任藏北总管时诱杀了三十九族的草莽英雄嘎甲·扎纳。从1947年开始，出任十四世达赖喇嘛的副官长。据说50年代不少政治事件，这位帕拉先生都是后面的推手。老二叫多吉旺堆，管过达赖的马

帕拉家族的代表人物帕拉·土登维登

陈宗烈摄于1958年

厩，当过噶厦的秘书，最后当到达赖警卫团团长。兄弟俩权高势重，在西藏红极一时。老三叫扎西旺秋，他没有到拉萨做官，而是在江孜老家管理庄园，经营产业，种植粮食油料，编织氆氇藏垫，支持拉萨当官的哥哥，扩大帕拉家族的经济实力。帕拉家有两个姐妹，姐姐央金卓嘎嫁给了仁岗色，妹妹阿旺白姆，原先是个尼姑，后来嫁给了江孜贵族吉普·平措次旦、吉普·顿珠平措兄弟。

我在雪康旧邸和夏苏旧邸住过，这里离帕拉府很近，可以说是比邻而居。当时帕拉府已经改成了拉萨市第一招待所，除了室内陈设变动外，房屋造型、内部结构可以说是原封未动。我有一个收集民间文学的搭档，名叫大次，原本是西藏话剧团的名演员，文成公主里演唐太宗的。因为当过帕拉的近侍，“文化大革命”期间，受到种种冲击，在街道上赶马车。他的藏文很好，又懂民间文艺，我便把他请来，结伴走卫藏各地，一起采录歌谣故事。后来落实政策，他回话剧团去了。不过我还经常跑去向他请教种种事情，有关帕拉府的情形，便是他介绍的。有一回，他还专门领着我走进帕拉府，楼上楼下地讲解了一番。

帕拉府有两扇大门，第一扇大门朝西，进去是一个长方形小院，这是过去主人和客人上马下马、上车下车的地方。第二扇大门朝南，进去是一个正方形的青石板铺就的大庭院。一些节日庆典，往往在院内举行。例如雪顿节演藏戏，藏历年跳协青。庭院周围，东、西、南三面，为两层的藏式楼房，楼上楼下均有走廊，走廊外侧是金属护栏，护栏有各种图案。上下两排房子，大都是本宅佣人、仆役住房，江孜老家来的氆氇纺织工、藏垫编织工住房，织氆氇房，制垫房，酿酒室，制香室，还有各地庄园、牧场头人、差户以及江孜各类亲戚熟人到拉萨办理公私事务的临时住处等。

正面坐北朝南是帕拉府的主楼，主楼高达三层，居中有一天井，天井四周，楼房各为三层。一层主要是仓库和伙房，例如柴火库、马料库、帐篷库、粮食库，还有关押差民、仆役的牢房。二楼主要是总管室、总务处、普通会客室、马具库、衣物库、酥油库、氆氇和藏垫库等。四五十年代，帕拉家的总管名叫贝贡，他不但善于理财，而且学识渊博，开办了一家私塾，名叫贝贡学校，很多贵族子弟都来这里就读。

三楼是整个大厦的精华，朝南一面是落地大玻璃窗，屋子里雕梁画栋，油漆粉刷。多吉旺堆家住西头，土登维登家住东头。中间房屋兄弟两家共用，例如南侧的客厅，北面的佛堂。多吉旺堆有妻子儿女，热热闹闹一大家，房间都是卧室、起居室、育婴室、娱乐室，并不见得宽松。土登维登是个僧侣，整个住处仅他一个人，显得十分幽静。中间是一片晒台，北面有一组玻璃门窗房间，外间是佛堂和藏经室，里间有门无窗，光线暗淡，是供奉护法神、守护神的密室。南边又有一组玻璃门窗房间，分东西两部分。东边两间，是他的工作室和贵宾接待室，西边两间，是他的卧室和起居室。晒台东头有一门，门外架一天桥，通向厕所和浴室。厕所像一个碉堡，矗立在大厦的一边。

大次还告诉我，1959 年叛乱失败后，帕拉三兄弟穿过喜马拉雅山的茫茫森林，逃到了印度，后来几经周折到了瑞士，在一家钟表厂打工，过上了自食其力的生活。1996 年，我随藏学家代表团出访瑞士，听说土登维登和扎西旺秋已经过世，三兄弟中只有老二多吉旺堆健在，已经是八十高龄的人了。我给他拨了一个电活，提出了采访他的请求，他热情地答应了。可惜后来因日程变更，多吉旺堆先生的住地又比较远，竟错过了这次难得的机会，留下了不小的遗憾。

江洛金公爵和公爵府

清朝的时候，王的下面是公爵。公爵也有不同的档次，镇国公是一等公，辅国公是二等公。各地方的首领，一般来说，是不封镇国公的。历辈达赖喇嘛的父兄，大都封为辅国公，少数的只得到一等台吉的封号。在西藏，只有江洛金家族的祖先在清朝雍正、乾隆年间，先封为辅国公，又封为镇国公，这是绝无仅有的。所以民间有这么两句广为流传的顺口溜："公爵里最高的是江洛金，扎萨里最大的是霍尔康。"

江洛金公爵在拉萨有两处宅院，一处在城里，位于冲色康市场的西边，大昭寺的北边，称为老府邸；一处在东郊，在西藏大学附近，称为新府邸，又称江洛金园林别墅。

江洛金家族的来历

关于江洛金公爵的族源，还得从18世纪赫赫有名的米旺（人杰）颇罗鼐·索朗多吉说起。颇罗鼐家族祖籍在拉萨西南二十五公里处的聂塘地方，那里有一户世代务农的人家，家族名叫丛堆沃，户主乌金，有两个年轻力壮、勇猛刚强的儿子，哥哥叫达吉，弟弟叫阿松。当时正好是17世纪40年代，拉萨的格鲁派和青海的固始汗的军队组成蒙藏联军，一起去攻打日喀则的藏巴第悉政权。达吉被征召加入了军队，由于他作战勇敢，多次反败为胜，屡立战功，被破格提升为八百士兵的统领。弟弟阿松也站在格鲁派一边，当了五世达赖喇嘛总管索朗绕登手下的一名小吏，后来被任命为白朗宗的宗本（县令）。固始汗的儿子、汗王达颜汗把白朗的颇拉庄园封给了他，作为他家的祖业庄园。从此，这个家族便从拉萨附近的聂塘搬到江孜附近的颇拉，成了西藏历史上影响巨大的颇拉家族。

拉萨东郊贵族江洛金府的别墅
江洛金·彭朗提供

达吉和阿松共娶一妻，生了两个儿子。哥哥白玛杰波，自幼进入军界，随大军南征北战，最后做了聂拉木宗的宗本。弟弟扎堆在家，每日习武打猎，练就了一身的武艺。兄弟俩也是共娶一妻，颇罗鼐·索朗多吉是他们的次子，从小进私塾学文，随叔父扎堆练武。稍长，到山南敏珠林寺深造，专修诗文书法、天文历算。这样，他成了文武全才、兼通显密的人物。出身军人世家的他，早早地便到了拉藏汗王的帐下服务，当了汗王的随身秘书。1717年（康熙五十六年），驻牧新疆的准噶尔蒙古人，野心勃勃地想称霸西藏，他们穿戈壁，越大坂，夜行昼伏，奔袭拉萨途中，与拉藏汗军队在当雄草原遭遇。拉藏汗军队多年养尊处优，战斗力大不如前，虽然颇罗鼐等将领拼死抵抗，但也难以挽回败局。最后准噶尔军攻入拉萨，杀死了拉藏汗等人，圣城遭到空前浩劫，占领者到处杀人放火，抢劫财物，许多宁玛派高僧大德被残忍地杀害。颇罗鼐亲眼看到他们的种种暴行，最后总算逃回自己的家乡颇拉地方。他关注朝廷的动向，起兵反抗准噶尔人的占领。1720年，颇罗鼐听说朝廷从西宁、四川两地调派人马进军拉萨，立刻积极响应，动员三千民军，很快控制了岗巴拉山以西的广大地区。

准噶尔军败退后，清朝中央在拉萨组建了以康济鼐为主、阿尔布巴为副的地方政府。康济鼐是拉藏汗派驻阿里的总管，阿尔布巴是工布地区的大头人。颇罗鼐刚开始担任管理财务、税收的孜本，后来又被朝廷任命为噶伦，加封为台吉，进入权力中枢。数年后，政权内部矛盾爆发。颇罗鼐和康济鼐同是后藏人，而且志同道合。他看形势不对头，借口妻子重病，带着长子返回了家乡。他有两个儿子，长子居美次丹，已在政府任职；次子居美朗杰，那时还没有成年。1727年藏历六月，阿尔布巴等人，杀死了康济鼐全家，又派出人马到后藏，追杀颇罗鼐。颇罗鼐很快在后藏拉起队伍，打出为朝廷除害、为康济鼐报仇的口号，双方集结了重兵，在江孜一带展开了惨烈的争夺战。经过多次攻防，前藏军队士气减退。颇罗鼐命令长子居美次丹，统率三千人马，从江孜经羊卓雍湖，翻岗巴拉雪山，从正面攻打拉萨；自己带领另一支军队，从北路迂回，经羊八井山口，抄前藏军队的后路。1728年藏历五月（雍正六年），两支军队会师拉萨，居美次丹统领三千骑兵、九千步兵，把阿尔布巴等人藏身的布达拉宫和雪村封锁成铁桶一般。朝廷及时地支持了颇罗鼐的行动，惩处了他的政敌，加封他为藏王，总理西藏事务。从这个时候开始，颇罗鼐治理西藏将近二十年，使雪域藏土四境安宁，政通人和，深得朝廷宠信，先后被封为贝子、贝勒、多罗郡王。作为颇罗鼐长子和忠实助手的居美次丹，也多次受到皇帝的封赠和褒奖。例如：

雍正九年（一七三一年）二月初七日封文

> 谕理藩院：布鲁克巴（不丹）部落人等互相仇杀，贝子颇罗鼐遣使解和，宣朕威德，甚属可嘉，着封为贝勒。伊子一等台吉珠尔嘛特册登（居美次丹）屡次领兵效力边疆，着封辅国公。
>
> 《世宗实录》卷一〇二

居美次丹受封后，领兵镇守阿里，被人们尊为阿里公。不久，一场严重的疾病，差一点摧毁了这位年轻公爵的性命，颇罗鼐只好把他召回拉萨调养。五世班禅罗桑益西亲自为他治病，使他很快得到康复。1734年（雍正十二年）10月，颇罗鼐给雍正皇帝写了奏折，报告居美次丹生病和治愈的情形，提出阿里地方形势复杂，必须有得力人物坐镇。准备让居美次丹移居阿里和后藏交界的卓书特地方，节制阿里三围。那里地势较低，水草丰美，居美次丹身体较为适应。雍正皇帝降旨：

> 珠尔默特车布登（居美次丹）病始愈，与阿里之水土不服，恐其病复发。着寄信马喇等，命彼等与颇罗鼐商议，另觅干练妥当之人，代珠尔默特车布登前往。倘若派珠尔默特车布登前往而无碍于其病，即派珠尔默特车布登前往。钦此。
>
> 军机处满文录副奏折

到了晚年，颇罗鼐考虑到两个儿子接班的问题。认为长子居美次丹性情稍欠刚烈，又有病在身，有意让次子居美朗杰当接班人。朝廷尊重他的意愿，择定居美朗杰为世子，再一次加封居美次丹为镇国公，这也就是后来江洛金家族有双重公爵封号的原因。

乾隆十一年（1746年）正月初七日封文

> 谕曰：以前西藏郡王颇罗鼐一心肫诚奋勉，特施恩于伊二子内封一长子。希伊指出具奏。今据颇罗鼐以伊长子珠尔玛特策卜登已属残疾，次子珠尔默特那木扎勒堪以奋勤出力。伊兄弟互相逊让，并无争竞，即彼处噶卜伦、第巴、大喇嘛等亦皆心服等因具奏。应如所请，将珠尔默特那木扎勒，封为长子。珠尔玛特策卜登（居美次丹）因从前带兵在边境出力，曾施恩封为辅国公。今虽有残疾不能效力，并着加恩封为镇国公。该部知道。
>
> 《高宗实录》卷二五六

1747年（乾隆十二年）藏历二月，颇罗鼐去世，居美朗杰顺利登上了郡王的宝座。可是从他上台伊始，既不遵循父亲的遗愿，又与朝廷的想法背道而驰，刚愎自用，胡作非为，尽做些亲痛仇快的事情，狂妄自大到了无以复加的地步。他把自己的兄长看成眼中钉、肉中刺，必要除之而后快，不断派兵向居美次丹驻扎的萨嘎等地发起挑衅，最后竟把哥哥居美次丹和侄儿彭措汪波杀死。居美次丹的次子居美旺结，在死亡的威胁下，逃到扎什伦布寺躲藏起来。居美朗杰又倒打一耙，向朝廷诬告居美次丹，说他勾结准噶尔人企图谋反。不过事态的发展比人们想象的要快得多，居美朗杰的倒行逆施，很快被驻藏大臣和西藏的有识之士识破。驻藏大臣决定先下手为强，把他召进冲色康衙门杀死。居美朗杰的同党进行猛烈的报复，杀死了驻藏大臣，酿成了震撼京城、震撼全藏的悲剧。时间不到一年，居美次丹父子死难之谜的真相即已大白于天下，乾隆皇帝三番两次发布圣谕，为居美次丹平反彰雪。

乾隆十五年（1750 年）十一月十五日圣旨中说："珠尔默特那木扎勒心益狡悖，将伊长兄车布登（次丹）图害，翻以伊兄叛逆诬奏，又伊与达赖喇嘛素有仇衅，既戕其兄，遂欲计害藏中不顺伊之班第达等。"在同年十一月十八日圣旨中又指出："珠尔默特车布登本非叛逆，乃为珠尔默特那木扎勒所诬陷，且私遣人杀害，而以病死参奏。今既明知真受屈身死，已将伊子仍封以公爵，管理阿里克地方。其父所有家产为珠尔默特那木扎勒所抄占者，俱仍给还。"

兴建江洛金公爵府

第二年（1751 年）二月，赶到西藏落实乾隆皇帝各项指示的四川总督策楞和驻藏大臣班第向皇帝报告说，我们到西藏后，仔细了解了居美次丹遗孤居美旺结的情况，发现他虽然年已二十一岁，但是身体情形不佳，双耳有些重听，恐怕难以胜任管理阿里地方的重任。我们和达赖喇嘛反复商酌，认为根据居美旺结的身体状况，实难完成镇守阿里的使命。如今皇上体恤其父死于非命，加以特殊恩宠，封以公爵爵位，建议在拉萨妥善安顿，颐养天年。策楞和班第的报告和建议，很快得到乾隆皇帝的朱批同意。

这样，一个新的问题提到了西藏地方政府面前，那就是必须为居美旺结一家新建一座公爵府。官员们经过多方面考察，又倾听了居美旺结本人的意见，认为甘丹康萨王府是不能再去住了。因为居美朗杰叛逆行为，甘丹康萨已作为逆产没收，做了驻藏大臣衙门。不过，居美旺结的祖父颇罗鼐，在拉萨还有一处房产，那就是朱康江洛金。江洛金的房子早就有了。朱康，意思是接待处、招待所，它不是一般的接待处，而是高级的迎宾馆。1721年康济鼐受封贝子到拉萨，拉萨官员提议他住江洛金行馆，他后来并没有入住。颇罗鼐掌政时期，他的上师、当时西藏最著名的圣者珠巴旺钦·顿月凯珠几次到拉萨讲经布道、授徒传法，颇罗鼐都悉心安排他在江洛金行馆驻锡。据说，从1735年开始，江洛金行馆正式归属了颇罗鼐家。

地方政府和居美旺结商定，把江洛金行馆改建为公爵府。很快，政府征集工匠差役，动工兴修府邸。主楼是两层石头建筑，中为四方形天井。主楼南边，东、西两侧是藏式平房，大门朝大昭寺方向，院子宽敞，有两个侧门，东侧门通冲色康市场，西侧门通青库蒙古人聚居地。那时拉萨的高大建筑非常之少，江洛金周围一片空旷。直到很多年以后，它的北面才有了尧西彭康府，南边才有了贵族松多府。

府邸建成了，但居美旺结不愿意承袭颇拉这个族名，尽管他是颇罗鼐这个赫赫有名的家族的当之无愧的继承人，他认为这个神圣的名字已经被叔父居美朗杰的反叛行为玷污了，于是把自己的家名改为江洛金。以后无论是西藏的文书还是皇帝的封号，一律以江洛金公爵称之。之所以称江洛金，至少有这样一些原因：首先，这个宅院原来就叫行馆江洛金，江洛金有天堂神仙乐园的意思；其次，江洛金还有“留长辫子的长者”的含义，表示在各种庄严隆重的典礼上，这个家族的代表，不必绾发髻、戴品饰，可以拖着辫子直面最高权位者；另外，江孜有家贵族，也叫江洛金，他是帕竹王朝时期江孜法王滚桑绕丹帕的后裔，拉萨的江洛金是颇罗鼐王的后裔，应当是门当户对，交相辉映的。

从此，江洛金公爵便以高贵的血统，跻身于西藏大贵族大世家行列。我们从多仁·丹增班觉写的《多仁班智达传》一书中看到一些实例。例如，1775年丹增班觉这位多仁家族的贵公子娶了八世达赖喇嘛的表妹为妻，举行了轰动雪域的盛大婚礼。前去女家迎亲的，拉萨只去了三家的代表，一家是七世达赖家桑珠颇章府，一家是古老世家绕嘎夏府，还有父系亲属王爷颇罗鼐的后裔公江洛金，三家派出各自的高级随从代表。新娘从南木林迎请到多仁府后，各世家贵族轮流宴请，例如，十月初一多仁家宴请，初二班禅大师佛宫宴请，初三八世达赖喇嘛家拉鲁宴请，初四七世达赖喇嘛家桑颇宴请，初五达隆世家绕嘎夏宴请，初六吞米·桑布扎后裔吞巴家宴请，初七是王爷颇罗鼐的后代江洛金公爵宴请，等等，我不能一一列举，从中可以看出江洛金家族的地位了。

1777年，居美旺结去世。他应该是第一辈江洛金公爵，死后爵位传给了罗布彭措，1778年4月8日，乾隆皇帝正式批准他继承公爵的位子以示恩宠。从此，公爵的爵位，在这个家族里一代接着一代地传承着。但是，每一代的江洛金公爵地位都是很高很高，荣誉很大很大，却很少有人能进入西藏地方政府权力的中枢。

江洛金·索朗杰布的坎坷经历

时间像雅鲁藏布江的江水，年复一年地往前流淌。20世纪前半期，这个家族出了一位出类拔萃的人物，他就是第九代江洛金公爵索朗杰布。索朗杰布出生于1897年，自幼聪慧听话、孝敬父母，同时在严格管教下，苦练书法正字，擅长文章诗赋，博览文史典籍，通晓大小五明，总之从非常年轻的时候起，就有能言善辩、博学多才的美誉。为了让他熟悉政府工作，父亲让他跟随自己到雪印币厂和直贡印币厂锻炼。二十一岁，被十三世达赖喇嘛授予公爵的封号。二十五岁，西藏地方政府派他去锡金学习军事技术和英文，索朗杰布第一次接触到西方文化和民主思想。回到拉萨后，逐渐成了一位有理想、有抱负、有自己主张的青年军官。后来，藏军官兵和寺庙僧侣爆发了激烈的冲突，十三世达赖喇嘛亲自出面解决，军官们有的被免职、有的被降职、有的被调离军队，连最受达赖喇嘛器重的察绒·达桑占堆，也被撤销了司令职务。尽管十三世达赖对江洛金·索朗杰布在这场斗争中的活跃表现非常不满，还是爱惜他的才干和学识，没有对他下重手，只是撤销公爵头衔，贬为色朗巴（四品官），改任阿里三围的总管，藏语叫堆噶本。索朗杰布并没有到遥远的边地去任职，而是请他姐姐德炯旺姆和姐夫前去代理堆噶本，他自己则留在政治风云的中心拉萨。

1933年藏历十月三十日，十三世达赖喇嘛在罗布林卡圆寂。随着这位掌控西藏三十余年的政治强人的离去，西藏的形势进入扑朔迷离的阶段，各种政治势力、各个政治人物之间的斗争日渐激烈。有一批志同道合的青年贵族，希望借这个千载难逢的机会，实行某些改革，革新西藏政治，采取一些西方式的民主，江洛金公爵毫无疑问是他们之中最具代表性的一员。第二年藏历正月，噶厦在布达拉宫举行有僧俗贵族和三大寺代表参加的扩大会议，讨论今后的政治走向和执政方式问题，江洛金·索朗杰布在大会上慷慨陈词，力排众议，语惊四座。有的人认为切中时弊，另一些人认为简直是离经叛道。他的讲演，多少年后一直被人们当作箴言佳句。拉鲁·次旺多吉先生在他自己回忆录中这样说：

江洛金公爵·索朗杰布（1898—1971）摄于45岁时　　江洛金·彭朗提供

“关于任命摄政王问题，在扩大会议上发生了争执。部分僧官、三大寺堪布以及其他的代表意见是：应该按照惯例，摄政王必须由一位大活佛出任；以江洛金公·索朗杰布为首的部分俗官则提出：摄政王不一定由活佛出任。他说：‘活佛出任摄政王于社稷不利，活佛就是活佛，深居庙宇，不懂政治，如果再配两个所谓管家的老僧，什么事情都不会办理。只会在一旁吸着鼻烟，滥施淫威。’”李苏·晋美旺秋先生在《西藏文史资料选辑》第三辑的文章里也提到：江洛金·索朗杰布在扩大会议上嘲讽地说：“把一个无所知的小小喇嘛置于最高宝座，再由一位老喇嘛强佐钦波（大管家、掌实权者）坐在一边，吸着鼻烟操纵，如此而已。”尽管

担任自治区筹委会委员的江洛金·索朗杰布（左一）和贵族上层人士在一起饮茶议事（右三为崔科·顿珠次仁） 陈宗烈摄于1958年

江洛金等人在会上据理力争，慷慨陈词，但是与会大多数人还是同意恢复活佛摄政制度，第五世热振活佛强白益西被推举为新的摄政王 。

江洛金·索朗杰布的主张没有能够实现，但是他并没有放弃革新西藏政治的追求。刚好这个时候，原先带领几位贵族青年留学英伦、深得十三世达赖倚重的龙厦·多吉次丹，提出了改革西藏政治制度的某些主张，并且在僧俗官员中成立了一个名叫"追求幸福者同盟"的松散团体。他们写了一份给摄政王和噶厦的请愿书，据说在上面签名的僧俗官员有一百位之多。美国著名历史学家梅·戈尔斯坦在他的《喇嘛王国的覆灭》一书中记述道："请愿文书是由大秘书俗官江洛金拟定的。据拉鲁·次旺多吉回忆，主要内容有两点：（1）西藏地方政府需要进行一些变革，改善政府的职能和工作效率；（2）噶厦的所作所为，不能令人满意，尤其令人不满的是：赤门噶伦任人唯亲，不能主持公道。"

就是这封请愿书，给参与者带来了灾难性的后果，当政者把它和阴谋叛变、篡位夺权联系起来，领头人龙厦被判挖去双眼，书信起草者江洛金·索朗杰布和其他七人一起，被充军流放到荒凉遥远、瘴疫流行的工布森林地区。

1934年，刚到中年的江洛金·索朗杰布告别妻子儿女，被押送到千里之遥的工布则那宗，在当地头人长官的监督下过着流放的生活。流放生活极为艰苦，没有人身自由，使他极为愤慨。然而，却使这位西藏著名文人有机会接触普通的老百姓，接触他们的音乐歌舞和民间艺术。十多年以后，他在印度遇到了来此朝圣的雪康·土登尼玛，提及工布民间歌舞艺术，他说："工布的老百姓是真正天生的诗人，他们编唱的歌谣是真正的好诗。"1937年，与他一起流放工布地区的官员，先后被批准返回拉萨，只有江洛金·索朗杰布不但未获批准，反而下令严加管束。他对此感到愤愤不平，给拉萨一位友人写了这样一封信，大意是："龙厦之子拉鲁少爷称协噶林巴代本为生父，获得请官任职资格，而我等仅以远离故乡之由请求恩准回家，个别主事喇嘛和官员却对其苦乐不予一视同仁。故为了观光游览英属城市的同时，寻求申诉无罪、伸张正义的庇护，不得不暂时秘密出逃，请勿惋惜。"

关于江洛金·索朗杰布流放工布和流亡印度的情况，达赖十三世的宠臣土登贡培的妻子拉宗卓嘎回忆道："土登贡培押解到工布地区则拉宗后，交由羌那寺监管。第二年，江洛金·索朗杰布因涉嫌龙厦事件，也被流放到则那宗地区。他们二人同病相怜，相依为命。后来，同他们一起被流放的官员，相继准许返回拉萨，上书请求恢复官职，获得恩准。他们二人按例也写了请求书，结果适得其反。不但未准所请，反而发出禁令，饬工布则那宗对他俩严加管束。失望、打击、隐痛使他们产生了另谋出路的打算。他们以做生意为由，向则那宗秘书扎西德禾提出申请，经核准后，两个人便经过锡金逃到了印度。时间是1937年。他们先在印度噶伦堡的热振旅馆做些杂务，暂时栖身。后来，他们听说英国人侵占了西藏边境的门达旺地区，便约来藏族大学者根敦群培、芒康人邦达绕嘎等秘密商量，决定由根敦群培大师化装成乞丐，以朝佛的名义，进入被英国人侵占的门达旺地区实地调查，绘制地图，向西藏地方政府报告。”（引自《西藏文史资料选辑》第三辑，其中略有删节）

江洛金·索朗杰布流亡印度期间，写了大量诗词、散文，提高了英语水平，帮助英国人古德爵士将他撰写的关于十四世达赖寻访和坐床的文章译成了藏文。

城东新盖园林别墅

1946年，江洛金·索朗杰布得以返回阔别多年的家乡拉萨，过上了普通人的安稳生活。地方政府给了他一个台吉的头衔，算是一点歉意的表示吧！分离整整一十七年，历尽人间各种坎坷，再一次和家人团聚，真是悲喜交加、感慨万千。他的儿子旺曲杰布已经二十二岁，成了一名干练的地方政府官员，先是出任山南沃噶宗宗本，后来担任噶厦秘书（四品官），首任达赖驻京办事处处长助理。旺曲杰布的妻子次仁旺姆，是贵族哲通巴的女儿，美丽贤淑，持家有方，他们已经有了两个活泼可爱的男孩。因为城里的公爵府年长日久，异常陈旧，无法居住，他们在东郊仲吉林卡（俗官游乐园林）北侧，新盖了一座别墅式的宅院。宅院大门朝西，北面和西面都是藏式平房，供佣人仆役居住，还有杂屋、仓库、马厩等。宅院中间是花岗石构建的主楼，北面为石头台阶，拾级而

江洛金一家1953年留影：江洛金·索朗杰布和夫人（左二、左三），长子旺曲杰布和夫人（左一、右一），长孙次旺俊美（前右一），次孙旺曲朗杰(前左一)，三孙平措朗杰（前中）
江洛金·彭朗提供

上，进门后为一过厅，过厅前面为一宽敞的大房子，朝南一面是落地大玻璃窗。室内采光良好，温暖舒适，全家起居、会客大都在这里进行。东、西两侧各有带套间的卧室，不过采光和保暖程度稍差一些。楼上的结构和楼下几乎一样。主楼周围是卵石铺成的甬道，南面是花圃、草地和茂密的树林，风景优美、环境舒适。花圃的南面是果园，种有苹果、桃子、核桃等果树。果园的东面有一块被矮墙围起的地方，是菜园，种植各种适合在拉萨生长的蔬菜。主楼北面还建有两层藏式小楼，楼下为食物仓库，楼上为家庭佛堂，同时珍藏皇帝封文、文书田契、金银绸缎等传家至宝。

1951年中央人民政府和西藏地方政府签订了关于西藏和平解

放的十七条协议。进藏的领导、解放军官兵不断到江洛金府拜访，向这位西藏著名的学者、诗人和地位最高的公爵请教种种事情，征询他的意见。江洛金老人倒觉得，共产党、解放军的一些理念，和自己年轻时就追求的民主思想、改革意识不谋而合，从而重新焕发了他的政治热情和青春活力，积极投身于各种宣传贯彻十七条协议的活动中。他先后担任负责向解放军筹集、出售粮食的临时机构——“雄竹基佐康”的主要负责人，担任过西藏编审委员会委员，《简明新闻》藏文版编辑，西藏爱国青年联谊会副会长，拉萨小学校董、副校长，自治区筹委会委员。1959 年以后，历任自治区筹委会文教处处长、自治区文管会主任、自治区政协副主席、全国政协委员等。他已不是年轻时那个口齿犀利、热血沸腾的性情中人，而是一位豁达大度、乐天知命的忠厚长者，他为新的时代工作着，不时有启迪后辈的诗章问世，1972 年他以七十六岁的高龄过世。

江洛金·旺曲杰布因为父亲流放和流亡，过早地承担起家庭和社会两副重担，养成了孜孜不倦、任劳任怨的做人准则。他曾担任自治区筹委会秘书科副科长、办公厅副主任、自治区人大副秘书长、自治区政协常委等职务，“文革”中担任统战人士学习班一排排长，并参加自治区社会主义改造工作团昌都分团到左贡县蹲点。终因事必躬亲，积劳成疾，于 1975 年，五十二岁时就过早地离开了人世。

当代江洛金一家

现在，江洛金家族的五个儿女，像众星捧月一样环绕在八十高龄的老阿妈江洛金·次仁旺姆周围，享受着温馨和互敬互爱的天伦之乐。他们从小接受现代教育，经受磨炼，接受部队农场、插队落户的劳动锻炼，逐步成长为新西藏新一代有文化的劳动者，在各自的事业中，都有出色的表现，备受人们的赞誉。老大次旺俊美，长期从事教学、教育管理、社会科学研究工作，曾任西藏大学校长、西藏民族学院院长、西藏社会科学院院长，他的夫人张廷芳，是西藏大学的副校长；老二旺曲朗杰，在基层农牧区工作多年，后又从事社会科研管理和社会团体的项目管理，现任自治区政协委员、财经委副主任；老三平措朗杰，从一名高压输电线路工人成长为翻译、文秘工作者，现任自治区政府办公厅编译室主任；老

江洛金·次仁旺姆老人和儿女们在园林别墅欢聚，左一为长子次旺俊美；左二为幼子次旺多吉；右一为三儿媳白玛；右二为四儿媳格桑；右三为次子旺曲朗杰。 *郝桂尧摄于1992年*

四次旺多吉，是从一名石油地质勘探工人成长为一名地质工程师的，现任西藏国土资源厅矿管处处长；老五次仁央金是次仁旺姆唯一的女儿，四个哥哥唯一的宝贝妹妹，是西藏大学文学院藏文讲师。如今，圣城拉萨建设飞速发展，城市面貌一变再变，江洛金宅院周围的老房子，大都不复存在。只有这座宅院，仍然完好如初，确实十分难得。

历史已经进入了21世纪的今天，往日贵族的尊荣、公爵的光环，早已消失得无踪无影，只有善良、正直、勤奋、乐观的家风，会一代一代地传承下去。

雪康家族和雪康府

雪康，是西藏一家相当有名的贵族。他们在拉萨有两处宅院，一处在大昭寺东边的河坝林路，称为森厦雪康宁巴，意思是贵族雪康旧邸；一处在城东的宜雪林卡，称为雪康召康，意思是雪康园林别墅。

雪康家族的传承

听雪康家族的一位后人、西藏民俗学家德清多吉说：“雪康家族祖籍是后藏的日喀则地方，最早是噶玛王朝藏巴汗政权的一个臣子。17世纪中叶，暗中归顺了拉萨的格鲁派。在格鲁派推翻藏巴汗政权的大变动中，阴差阳错，这个家族的庄园和土地一起被没收了。经过多次申诉，格鲁派甘丹颇章也认为自己忙中有错，于是把山南琼结地方的七个庄园划拨给了雪康家作为补偿。这七个庄园全部坐落在琼果河两岸，主体是高达三层的雪康庄园。这幢

拉萨河坝林路雪康旧邸大门　　*边多摄于2006年*

巨石垒成的堡寨，20世纪末期还兀立在青山翠谷之间。

1751年，郡王颇罗鼐的孙子居美旺结身体情况很差，无法担负阿里总管的重任，改派雪康·策旺代替他的职务。正是这一任命，使雪康家族的名字，第一次堂堂正正地写进了西藏地方的历史之中。大约九十年之后，盘踞克什米尔的森巴人向西藏的阿里三围发动大规模的侵略战争，遭到西藏军民英勇的反击。此时的雪康家出了一位藏军营长，打仗特别勇猛，立下了赫赫战功。噶厦准备给他升官，还要给他嘉奖。他说："官我也不想升了，兵我也不想带了，只想回到雪康老家，过一过清闲的日子。"他果然解甲归田，娶了一个农人的女儿做妻子，过着庄户人的生活，当时的人都称他为"雪康怪人"。

老伦钦兴建雪康府

雪康怪人死了，留下一个独生子，名叫雪康·次丹旺秋。正是这个次丹旺秋，成为雪康家族引为骄傲的人物，他也是西藏近代史上著名的政治家。整整二十五年，他一直稳坐在噶伦和伦钦（首席执政）的宝座上，成为十三世达赖的左膀右臂和心腹密友。据说好多事情达赖喇嘛都离不开他，有时突然带一两个随从风尘仆仆地亲自登门拜访，看门人不认识达赖喇嘛，通报道："有个留山羊胡子的老喇嘛来了！"老伦钦从窗台上一看，吓得差一点栽倒，呵斥道："罪过！罪过！这哪里是什么老喇嘛，他是布达拉宫里至高无上的佛爷！"

雪康·次丹旺秋当政期间，在河坝林路北面盖了一座雪康府。宅院周围都是世家贵族的高楼大厦，对比之下雪康府倒显得有些寒酸和小气。东面是噶玛厦神庙，西边是贵族夏苏府，南边是霍康扎萨家，北面为著名世家帕拉的豪华宅院。府邸的大门朝西，进门后是一个广阔的庭院，中间有一眼水井，井水清冽甘甜，周围的居民常来汲取。庭院北面是土石结构的主楼，主楼高达三层，朝南一面有玻璃窗。据说底层多为仓库，二层为厨房、管家室、接待室，三楼为经堂、佛殿，以及伦钦夫妇和他们的女儿、女婿的起居室和卧室。庭院的东面和南面，是两层的藏式楼房。有的房子供家人使用，有的房子提供给亲戚和庄头、差户进城时暂住。还有一些是佣人仆役的住房。

伦钦夫妇生有一子四女，儿子被认定为哲蚌寺的罗林夏巴活佛转世，靠他传宗接代是不行了。老伦钦把绕嘎夏家的两个兄弟，招为自己的上门女婿。这是一家比雪康历史更古老、血统更高贵、地位更显赫的贵族世家。哥哥仁青维色，娶了大女儿；弟弟顿珠多吉，娶了二女儿。若干年后，两对夫妻各自生下五个儿女。不幸的是，先是仁青维色离开人世，后来老雪康的二女儿也过世了。顿珠多吉便和雪康的长女重组家庭，两个人又生下了五个儿女。这样，雪康家族就有了十五个儿女，真是人丁兴旺，热闹异常了。雪康府的房屋虽然不少，但是住起来也不那么宽松了。

顿珠多吉修造新宅院

随着老伦钦和仁青维色的过世，雪康家这座巍巍大厦，只好由顿珠多吉独立支撑。他是个勤恳正直、循规蹈矩的贵族官员，先是担任噶厦的孜本，后改任布达拉宫总管，最后出任山南地区专员。他在公务之余，喜欢进行歌舞、藏戏表演和听故事说唱，他的这些爱好也深深地影响了他的孩子们。

20 世纪 40 年代前后，拉萨的贵族们掀起了一股新的时尚，纷纷搬出城里拥挤、阴暗、寒冷的碉房，在郊区河边柳林草地上构筑别墅式的新居。雪康家在顿珠多吉的操持下，在城东宜雪林卡里盖了一座新宅院。这是一个两层楼的白色花岗石建筑，朝南一面全是落地大玻璃窗，采光良好，式样美观，前面是花园，后面是柳林，不远处是碧波荡漾的拉萨河。

青年活动家土登尼玛

在雪康家族的年青一代中，最为出类拔萃的要数土登尼玛了。1921 年秋天，他出生在河坝林路的雪康府。他从呱呱坠地第一天开始，便得到十三世达赖的眷顾，他的名字也是这位佛爷亲自取的。三岁时，恰好曲水铁索桥活佛寻访转世灵童，十三世达赖把他

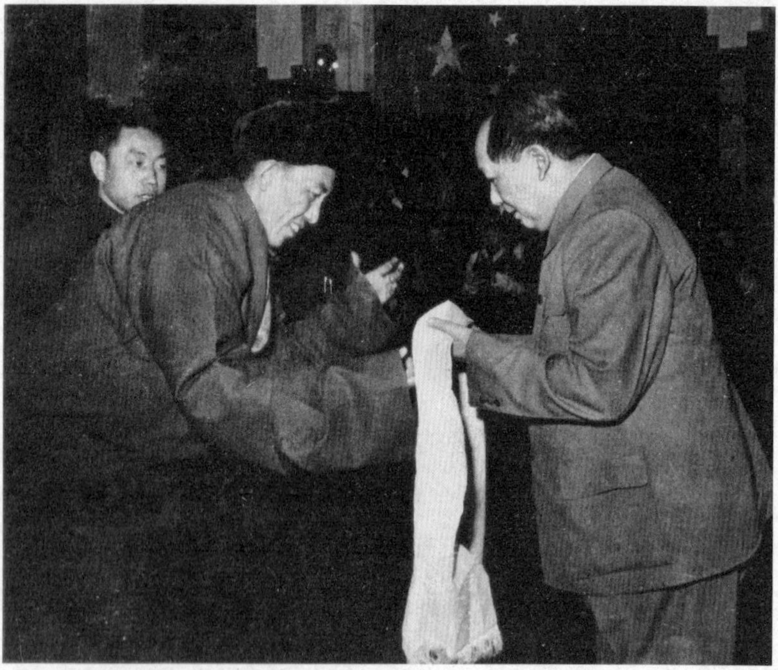

雪康·土登尼玛在北京向毛主席献哈达　　*新华社记者摄于1953年*

的名字加在备选灵儿里面。不料阴差阳错，他在指认前世活佛遗物时，全都弄岔了。活佛没有当成，达赖喇嘛还是任命三岁的他，担任铁索桥寺的终身堪布。雪康家有两个做官的名额，一个是琼结雪康庄园，出一名俗官；一个是贡嘎唐尼庄园，出一名僧官。他占了这个僧官的名额，一直做到位列五品的拉萨涅仓主事，被人们称为唐尼拉，或者雪康杰仲拉。

在风云变幻的动荡岁月里，土登尼玛度过了幼年和少年的时光，成长为一个风度翩翩、玉树临风般的青年贵族。他受过良好的藏族传统文化教育，又从内地进藏人士和西方人那里学到了不少关于中国和世界的知识。他那黑亮的眼睛关注着重重雪山以外的广阔世界，他那年轻的血管里燃烧着对时尚的向往和对民主科学的朦胧渴求。在同时代的拉萨青年中，他是相当激进、相当大胆的，他是他们中的排头兵。他是最早安装无线电收音机的人，是最早敢于穿西装系领带的人，最早骑摩托车、自行车的人里有他，最早打网球踢足球的人里有他。在土登尼玛的鼓动下，古城拉萨踢足球一时形成热潮，涌现了十四支足球队。每逢节假日，便在尧西宇妥府外的广场上，举行热烈火爆的球赛。有一次球赛正在激烈地进行着，天空突然降下蚕豆大的冰雹，消息传到摄政王达扎的耳朵里，这位保守而顽固的老喇嘛震怒了，训斥道："正是这些年轻人，把球踢得满天飞，触怒了天上的神灵，才降下这么可怕的灾祸！以后拉萨再也不要踢足球了，凡是踢过球的人，都要发誓具结，永生永世不再踢球！"当他得知雪康·土登尼玛是足球运动的发起者和带头人的时候，态度更加严厉和愤慨，因为他早就看不惯这个满脑子新观念的青年僧官了。1948年夏天，十四世达赖喇嘛在哲蚌寺的法苑里进行格西考试的经学辩论，土登尼玛掏出蔡司照相机，拍了几张相片，这下子真的把天给捅破了。如狼似虎的警卫们扑过来，七手八脚把他抓到了摄政王达扎面前，达扎嘴里直嘀咕："怎么又是你！"结果照相机被砸烂，五品官被撤销。达扎本想给他更严厉的处罚，考虑到他的爷爷是前任伦钦，父亲又是布达拉宫总管，算是放了他一马。

从此，雪康·土登尼玛成了一介平民。他的思想更开放，行为更不受约束，他对禁锢新事物、新观念的封建制度日趋反感，他成了贵族营垒中离经叛道的人。

西藏的历史走到了1951年，那一年5月，中央和西藏地方政府签订了和平解放西藏的十七条协议，同年8月，他的弟弟雪康·索朗塔杰陪同中央代表张经武将军到了拉萨。通过和张代表、阿乐

雪康·土登尼玛和夫人察绒·顿珠卓玛
摄于1961年（顿珠卓玛提供）

部长等人的频频接触，对方的全新理念和人格魅力，都像巨大的磁石紧紧地吸引住了雪康那颗年轻的心，他以极大的决心和火热的激情，给进藏的解放军以支持和帮助。从10月开始，他便毫不犹豫地行动起来了！他给进藏的干部战士教藏文藏语，为文工团员排练藏族音乐歌舞节目，他担任编审委员会成员，筹备出版藏文版《西藏日报》；他独自扛起鲜艳的五星红旗，让它高高升起在布达拉宫和大昭寺之间的广场上；他骑着摩托车，穿街过巷，走遍全城，挨家挨户地发动、鼓励青年男女参加文化、体育、学习、联谊活动，他为青年人服务，也受到青年人的拥护。1953年初，西藏成立了爱国青年联谊会，他被推选为常务副主席。会后带领西藏青年代表团上北京，在中南海的怀仁堂，他向毛泽东主席献了一条又白又长的哈达，这张照片便成了领袖关怀西藏青年的象征。接着，雪康在胡耀邦同志的率领下，从北京飞到莫斯科，从莫斯科飞到布加勒斯特，出席在那里举行的世界青年联欢节。他向世界各国的朋友表达了西藏青年投身祖国怀抱的喜悦，跳起了堪称一绝的“雪康双踏”踢踏舞，让所有与会的人看得眼花缭乱，拍手叫绝。联欢会结束，他从北京乘飞机到了印度，从印度坐汽车赶到亚东，因为西藏的青年们急于想听到雪康的精彩报告。从亚东开始，他马不停蹄地往拉萨赶，一天一次讲演，一天一个座谈，他的双脚走遍了半个雪域高原，他爽朗的声音回旋在年楚河、雅鲁藏布江和拉萨河两岸。在那个西藏刚刚和平解放，各阶层人士对共产党、解放军充满种种疑虑和误解的困难年代，雪康·土登尼玛不愧是西藏青年运动的宣传家和鼓动家，是当

拉萨东郊雪康别墅　　廖东凡摄

之无愧的青年运动领袖。他的作用是别人无法替代的。那些武装叛乱分子对他恨之入骨，1959 年春天，一把火把他家在河坝林路的老宅院烧成了废墟。

察绒家的园林别墅

大贵族察绒，在拉萨也有两处宅院。老宅院在八廓南街东头，绕色巷子的北侧；新宅院在林廓南路以外的夏扎林卡。拉萨人称之为“察绒召康”，也就是贵族察绒家的园林别墅。

察绒家的祖业庄园，在后藏萨迦地方，相传是西藏药圣宇妥·

位于拉萨河边的察绒家族的园林别墅（摄于20世纪40年代）　*顿珠卓玛提供*

云丹贡布的后代。17 世纪中期，五世达赖进北京，随行官员中就有一位察绒。历史走进了 20 世纪，这个家族出了一位噶伦，名叫察绒·旺秋杰波。那时西藏正是多事之秋，十三世达赖喇嘛先是逃到外蒙古和祖国内地，后来又流亡印度。在那些动荡不安的年月里，旺秋杰波一直留在拉萨处理政务，支撑局面。辛亥革命后，拉萨发生暴乱，一大群暴徒冲进布达拉宫，把正在主持开会的察绒·旺秋杰波抓住，从布达拉宫上面拖了下来，一直拖到山下无字碑附近杀死。他的长子，噶厦接待官桑珠次仁，被暴徒抓到宇妥林卡，绑在柳树上，当成靶子被枪杀身亡。短短一天之内，察绒家族失去了两个掌门人，家里只剩下旺秋杰波的四个女儿和年轻的儿媳仁增曲珍，承受着这可怕的人间惨剧。

1913 年秋天，十三世达赖喇嘛从印度回到拉萨，听说了察绒家的遭遇，认为这家古老贵族的血统不能中断，祖业要有人继承，便把自己身边的一个红人，推荐到贵族察绒家当上门女婿，他就是当年赫赫有名的察绒·达桑占堆。其实，达桑占堆本人并不是贵族，也没有贵族血统，他是拉萨北面澎波地方一个箭匠的儿子。达桑，在藏语里是箭匠的意思。小时候他到拉萨色拉寺出家当僧人，后来到罗布林卡做了一位僧官的侍从。十三世达赖喇嘛偶然发现了他，觉得他身体强壮，头脑灵活，办事精明，便把他留在身边，当了贴身侍从。在外蒙古，他学到了一口蒙古话，时不时给达赖喇嘛做翻译。1910 年，十三世达赖逃离拉萨城，后面有一支川军小分队紧紧追赶，情形万分危急，幸亏达桑占堆带领十五个卫士，在曲水渡口狙击，才使达赖喇嘛化险为夷，安全脱险。从此，他更受十三世达赖的重用了。先是任命为藏军总司令，接着又当了西藏地方政府的噶伦，集军政两权于一身，声势显赫，俨

察绒·达桑占堆的小女儿顿珠卓玛
（摄于1990年，时任西藏旅游公司经理）

然一个亲王。

达桑占堆进了察绒家的门，原本是要与桑珠次仁的遗孀仁增曲珍结为夫妇。仁增曲珍出生于日喀则大贵族德勒绕登家，年轻美貌，能歌善舞，六弦琴弹得很好。由于公公和丈夫的惨死，她对人生、对世事充满了悲观，对荣华富贵已经没有了任何兴趣，不愿意再过夫妻生活。她提议让夫家大妹妹白玛卓嘎当达桑占堆的妻子，自己返回日喀则老家当尼姑修行去了。

达桑占堆和白玛卓嘎成亲以后，理直气壮地成了贵族察绒家的新主人。他把白玛卓嘎的一个妹妹次丹卓嘎嫁给了霍康扎萨·彭错旺秋；另一个妹妹次仁玉珍嫁给了日喀则贵族德勒绕登家的二公子，他是仁增曲珍的娘家弟弟。最小的妹妹仁青卓玛当时年纪还小，被送到印度大吉岭读书，学成归来后，嫁给了贵族车仁·晋美旺秋。桑珠次仁还有个弟弟，名叫格桑阿旺，父亲和哥哥被害的时候，他是寺庙里的一个喇嘛，逃脱了这一劫。事后还俗回家，家政完全被达桑占堆掌控，他非常气愤，但又无可奈何，只有消极苦闷地打发日子。他有个女儿，后来在西藏电台当翻译，她的女儿名叫央宗，是西藏电视台的名主播和影视界的名演员。

达桑占堆文化程度不高，宗教观念也不是特别强。但是他有一副了不起的经济头脑，有很强的经商本领，跟随达赖喇嘛在祖国内地和印度地方待了七八年，见多识广，经验更丰富了。他决心用做生意的办法，使察绒家族振兴起来、豪富起来。察绒是个濒临破产的贵族之家，除了城里的一幢老房子，剩下的只有比牛毛还多的债务。达桑占堆从地方政府财务局借了一笔钱作为本金。他派出得力助手，到印度出售西藏的羊毛、牛绒、牛尾，购回大量黄金、珠宝和毛料，再卖给拉萨各家贵族和寺院。又在西宁、成都、康定、大理开设商号，组织大批的骡帮马队，运去西藏的土特产品和国外进口的洋货，换回内地出产的绸缎、瓷器和食品。这样，财产一天一天扩大。不到十年，家资百万，成了西藏的首富。

察绒·达桑占堆决定要盖一座新宅院。他在印度的大吉岭、噶伦堡等地，看到有钱人家大都把房子建在郊区，依傍森林湖泊，环境优美，空气新鲜，阳光充足，温暖舒适，便向他们学习，把绕色巷北口察绒家的老房子，卖给了康巴巨商邦达仓，自己在拉萨河边的夏扎林卡购置了一大片林地，在上面盖起一幢三层楼的豪宅，又在东西两侧各修了一座西式的花园别墅。察绒家的新房子和城里的碉楼很不一样，外表美观，居住舒服，样式新颖，一下子轰动了整个拉萨，前来参观、拜访的人络绎不绝。正是察绒带了头，拉萨许多贵族世家纷纷放弃大昭寺周围那些陈旧、阴冷的老宅，一家接着一家，在拉萨郊区和拉萨河畔修建一座又一座新型的园林别墅。

我在拉萨期间，不止一次看到过察绒的宅院。至于房屋的内部结构，还是雪康·顿珠卓玛女士告诉我的。前面已经说过，老察绒的二女儿次丹卓嘎嫁给了霍康扎萨，生下了一儿一女，这位扎萨便与世长辞。次丹卓嘎年轻守寡，达桑占堆不时来与她同居，

察绒·顿珠卓玛（右一）从国外留学回来和姐姐在别墅花园合影
察绒·顿珠卓玛提供

又生下五个女儿一个儿子，顿珠卓玛便是他们最小的女儿。

这座豪宅起基于河边，为了防止土地的湿滑，保持房屋的干爽，下面先修了类似半地下室的宅基屋，有点像布达拉宫的地垄。宅基屋上形成一个宽大的平台，平台上再建起两层主楼。因此这栋房子外面看起来像三层，实际上是两层。主楼坐北朝南，大门开在当中。人们走进庭院，登上一个十多级的石砌台阶，便可进入一楼。一楼中间是宽敞的过厅，东西两边各有两套带大玻璃窗的高级卧室，顿珠卓玛和她的姐姐从国外留学回来，一般都住在这里。左右两侧和后面，还有不少房间，有的供家人居住，有的做库房和客房。

过厅中间有很宽的木梯通到二楼，二楼是整个建筑精华之所在。上面的顶棚是封闭的，镶嵌着大块的玻璃，既遮风挡雨，又便于阳光照射，格外明亮。二楼东西两侧，各有一套卧房，朝南

察绒·顿珠卓玛（左一）和她的姑母、姐姐在察绒园林（1953年）

察绒·顿珠卓玛提供

一面是落地大玻璃窗，室内陈设华美，家具流光溢彩。西边一套是达桑占堆和妻子白玛卓嘎的住房；东边的一套是他们的儿子顿堆朗杰和儿媳央珍啦的住房。顿堆朗杰是大吉岭英语学校的毕业生，习惯于西方化的生活，酷爱照相和拍摄电影；央珍啦是大贵族绕嘎夏的女儿，也是当时拉萨有名的美人。她的父亲绕嘎夏·彭措热杰曾经是西藏地方政府噶伦、藏兵总司令。西藏和平解放后，为解放军西藏军区副司令，有中将军衔。两套卧室中间，是察绒家的佛堂兼客厅，神坛上供奉着藏传佛教的各位祖师、本尊、佛陀和菩萨，最引人注目的是黄铜镏金的藏王松赞干布、赤松德赞、赤热巴坚三英主像，所以称为曲杰康，意思是法王殿。每一位藏王的王冠、衣袍和腰带上，都装饰着金银、珠宝、珊瑚、玛瑙、珍珠、翡翠等，价值连城，令人惊叹不已。厅堂里陈设着藏式、汉式和西式家具，金碧辉煌；地毯卡垫，鲜艳夺目。达桑占堆夫妇经常在里面接待宾客，品尝汉式、藏式和西式茶点。每年藏历新年，察绒家的新年庆典也在里面进行，男女主人身着明清锦缎缝制的袍服，与全家大小一起共祝新年吉祥如意，更显得雍容华贵，喜气盈门。察绒家收藏许多古董和文物，大都珍藏在法王殿内，明代锦缎只是其中之一。因此这间厅堂，又可称为珍宝室。二楼的过厅，相当宽敞，摆放着一排排藏垫和沙发，每当贵客登门，进入客厅茶叙，他们的侍从仆役便留在过厅饮茶休息。过厅也是孩子们玩耍、锻炼的地方，顿珠卓玛小的时候，常常在这里骑自行车，拍皮球。二楼西北侧，有察绒家的护法神殿，神殿主供护法女神吉祥天女。在后面，有石头台阶下楼，通到屋后的林卡。

主楼东西两侧各建一座花园别墅，精巧玲珑，美观别致。每年冬春请客，夏日过林卡，察绒夫妇都要邀聚亲戚朋友，在里面餐饮娱乐，打藏牌，玩麻将。他们家饮食很讲究，有专门的汉餐大厨、藏餐大厨、西餐大厨，中西菜肴非常丰盛。有时这两处别墅也做客房，招待各方贵客。顿珠卓玛结婚以后，和她的丈夫雪康·土登尼玛也曾在里面住过。1952年，察绒把东边的别墅出租给了西藏军区联络部。

道路有直也有弯，察绒·达桑占堆的仕途并不总是一帆风顺。1919年，他被免去了噶伦的职务，1925年，又被撤销了藏兵总司令。此后，他用更多的时间和精力，打理商业，装修房屋，种植果木，栽培花草菜蔬，在庭院装了喷泉，还盖了一个温室，这在拉萨也是开风气之先的。

努马局长和他的府邸

1961年秋天，我大学毕业进藏支边，被分配在拉萨市文教局文化科。科里的刘延大姐告诉我：我们的局长名叫努马·明久多吉，他原来是西藏地方政府的四品官，日喀则藏军的统领。现在正在办公室，我领你去见见他。于是，刘延大姐领我上了三楼，去见努马局长。他大约四十来岁，高高的个子，胖胖的身躯，宽宽的脸庞，见到我满脸都是笑，显得亲切而随和，一点也不像带兵打仗的武将样子。他说："我们拉萨市地方大得很，除了城市和郊区，还有八个县，文化工作要做的事很多，很需要像你这样年轻的大学生！"我本想多说几句话，表表自己的心迹，并请局长在各个方面，特别是西藏历史、文化等方面，多多给我赐教，但是苦于当时我藏话一句不会，努马局长汉语也会的不多，短短几句寒暄，还是刘延从中翻译。只好一再点头微笑，结束了这次初识。

努马·明久多吉和他的夫人（时年四十岁），次旺仁钦提供

跟随努马局长考察文物古迹

过了藏历新年，努马局长让办公室同志通知我，跟他一起到布达拉宫去一趟。那时布达拉宫和罗布林卡都归文教局管，这回上去，是要察看宫殿破损情形，商量维修方案。我和努马局长很快到了布达拉宫的德央厦庭院，有关专家和工作人员，都在这里汇齐，大家边察看，边商议。那时藏话我已经能听懂一些，说上几句。在考察间隙，局长便热心地给我介绍布达拉宫的种种情形，当然是藏话汉话加比划。他给我讲了红宫和红宫里面历辈达赖喇嘛的肉身灵塔，仔细看了四楼回廊上有关建造红宫的壁画；又给我讲了白宫和白宫里面的日光殿，那是历辈达赖喇嘛的寝宫。在日光殿楼下，他撇开众人，略带神秘感地把我带进一间颇为华贵的屋子，不无自豪地告诉我："这是藏王宫，历任藏王办公的地方。朗顿·贡噶旺秋你知道吧？他当过多年的司伦，相当于藏王，一直在这间屋子里办公的。"后来我才知道，朗顿·贡噶旺秋是十三世达赖喇嘛的侄儿，也是努马局长的儿女亲家。努马局长的长子旺堆啦，和朗顿·贡噶旺秋的长女白玛啦，几年前结为连理，在拉萨一时传为佳话。旺堆啦魁梧英俊，白玛啦美丽端庄，两个人格外般配，他们的结合成为许多青年男女的偶像。他们两位我都认识，有过一些工作上的来往。我想，局长年轻的时候，也像今天的旺堆啦一样高大伟岸吧！

1963 年春天，努马局长去达孜县的扎耶巴圣地视察，叫我与他同行。在车上，局长对我说："扎耶巴历史很古老，文物价值很高。遗址里的第一个修行洞，是藏王松赞干布开掘的；第一座寺庙，是松赞干布的藏妃芒莎赤姜兴修的，到现在已经一千三百多年了。所以从很早的时候起，凡是到拉萨转经朝佛的人，无一例外地都要去扎耶巴圣地参拜。当时有这样一句口头禅：‘到了拉萨不去扎耶巴，好像做了一件新衣没衣领。’可见扎耶巴在藏人心目中的地位。”汽车走了一个多小时，翻过纳金电站后面的高山，到了扎耶巴谷口，有几个村民牵着马，在路边等候，因为再往山沟走，汽车无法通行，只有骑马了。我们下了汽车，换上马匹，朝峡谷深处的扎耶巴圣地进发。走了不到半个小时，里边神奇美丽的风光使我精神大振，银龙般的山涧，从山谷里飞花碎雪而来。山涧两侧，是绿油油的青稞田，是金灿灿的油菜地，是邦锦花开的青草坪，一群群画眉、云雀，还有许多羽毛美丽的鸟儿，在这里上下翻飞，啁啾歌唱。而更远的山崖峡谷里，是红墙金瓦的古寺、神秘莫测的洞窟、造型奇特的佛塔，在晴光细雨之中，朦朦胧胧，若隐若现，仿佛世外桃源，人间仙境。我大声欢呼着，策马向前奔去。突然，有一只大手，抓住了我的马缰。一看，原来是努马局长。我记得努马局长说过，他年轻时骑术非同一般，在传召法会结束后的贵族骑射比武大会上，不止一次拿过第一，今天看来身手果然不凡。他很严肃地对我说：“小廖啦，在这里骑马不能太猛。因为扎耶巴的守护神，脾气很是暴烈，你要是冲撞了他，打扰了他的安宁，便会降下可怕的灾祸！”局长这么一说，我也顾不了其他的事情，连连请求他把扎耶巴守护神的来历讲一讲。

于是，努马局长让一位村民牵着我的马，我们两人一前一后缓缓地行进。他用浑厚的嗓音，给我讲了扎耶巴守护神的故事。他说：“古时候，吐蕃王朝的历代藏王，都是推崇佛教的。到了藏王热巴坚的时候达到了高潮。他有个兄弟，名叫朗达玛，一心想推翻热巴坚，自己上台当藏王。热巴坚手下，有一个宰相，名叫章卡白云，他是一个喇嘛，很有本事，是藏王的左膀右臂，热巴坚时时处处事事，都离不了他。朗达玛一伙，便想出一个狠毒的主意。他们放出谣言，说章卡白云和王妃阿楚玛私通。谣言造得那样的活灵活现，连藏王热巴坚都有一些相信了。王妃受不了这样的羞辱，被逼上吊自杀。章卡白云无可奈何，只好逃到拉萨以南的聂当地方，被朗达玛的爪牙逮住，剥了他的皮，在皮里塞上草，摆在当地公开示众。他的骨肉和头颅，被扔进了波涛滚滚的拉萨河。令人吃惊的是，他的骨肉根本不往下流，而是逆水而上，一直到了扎耶巴圣地边缘。他的家人得知这个悲惨的消息，赶到扎耶巴河边，火化他的骨肉和残肢。让人万万没有想到的是，从烟雾里冲出一道白光，白光又变成飓风，飓风又变成一个巨大可怕的恶魔，在整个雪域藏土煽动造反，直到推翻朗达玛的统治。后来阿底峡大师到了扎耶巴，把他封为扎耶巴圣地的守护神。”

听着局长的讲述，我一声未吭，只觉得西藏历史上的事，既像故事，又像神话，实在太富于刺激性、太令人震惊了。进入扎耶巴寺庙洞窟区，住在一户较为宽敞的村民家。第二天一大早，我们上山爬崖，察看了松赞干布开掘的曲杰普洞，莲花生大师开掘的达瓦普洞，拉隆贝多开掘的拉隆普洞，这些洞窟大都保持完好，只是里面的经书、佛像、唐卡损失不少。我在这些洞里钻进钻出，感受着无穷的快乐。最后走进名叫桑杰滚的洞窟寺庙，庙里有一尊巨大的弥勒强巴佛像，高大雄伟，气势恢宏，号称前藏之最，是第一世班禅大师克珠杰亲手塑造，至今已五百多年了。在民主改革运动中，这尊佛像受到破坏。努马局长和文物工作人员以及寺庙的老喇嘛商量了好久，决定回拉萨后尽快组织人力物力维修桑杰寺和强巴大佛。

回拉萨一个多月后，努马局长又要去南边曲水县的聂当地方，实地考察卓玛拉康度母殿的情形，同行的有罗桑公卿和我。自从上次去了扎耶巴圣地，他一路给我讲了不少历史掌故和宗教知识，使我跟他一起出差的兴致更浓了。汽车伴着拉萨河蓝色的波浪缓缓向前，努马局长给我讲述着聂当的掌故，还有此次考察和维修度母殿的原委。其实，在古远的年代，聂当、拉萨、扎耶巴等地发生的故事，都是互相关联的。他说："朗达玛在聂当地方，杀死了僧人宰相章卡白云，又在墨竹工卡谋害了藏王热巴坚，篡夺了西藏的大权，登上了赞普的宝座。他颁布了禁止佛教的法令，焚烧经书，查封寺庙，迫害僧伽。使雪域藏土好几十年间，听不到诵经的梵呗之音，看不见喇嘛袈裟的颜色。后来藏人说，没有宗教不行，没有佛法不好，没有佛、法、僧三宝不得了。便派人到了古印度的那烂陀寺，请来孟加拉高僧阿底峡大师，进藏弘传佛法。阿底峡先到了阿里托林寺传教，卫藏去了很多的人，把大师请到聂当地方，在这里盖了一座小庙，请他在里面授徒传法。大师在这里写了很多经书，带了很多徒弟，使佛法在雪域重新振兴起来了，因此他被尊为藏传佛教后弘期的祖师。他在聂当生活了九年，公元1054年，七十二岁时示寂。在他去世一周年的时候，弟子仲敦巴、俄·勒白希绕等人，修建了这座聂当度母殿，供奉大师的本尊神白度母，作为对他永久的纪念。"

我们在聂当村住了两天，先是仔细考察了度母殿，殿内供奉阿底峡大师生前形影不离的白度母像，据说这尊神像关键时刻能说话，被信徒们称为森卓玛，意思是能言度母，十分尊贵。我们又找到了阿底峡大师的骨灰塔，努马局长说："阿底峡大师是古代孟加拉国的王子，如今当地政府和人民以出了这么一位卓越的人物感到非常自豪。孟加拉现在是巴基斯坦国的一部分。今年巴基斯坦佛教代表团要来西藏，专门朝觐阿底峡大师的寺庙和骨殖，我们要抓紧时间，把度母殿修缮好，把骨灰塔弄利落，迎接友好邻邦的客人。”

努马局长的府邸

在市文教局工作期间，我不止一次到过努马局长的家。他家位于八廓东街的北侧，地处繁华的商业区。西面是著名古寺木鹿宁巴，南面是大商人噶结达拉的房子。府邸坐北朝南，高达三层。进了一条街巷，不远便是他家的大门。门上画有太阳和月亮的图案，还有各种吉祥的装饰。进门后，墙上画有两幅壁画，一幅是六祥瑞图，显示家庭和睦；一幅是财神牵象，祈愿生活富足。一

坐落在八廓东街的努马·明久多吉家外景　　边多摄于2006年

楼、二楼出租给尼泊尔商家使用，努马局长全家住在三楼。北侧东边第一间是贵宾室，镶有核桃木地板，朝南是大玻璃窗，房子平时空着，偶有尊贵的客人，便在里面留宿。例如著名的孜本龙厦夫妇，就在里边住过，他们是努马家的亲戚。往西是佛堂兼客厅，这是全家最重要最华美的屋子。紧靠北墙是一排油漆彩绘的藏柜，藏柜上摆着精雕细刻的神龛，神龛里供奉有各类祖师、本尊、佛陀、菩萨神像。靠南一面摆着彩色藏垫，藏垫前面是一排排镀金镂花的藏式茶几。每逢新年佳节和各种喜庆活动，典礼都在这里举行。佛堂西面是起居室，全家人喝茶、用餐、休闲、商量家务，几乎都在这里进行。起居室南面是平台，东面是儿女们的卧室。努马局长的夫人是著名贵族车仁·晋美松赞的亲妹妹，锡金王室的近亲，那时虽然年过四十，又是八个儿女的妈妈，仍然腰板挺直，皮肤白皙，保持着贵族妇女的高雅风度。他们的长子旺堆啦，是西藏藏剧团的摄影师；次子才旺仁青，当时刚刚念初中，现在成了颇有成就的藏学家，西藏社会科学院情报所所长。他编写并拍摄的《色拉大乘洲》一书，在国内外获得很高的评价。长女名叫德吉啦，在拉萨林业局工作，次女强巴班宗，那时是个高中生，“文革”以后分配到西藏文联，成了我的同事。1999 年，她担任《西藏故事集成》的主编，我被聘任为特约编审，很多时间在一起共事。正是在这些日子里，我们多次追忆和怀念起令人尊敬的努马局长。

审查节目和“文革”游街

在拉萨市文教局，还有一件很重要的工作，就是审查各专业和业余文艺团体的节目。节目的主审官是努马局长，不过每次他都要把刘延或我叫上。他说："我对文艺不大懂，你们是科班出身，要好好帮我把关啊！"那时拉萨城区有四个民间歌舞团，三个民间藏戏团。藏戏团原先上演传统藏戏，1964年以后，内地进行戏曲改革，西藏藏戏团体也开始排练新戏。雪巴藏戏团排演了新戏《发农贷》，说的是西藏和平解放后解放军发无息农贷的故事；南城区藏戏团排演了新戏《打官司》，讲的是仁布县嘎堆庄园农奴反抗领主的事情。前一个戏歌颂解放军，后一个戏讲阶级斗争，应该是没有问题的。但是审查节目的时候，努马局长总是慎之又慎，反反复复征询我们的意见，生怕出一点问题。

1965年9月，西藏自治区正式成立，努马局长升任自治区文教厅副厅长，从此我们就很少联系了。1966年夏天，"文化大革命"的风暴席卷了拉萨。刚开始是揭批走资派，紧接着是破"四旧"、横扫一切牛鬼蛇神。许许多多的当权派，包括大批上层统战人士，被红卫兵和街道积极分子押解着游街示众。有一天，我正在房里看书，只听得门外大街上敲锣打鼓、口号喧天。我赶紧跑到门口一看，只见一大群上层人士，被押解着从大昭寺方向走来，他们身上穿着奇形怪状的衣袍，挂着各式各样的道具，头上的帽子一个比一个高。我一下子就看见了努马局长，正走在队伍中间，他那又高又胖的身躯，显得格外醒目。他被迫穿上一件五颜六色的藏戏戏袍，高帽子上用藏汉两文写着"牛鬼蛇神保护伞"的字样，最引起我注意的，是在他的脖子上挂了一长串藏戏本子，那是跟经典一样的长条书。无意间，我和他四目相对，竟有好几秒钟的时间，他的目光里充满哀怨、沮丧和凄苦。我感到一种强烈的震撼，甚至一种深深的自责，因为在审看和通过这些藏戏剧目的时候，几乎每次我都在场。

时光年复一年地过去，拉萨古城迎来了1977年，噩梦般的“文化大革命”已经成为过去。我在拉萨街头偶然碰上了努马局长。四手紧紧相握，似乎都有一种喜悦，都有好多话要说，都有劫后重逢的意思。努马局长穿一套劳动布衣服，显然比过去瘦多了，不过还挺精神，眉眼之间蕴含着一种喜气。他说他已经离开了大昭寺的统战人士学习班，暂时被安置在西藏档案局当顾问，等待进一步落实政策。最后我们殷殷告别，一再互道珍重。没想到就在当年，努马局长竟然匆匆离开了人世，时年六十二岁。

关于努马家族

关于努马家族的历史，我知道的非常之少。在努马局长手下工作的那几年，他一个字都没有跟我提起过。现在知道的一星半点材料，有的是我从书上看到的，有的是努马局长的女儿强巴班宗和儿子才旺仁青告诉我的。

努马家族的祖业庄园，在江孜年楚河上游的一个山区，那里有一座圆锥形的小山，很像妇女的乳房，称为努马日，意思是乳头山。因此这座庄园称为努马庄园，分封在这里的贵族称为努马贵族，解放后这里叫江孜县努马区。至于努马家族的源起，英国人查尔斯·柏尔在《西藏志》一书中，有这么一段记述：“按努马，据其自称，系松赞干布朝名臣迦和之苗裔也。松赞干布统治西藏，约在一千二百年前，极著声誉。”柏尔虽然是英国人，但在20世纪初期，被人认为是西藏通，他和十三世达赖交往很深，对西藏各家贵族颇有研究，他说此话出自当时的努马贵族之口，我想不会是无中生有的。我猜测，努马家族自认是吐蕃王朝噶尔东赞的后裔，不知对不对？在五世达赖喇嘛自传体日记中，不止一处提到努马哇的名字，当时此人是以后藏军事统领的身份出现的。说明在17世纪甘丹颇章政权刚刚形成的时候，努马家族的祖先在西藏政坛已经十分活跃了。

多噶夏仲·次仁旺杰写的《颇罗鼐传》一书中，对努马家族一位成员的行为做了详细的记载。18世纪20年代，这位努马哇是主管西藏事务的贝子（藏王）康济鼐的妹夫，颇罗鼐的江孜同乡，又是在释迦牟尼像前一起发过誓、结过盟的密友。1727年，西藏地方执政者内部前后藏贵族分裂为两派，双方发生激烈冲突，前藏的贵族们在大昭寺杀死了被认为是后藏贵族领袖的康济鼐，又派兵追杀在江孜老家养病的颇罗鼐。颇罗鼐气愤万分，便联络后藏的地方武装，举起反抗的大旗，喊出为贝子康济鼐报仇的口号。颇罗鼐第一个想到的，便是他的生死盟友、后藏昂仁将军努马哇，没想到这位努马哇不知出于什么考虑，不但拒绝与颇罗鼐合作，放走了颇罗鼐打算要逮捕的前藏官员，并且派人送出密信，把颇罗鼐起兵的计划泄露出来。送信人被抓获，颇罗鼐十分震怒。使出一条巧计，逮住了努马哇，把他弄到日喀则城堡处死。不过颇罗鼐规定了一条，不可伤害努马哇的兄弟、家人、亲戚和仆从。关于这件往事，我询问过才旺仁青先生，他说，这位努马哇不是他们的嫡系祖先。

努马·明久多吉局长1915年出生。年轻时便进入仕途，先是在拉恰列空（噶厦财政局）任职，后提升为仁西（四品官），被派往日喀则担任吉宗（专署）的粮官，1951年出任日喀则藏兵团统领，兼管南木林军火库，1956年由西藏军区授予中校军衔，平叛以后出任拉萨市文教局局长、自治区文教厅副厅长。

布达拉宫下的哲康府

哲康全名扎西康萨，是在拉萨甚至整个西藏都很有影响的僧侣贵族，出过多位著名的僧官。它有两座祖业庄园，一座在山南琼结县北部，叫羌青庄园；一座在拉萨西郊堆龙德庆县，叫朗俄雪庄园。因此哲康家族的传人，往往被称为羌青巴或者俄雪巴。哲康府的房子坐落在布达拉宫脚下，雪巴村的东边，与藏兵司令部为邻。它是一座高达三层的藏式建筑，雄伟壮观，颇有气势。

僧侣贵族之家

哲康家族策源于琼结羌青地方。祖先羌青·阿旺青绕是五世达赖的同乡，又是这位佛王的近臣。1718 年，驻牧新疆的准噶尔

布达拉宫下的哲康僧官府　　《中国西藏》杂志提供

蒙古人攻入拉萨，西藏统治者拉藏汗王战死，他的一位名叫俄雪哇的大臣被杀。据《西藏通史》记载：“拉藏汗的主要官员布琼、欧雪哇、白玛次仁、强其木巴等人逐一被杀害。”我想，至少在18世纪初期，俄雪庄园已经归属哲康家了。据说拉萨的哲康府，是七世达赖喇嘛时期建造的，如果这种说法可信的话，哲康府建成已经二百多年了。

三世热振活佛出生在俄雪庄园的乌珠顶村，据说也是哲康家族的人。后来当了十七年的摄政王（1845—1862年，革职噶伦夏扎·旺曲杰布发动政变，迫使热振活佛携带摄政王大印逃往北京，向皇帝告状，哲康·顿珠次旦也随他一起赴京。当时清朝中央权威削弱，加上驻藏大臣满庆庇护夏扎等人，热振活佛告状并没有成功，反而不了了之。哲康家族深受挫折，热振活佛的故居乌珠顶也被没收。直到十五年之后的1877年，夏扎政变的同党贝丹顿珠作乱，被摄政王德珠镇压，许多事情重新翻了出来，光绪皇帝为热振活佛平反昭雪，哲康家族得以重新振兴。这些故事是我在乌珠顶村听当地老人们讲述的。

20世纪前后，哲康家族出了一位大名鼎鼎的僧官，名叫哲康·强巴土旺，他是一位医术高超的藏医大师。1897年担任十三世达赖的保健医生，1913年出任布达拉宫的总堪布，1916年创办门孜康医算学院，他亲自担任院长，他的得意弟子钦绕罗布担任副院长。

哲康·强巴土旺1922年去世，这个家族的代表人物是哲康·绛曲贝桑，他1901年到1903年担任噶伦喇嘛，1907—1920年担任伦钦。绛曲贝桑去世后，他的侄儿土登释迦成为哲康的掌门人。叔侄相承似乎成了这个僧官家族的传统。土登释迦1934—1939年出任噶伦喇嘛，卸任时他妹妹的孩子还很小，短时间内难以接替僧官的位置，土登释迦便领养了两个青年僧侣悉心培养，一个是贵族夏格巴·旺秋德顿的弟弟土登才白，一个是贵族罗杰朗巴的公子土登桑觉。这两位哲康家族的传人，都以僧官的身份步入西藏政坛，成为名噪一时的达官显贵。

哲康府的主人和佣人

在拉萨西郊东嘎乡吉日采村，我有位好友名叫玛米仓·顿珠次仁，1947年他十三岁的时候，到拉萨哲康府当佣人，做了哲康·土登桑觉的亲随，在哲康府整整生活了十三年。他经常向我讲起哲康家的生活。

哲康家族的代表人物哲康·强巴土旺
转自《中国西藏》杂志

进了布达拉宫雪村大门，往里走二百步左右，朝东拐，便到了哲康家的庭院了。哲康府高达三层，并不都是他们家的房屋。一楼是地方政府存放帐篷的地方，二楼有地方政府的茶叶仓库，哲康家占有整个三楼和二楼部分房屋。从底楼进入正门，沿左右两侧的石头台阶上到二楼，过厅旁边是哲康家的厨房，也是一间接待室。管家分派劳务，差民求请事情，各庄园的管事到主人家办事，有的就在厨房里进行。二楼还有哲康家的两间仓库，一间装糌粑和清油（菜子油），一间装酥油、大米和肉。

三楼是哲康主人们的世界，这里有四套窗明几净、布置精美的住房。老主人噶伦喇嘛住一套，包括一间卧室，一间会客室；少主人土登才白住一套，也是一间卧室，一间小客厅；少主人土登桑觉住一套，一间卧室，一间客厅，还有一间木地板的起居室。哲康家有一位女总管，名叫强巴曲珍，是一位尼姑，出身于贵族罗杰朗巴，是土登桑觉的姑姑。她也占用一套住房，算半个主人。三楼上还有一间佛殿，一间经堂，全家的宗教活动在经堂里进行，来了重要的客人，也在里边接待。

噶伦喇嘛有四个妹妹，大部分时间住在琼结老家的羌青庄园，三个妹妹在附近的龙日寺当尼姑，一个留在家里管理庄园。因为当初这个妹妹没有结婚生子，噶伦喇嘛才领养了两个义子。后来这个妹妹结婚了，找了好几任丈夫。第一位丈夫叫卓尼拉，据说是噶伦喇嘛的亲随，两个人生了一个孩子；她又和小贵族拉龙索节家的塔结拉结了婚，生了三个孩子，两人闹矛盾分了手，后来又找了一两位丈夫，都没有白头到老。这个女人身躯健硕，脸色红润，精明能干，喜爱男风，在哲康家很有权势，大家叫她姜古秀，意思是夫人。夫人每年到拉萨哲康府来一次，每次住上四五个月，藏历年以前来，夏天农忙时节回琼结。有时夫人一家来，有时三个当尼姑的姐妹一起来。尼姑的佣人都是尼姑，夫人的佣人是俗家女。

哲康家除了主人就是佣人，琼结的佣人不算，还有十二个佣人。噶伦喇嘛贴身佣人有两个，一个叫齐米西西，是个老头儿，一个叫洛桑平措。老主人到布达拉宫或罗布林卡参加典礼，按定例要带六个随从，只好临时到俄雪庄园或者东嘎宗借几个有头有脸的人充任。土登才白有三个佣人，一个叫旺久，一个叫罗桑，还有一个叫平措。平措是琼结的老家人，四十来岁，有文化，其实他是哲康府的管家，不是每天都跟在土登才白身边的。土登桑觉有两个佣人，一个是前面说的顿珠次仁，另一个叫普次，他来自日喀则。总管老尼姑也有两个佣人，一个叫阿妈司丽，是中年妇女，一个叫阿珠邦巧，是个年轻的女尼。哲康家的马倌叫格桑次仁，他藏戏唱得很好；背水人叫噶玛多吉，解放后在堆龙德庆县工作；厨师有两位，一个叫格桑顿丹，是大师傅，一个叫顿珠多吉，现在在布达拉宫下面开饭店。佣人们集中住在夏即康，意思是佣人屋，有的人就住在厨房。

有个上密院的康巴喇嘛，自愿到哲康看守经堂佛殿，为他们念吉祥经、长寿经、消灾经。夫人和塔结啦的三个孩子，由名叫格多的佣人服侍，后来格多偷了哲康的东西，逃到拉萨西北的潘布去了，在那里成了家。

哲康家的主人和佣人，伙食有很大的差别。主人们的早餐是分别送到卧室里吃的。主要是酥油茶、糌粑、干肉、麻松（酥油奶渣糌粑糕），一般吃两个菜；中午喝甜茶、吃饼干、饼子、卡色（油炸食品），还有水果；晚饭是哲康家的正餐，上五六个菜、汤、馍馍、包子、米饭。有时候喝酒，土登才白喝青稞酒，土登桑觉喝威士忌，各取所需。有客人时更丰盛一些。

佣人们的伙食不能和主人比，只有管家平措稍好一些。有时可以打一小壶酥油茶，做一个有肉的菜，拿到房里去享用。有时主人赏给他一份食物。其他的佣人只有糌粑和茶。糌粑又分好坏两种，低等糌粑叫干索，炒的时候不浸水、干炒，吃到口里粗糙，没分量，大多数佣人都吃这个。每天有一顿酥油茶，隔天吃一次菜，主要是萝卜、土豆、白菜，有时候吃面疙瘩。藏历新年、萨嘎达瓦节、藏历十月二十五的甘丹阿曲节，可以吃一次米饭或白面，有时候能吃一顿巴扎麻古，也就是酥油、奶渣、红糖炒面疙瘩。

哲康家族有四个庄园，除琼结羌青庄园和西郊俄雪庄园以外，还有堆龙的卡达庄园和东郊的蔡欧庄园。琼结羌青庄园是哲康家的经济支柱，那里有三层楼高的堡寨，有数百户差民，几千亩土地，还有广阔的牧场，成群的牛羊。每年藏历年前，驮畜往来不断，从琼结运来大量的糌粑、清油、酥油、面粉、肉类和氆氇，供哲康府使用；俄雪庄园土地肥沃、出产丰富，离拉萨又很近，每年府里需要的马草、饲料、萝卜、土豆、蚕豆、藏酒，还有佣人们吃的糌粑，大都由俄雪庄园供应。再说，俄雪庄园房舍精美，林木茂密，草地宽广，环境优美，是夏日休闲度假的地方，哲康老少两代主人，每年夏天都要邀请亲朋好友，到这里尽情游乐、欢度林卡节。

僧官们的工作日程

哲康家族是以僧官出名的，历史上一直是叔侄、舅甥之间传承。老噶伦喇嘛土登释迦收了两个义子，是因为三个妹妹当尼姑，另一个妹妹年纪小，担心一时接不上班而采取的特殊措施。因此，在20世纪四五十年代，哲康家便有三位僧官了。我的朋友顿珠次仁给我讲过哲康父子的生活起居情形。

老主人土登释迦当过多年的噶伦喇嘛，后来赋闲在家，不过地方政府有些重要活动，还是请他去参加或咨询。平日里他穿僧衣、系僧裙、披袈裟、穿甲青僧靴，一副喇嘛打扮。老人1952年过世，享年六十四岁。少主人土登才白四十来岁，原先是哲蚌寺泽当康村的喇嘛，后来进入仕途，担任四品僧官，藏话叫“堪穷”。他比较清瘦，个头中等，平时没有那么活跃。土登桑觉当时三十多岁，长相漂亮，身体魁梧，举止潇洒，声音洪亮。原先是色拉寺麦扎仓的喇嘛，后来担任摄政王的接待官，藏话叫“雪卓”。他平时在家，上身穿女式绸子衬衣，套黄色褂子，下身系僧裙。土登才白也是这样，只有出门公务，才穿官服、戴官帽。

对于僧官来说，最重要的公务活动是“仲加”，意思是早朝，朝拜达赖喇嘛，或者他的宝座。冬春两季到布达拉宫，九时左右出发；夏秋两季到罗布林卡，八时左右动身。冬天穿僧袍，外套称为“滚堆”的套挂，衣袖上缝红缎子，头戴称为“达夏”的僧官帽；夏天头戴“色梯”帽，那是黄缎子圆帽。上布达拉宫，骑马到后山的达拉广莫下马处；去罗布林卡，骑马到大门外的石狮子附近下来。后来土登桑觉不骑马了，改骑摩托车。早朝的时候，四品以上的官员，每人赏酥油茶两碗，人参果米饭一勺子。这种米饭由人参果、酥油、红糖搅拌而成，称为“香折”，美味可口。一般由亲随带回，回家后由亲人特别是小孩子享用。有时候主人家忘记了，顿珠次仁便偷偷地躲在一个地方把它干掉。

早朝回来，有公事办公事，没有公事便出去打牌。夏天到园林里打，冬天在别人家打。在顿珠次仁的记忆里，打牌的日子居多。他说，土登桑觉最爱玩牌，是牌桌上的常客。土登才白有时也去玩玩。他们的牌友是柳霞·土登塔巴、帕拉·土登维登、功德·维色坚赞，还有松多、桑多仓、阿乐群则、朗色林等。到了打牌的地方，土登桑觉便会说："你回去吧！明天牵马或者开摩托来接我。"他打牌打得昏天黑地，根本忘了回家，顿珠次仁在楼下饿得头晕眼花，叫苦不迭。有时候主人家比较细心，派人对随从进行关照，佣人们便凑在一起，偷偷地掷骰子、打扑克。贵族官员们主要打麻将，有时候打跑湖（宣牌）。麻将分大麻将、中麻将、小麻将三种。大麻将一次输赢四五百个多则，中麻将一次输赢七八个多则①，小麻将也有三四个多则。那时候钱很值钱，一个多则等于六十两藏银，可以买两三只羊、七八十斤青稞。

哲康府很讲究过节，虽然不像世俗贵族那样隆重和铺张。每年的藏历新年是最受重视的。正月初一的前一天，把三楼的佛堂布置得漂漂亮亮，按地位高低贵贱摆好藏垫。清早大约一点钟左右，主人们陆续起床，到佛堂集合，敬神，给神佛献哈达、献净水和供灯，磕头礼拜。然后按各自的身份，分别在垫子上就座。佣人给每人献上一碗新鲜的酥油茶。接着，一位佣人手捧"朝苏切玛"吉祥斗，另一位佣人手端银子酒碗，在每位主人面前停留片刻，抓一撮切玛中的糌粑和麦粒，沾一沾青稞酒，高声祝福扎西德勒彭松措！佣人上第二次酥油茶。接着送上"朝土"麦片粥，送上"龙土"羊头肉粥，送上"滚点"青稞酒羹，最后全家人吃"切玛巴扎"，这是酥油糌粑制成的小点心。仪式结束，全体佣人在一位老者带领下，排队向主人献哈达，祝福新年吉祥如意。哈达不是献给主人，而是献在神坛前的供桌上面。最后主人高喊"扎西德勒！"佣人们大声呼应"彭松措！"反复三次，气氛热烈。约莫三点钟左右，土登才白兄弟穿上"恰珠恰堆"典礼服，由佣人

① 多则：西藏旧时货币单位，一多则等于六十两藏银。

们提着汽灯、打着电筒送上布达拉宫，向达赖喇嘛祝贺新年，中午十一点左右庆典结束，回府过年。格桑次仁、顿珠次仁等带头跳“谐青”唱藏戏，娱乐一天。

1954年，土登桑觉出任塔工基巧，相当于专员，年薪四百藏克青稞，他非常得意。而土登才白不以为然，他对当官没有土登桑觉那样热心。当年作为达赖喇嘛的随员到了北京，1957年又随达顿喇嘛去了印度。1959年叛乱，两兄弟都流亡国外。据说土登才白藏身一座深山小庙，每日里念经修行；土登桑觉结婚成家，妻子是一位贵族女人。

夏扎贵族和夏扎府

夏扎是过去西藏为数不多的实力雄厚、久盛不衰的大贵族之一。夏扎府坐落在拉萨南城，东边是康巴巨商邦达仓，西边是七世达赖家桑颇府，南边为热丹康沙居民院，北边是贵族噶雪巴旧宅和八廓南街。这幢宅院是19世纪初由当时的噶伦夏扎·顿珠多吉营建的，至今将近二百年的历史了，房舍精美，结构谨严，是一座最完整、最典型、最符合古老体制的贵族府邸。

六百年的古老世家

夏扎家族的发源地，是今天拉萨市达孜县的塔杰乡。公元1409年，藏传佛教格鲁派祖师宗喀巴率领弟子们，在当地旺波日山坳里，兴修格鲁派的根本道场甘丹寺。这项工程得到当时西藏的最高首领乃东王扎巴坚赞的全力支持。扎巴坚赞指派甘丹寺所在地的扎嘎宗宗本（县官）仁青贝和仁青伦布父子担任工程总管，

位于八廓南街的夏扎府院内　　边多摄于2006年

调集全宗（县）的人力、物力和财力，保证寺庙建造工程的圆满成功。扎嘎宗属下有户人家，名叫夏日霍巴，他们对宗喀巴大师的建寺活动，表现了非同寻常的热心，支援了力所能及的物资和劳力，一度把大师请到家里安居，进行妥善的供养。正是从这个时候开始，夏日霍巴家族和格鲁派建立了密切的供施关系，后来格鲁派统治西藏，甘丹颇章政权建立，夏日霍巴家的人顺利进入政坛，成了贵族之家，也就是大贵族夏扎。

当代夏扎家族的传人夏扎·甘丹班觉老先生在他写的《甘丹夏扎家族史概述》一书中这样写道："夏扎家族早已形成向甘丹寺法座敬献供品的惯例，每年秋收后拨出一部分纯净、饱满的粮食，献给甘丹寺，作为法座的供奉。

"在夏日霍巴老宅的三楼上，一直保留着当年宗喀巴大师的住房。住房里保存有大师到西藏各地云游使用过的背架和法号，亲手加持过的佛像，亲手制作的具誓法王唐青曲杰面具，亲身使用过的转经筒。石板庭院里有两个石头宝座，当年大师就在宝座上给信徒们讲经说法。

“夏日霍巴庄园以前按月要向甘丹寺护法神殿奉献青稞酒，并且形成定例。按规矩，寺庙不能让妇女留宿，护法神殿更不准妇女涉足。但是，夏扎家的女性可以进入甘丹寺的护法神殿，也可以在寺内住宿。这充分证明了夏扎家与甘丹寺的特殊关系。”

夏扎家族的著名人物

从五世达赖建立甘丹颇章政权开始，夏扎家族的代表人物即进入政坛，置身贵族行列。但是，这个家族第一个有名气的人，还是18世纪后期的夏扎·贡噶班觉。贡噶班觉是夏扎家第一个出任噶伦的人。一般来说，家里出了噶伦，是成为大贵族的标志。贡噶班觉出生于1760年，先后当过协噶宗宗本和噶厦秘书，1791年支持朝廷大军反击廓尔喀入侵有功，升任为西藏地方政府噶伦。八世达赖喇嘛为了表彰贡噶班觉的功劳，把工布俄绒庄园奖赏给了他。

贡噶班觉1805年去世后，他的长子顿珠多吉进入政坛。顿珠多吉的仕途很像他的父亲，先当噶厦秘书，后出任噶伦、首席噶伦。夏扎·顿珠多吉任职时间最长，建树最多，影响也最大。他做的事情有几件已经载入史册，使这个家族引为荣耀。第一件事是主持大规模维修山南桑耶寺。桑耶寺始建于公元8世纪中期，被称为雪域高原第一伽蓝，无论在历史上还是宗教上，都有无可争议的重要地位。公元1816年，桑耶寺发生一场特大火灾，被称为

夏扎家的分支，时任噶伦的夏苏·居美多吉
陈宗烈摄于1958年

桑耶乌孜的三层主殿差一点被彻底焚毁。当时的摄政王德穆活佛委任顿珠多吉为维修工程总管。历时七年，奉献了全部精力，终于完成维修。1828年举行了盛大的开光典礼。道光皇帝为此赏赐夏扎·顿珠多吉头品顶戴，并且亲自写了“乐善好施”的牌匾，挂在拉萨夏扎府大门上。顿珠多吉的第二件功业，是主持清查和编写《铁虎清册》。他亲自深入西藏各地，与当地官员、士绅、地主共担责任，划分土地为上、中、下三等，进行准确的清查。为平均百姓负担，保证政府收入，写成《铁虎清册》。这是西藏历史上最大的一次土地普查，民主改革前的一百二十九年间，官府、贵族、寺院都是以它作为土地、农奴、差役的依据。1831年，驻藏大臣将《铁虎清册》上报道光皇帝，皇帝对主持编写人员给予褒奖，顿珠多吉升任为头等台吉。此外，顿珠多吉还和贵族索康、帕拉等一起，两次带兵征讨波密噶朗德巴土王。

在顿珠多吉持久不衰、有声有色地活跃于西藏历史舞台之后，下一个代表人物便是夏扎·旺秋杰布了，他是个颇有争议的人物。其实，此人并没有夏扎家族的血统，他出身日喀则小贵族比西家，年轻时是扎什伦布寺的一名僧人。夏扎·顿珠多吉主持维修桑耶寺的时候，旺秋杰布是管理寺庙酥油供灯的执事。顿珠多吉觉得他头脑灵活，精明能干，便把他留在身边，并且收他为女婿。靠着顿珠多吉这棵大树，旺秋杰布成了一名俗官，当上了噶厦的秘书。从此，比西家族和夏扎家族合并为一家。顿珠多吉去世后，旺秋杰布官运亨通，一帆风顺，历任藏军代本、桑耶寺维修总管、藏尼谈判首席代表，最后当上了噶伦。当时正值三世热振活佛担任摄政王，旺秋杰布被推举为掌印噶伦，经过一段时间共事，两人发生矛盾。热振活佛认为旺秋杰布来者不善，野心不小，目标是热振佛坐着的摄政王宝座，便借故撤销旺秋杰布职务，放回尼木庄园闲居。后来发现他与尼泊尔大臣私下联系，噶厦指派吞巴代本缉拿，把他囚禁在尼木杰切寺内，切断他与外界的一切联系。旺秋杰布不愧是一个老谋深算的政治高手，他在严密封锁的情况下千方百计与甘丹寺铁杆心腹贝丹顿珠取得了联系，在小小的囚室里关注甚至指挥高层的政治动向。1862 年 2 月，哲蚌寺部分僧人因布施发放问题和摄政王热振活佛对抗，旺秋杰布利用这个天赐良机，神不知鬼不觉地潜回拉萨，运用巧妙的政治手腕使甘丹寺和哲蚌寺反热振的势力联合起来，包围热振活佛驻锡的锡堆寺，双方发生枪战，最后热振活佛寡不敌众，只好带领部分侍从，抱着皇帝颁授的文书大印，逃到北京向皇上告状去了。夏扎·旺秋杰布终于实现了当摄政王的愿望。两年以后，热振活佛忧愤成疾客死北京，夏扎·旺秋杰布也猝死在拉萨罗布林卡。若干年后的 1871 年，旺秋杰布的心腹贝丹顿珠因为与摄政德珠活佛作对，在甘丹寺山沟被击毙，旺秋杰布的余党土崩瓦解，中央王朝又给热振活佛来了个平反昭雪，夏扎家族和比西家族宣布分开。从此，夏扎家族陷入了低谷，沉寂了三四十年。

20 世纪初期，夏扎家族又出了个鼎鼎大名的人物，叫作夏扎·班觉多吉。他也并非出身夏扎家族，而是拉萨一家较小的贵族鲜卡瓦的儿子，招赘上门，娶夏扎家的两个女儿为妻。姐姐叫德吉，妹妹叫龙珍，后来姐妹俩不和，导致家庭分裂，夏扎一分为二。班觉多吉 19 世纪 80 年代进入仕途，由七品芝麻官升到五品，后来当上了噶伦。1903 年，英国军队不断侵犯西藏边境，西藏上下同仇敌忾，声言即使男尽女绝，也要殊死抗争。十三世达赖喇嘛认为四噶伦抗英不力，态度暧昧，将他们全都逮捕，交贵族会议审判。霍康噶伦深夜越狱，投河自尽，使气氛更加紧张。很快英国军队打到拉萨，十三世达赖喇嘛仓皇逃往外蒙古，临行前交代把夏扎、雪康、哲康三位噶伦暂时放回家待罪。1906 年，驻藏大臣张荫棠对四噶伦案进行了复核，撤销了起诉。以后，夏扎等三人又受到重用，升任为司伦。1913 年，夏扎·班觉多吉作为西藏方面的首席代表，出席在印度北部西姆拉地方举行的会议。正式会议之前，英国外交大臣麦克马洪多次找班觉多吉密谈，私下达成多项损害中国和西藏领土主权的秘密协议，这些秘密协议后来变成条文写进文件，中国代表陈贻范拒绝签字，西姆拉会议宣告破裂。但是，夏扎·班觉多吉私下与麦克马洪达成的交易，却给中国的外交带来不少麻烦，多年来影响中印关系的麦克马洪线，就是一个例证。夏扎·班觉多吉在西姆拉会议上的媚外表现，受到英国方面的大大吹捧，回藏后以功臣自居，不免有些洋洋自得，致使十三世达赖喇嘛也对他产生了猜忌和警觉。1919 年，这个夏扎家族最有权势的人离开了人世。

当代夏扎家族的代表人物叫甘丹班觉，1924年出生，先后任噶厦秘书、昌都噶厦粮官等职。他对西藏历史和文学有很深的研究。我在拉萨期间，不止一次听过他的讲演。他头发稀疏，脸色红润，讲起西藏古典历史文学名著，如行云流水，滔滔不绝。老人七十四岁高龄之时，在西藏文史资料丛刊上刊载了《夏扎家族史概述》的长篇文字，为广大读者了解这个古老的贵族世家提供了第一手资料。

拉萨夏扎府平措康萨

前面已经说过，夏扎的府邸位于拉萨南城，名叫平措康萨，意思是美满新居，夏扎·顿珠多吉在19世纪初期兴建。我在拉萨到过许多贵族宅院，比夏扎府豪华者有之，比夏扎府简朴者也不少，但我始终认为，平措康萨是严谨、精致、规范的贵族宅院，是西藏传统建筑的一个典范。

平措康萨分前后两个部分，前面是长方形石板庭院，后面是三层的藏式楼房。庭院的东、西、南三面，都是两层藏式楼房。大门开在南侧。庭院周围，是上下两层藏式回廊，墙上刷着令人愉快的色彩，护栏和梁柱，一律精雕细刻，精心彩绘。

和平解放后，夏扎府改为拉萨市财政局和粮食局，我经常到里面购买粮食、联系工作，对这幢宅院的大致情形有所了解，但对当年夏扎贵族居住时的厅堂房舍安排，便十分的茫然了。好在夏扎·甘丹班觉老先生在自己的著作里，有一些这方面的介绍：主楼的底层，大都是粮食库、马料库、柴火库、牛粪库、帐篷库、藏酒房等；二楼有强佐康，即总管室。拉萨各大贵族都有自己的总管，这些总管们精明能干、经验丰富，对财产了如指掌、对主人忠心耿耿、苦乐与共。在贵族的圈子里，总管地位很突出，一个总管大概顶得上半个主人。有人说阿沛家总管最富有，帕拉家总管最有学问，他办了一家私塾，叫贝贡学校，很多贵族子弟都来上学。夏扎家的总管叫丹增杰布，原先是伦钦·班觉多吉的秘书，管理夏扎府几十年，有很高的威信。总管室两旁，有两个库房，东边的叫东库房，存放重要物资如绸缎衣物等；西边的叫西库房，存放酥油糌粑茶叶等生活物资。主楼三层为主人的卧室和起居室，朝南一面有大玻璃窗，采光良好、温暖舒适，家具精美，有门通向前面的二楼屋顶，既可散步，又能观光。这些房屋又称为日光居室 。

夏扎家有四间经堂佛殿，一间是祖师殿，主供格鲁派祖师、甘丹寺建造者宗喀巴大师。前面已经讲过，从15世纪初开始，夏扎家族便和大师建立了非同一般的福田和施主的关系，因此宗喀巴大师在夏扎家世世代代享受着供奉和尊荣；一间是甘珠尔神殿，珍藏全套藏文《大藏经》；一间是无量寿佛殿，供奉无量寿佛、白度母、朗杰玛长寿三尊，祈请保佑全家无灾无病、健康长寿。第四间是护法神殿，夏扎家的护法神也就是甘丹寺的护法神唐青曲杰（具誓法王）。我还听人说过唐青曲杰化身为夏扎家的厨师，忠心耿耿地保护大师。护法神殿里，还立有夏扎家的福禄柜，藏话叫央岗，里边有乾隆皇帝赐给章嘉活佛的御碗，伦钦班觉多吉的头盖骨，以及大量金银珠宝、犀牛角等，每年举行祭祀，往柜中添置吉祥物，表示财富有增无减，永不枯竭。

在拉萨各大贵族家庭中，夏扎是比较幸运的。他们的庄园一代比一代增多，财产一代比一代雄厚，十三世达赖喇嘛竟把整个墨竹工卡宗，都赏给了夏扎·班觉多吉。但是，由于家庭不和，纷争不止，不停地出现家庭分裂，大大伤了夏扎家的元气。先是班觉多吉和他的大夫人德吉发生龃龉，德吉转而和班觉多吉的弟弟青绕列谢组成一个家庭，称为“夏苏”。时间是1913年。夏苏府坐落在河坝林路，雪康老宅的西边，我进藏后工作的拉萨市文教局就设在这幢宅院里。以后，班觉多吉二夫人龙增，为女儿拉云卓玛招了一个夫婿，他就是当时很有权势的孜本龙夏的公子次仁旺堆。刚开始相安无事，后来两家发生纠纷，官司打到噶厦，成为轰动一时的新闻。后来拉云卓玛夫妇从夏扎家分出来，另立一贵族之家，名叫“恰巴”。这样，夏扎一家便变成了夏扎、夏苏、恰巴三家了。顺便说一句，恰巴·次仁旺堆老先生，1964年出任拉萨市文教局副局长，当了我的上司，他是个精瘦精瘦的老头儿，待我们非常和善。

后 记

2002年1月12日早晨，我因连日写作，身心疲惫，便和妻子陈闺梅一起到颐和园散步聊天。天气比较冷，大约零下10度左右。我们在湖边长椅上坐了一阵，商量过春节的事情。阵阵湖风吹来，我感到周身上下有些寒冷，妻子说："回去吧！孩子还在家里等着呢！"万万想不到的是，刚刚走了十来步，我突然感到脉搏震颤了一下，左手顿时失去了知觉，接着左脚也发生了同样的情况，我赶紧抱着一棵古柳。"脑溢血"三个可怕的字眼，一下子袭进了我的脑海。附近晨练的一些老同志，看到我脸上痛苦的表情，纷纷围了过来，非常关切地问："怎么啦？怎么啦？""是不是心脏病发作了？""是不是中风了？"他们脱下棉袄和大衣垫在草地上，让我斜靠着他们坐下，有人拿出手机拨了120急救站。过了半个小时左右，一辆急救车开了进来，因为隔着一条冰冻的小湖汊，大家又把我从冰上抬了过去。很快，急救车风驰电掣般地呼叫着，把我送到安贞医院抢救。

突如其来的脑溢血病，一下子惊动了中央统战部的领导和同事们，惊动了藏学界和民间文学界的朋友们，惊动了我北京大学的同学们，也惊动了和我前后调进北京的西藏战友。《中国西藏》杂志社的同志，为我的病奔走操劳如亲人。时任中央统战部常务副部长的刘延东同志，亲自到医院探望，使重病中的我深为感动。中国藏学研究中心陈庆英研究员看到我的第一句话就是："老廖啊！你也太鲁莽了，你这么走了，留下妻子和女儿怎么办！？"藏研中心副总干事毕华也说："老廖，你是走不了的。西藏有那么多事情让你牵挂，有那么多东西要写作，你就是想走，他们也不会让你走的。"

突发重病的消息，传到了我曾经工作过二十多年的西藏高原，引起了那里的老同志、老朋友的关心和焦虑。曾经和我朝夕相处、苦乐与共长达八年的拉萨市歌舞团老演员们，我下放过四年的堆龙德庆县农民演出队的老演员和东嘎乡的农民朋友们，他们有的到北京看望，有的写信打电话问候，有的捎来各种名贵藏药，有的到寺院烧香许愿，总之希望我早日转危为安，早日康复。我的病也牵动了拉萨八十三岁的江洛坚·次仁旺姆老阿妈和她儿女们的心，在我得病期间，他们全家人以各种方式对我进行精神上的安慰和物质上的支援。

正是在领导的关心、同事和朋友们的帮助以及家人、亲属无日无夜、任劳任怨的照护下，在安贞医院抢救了二十多天，基本上解除了生命的危险，又在北京中医院、西苑医院住了近六个月，通过中西医结合治疗，并不断进行肢体的锻炼，身体得到初步的恢复，生活基本能够自理，真是不幸中的万幸。

在我退休的时候，心里有过一个雄心勃勃的计划：觉得自己工作多年，每天东奔西跑，忙忙碌碌，没有时间坐下来好好写写东西；这下好了，退休了，时间归自己了，可以把多年想写的东西写下来了。谁知一场重病，使我所有的写作计划几乎成了泡影。好在大病之后，头脑还算清醒，记忆力没有消退，语言表达能力也还行。于是，我躺在病床上，把自己在西藏二十多年亲眼所见、亲耳所闻、亲身所历的民俗事象和风土人情，一一回忆，有的自己动笔写下来，有的由妻子陈闺梅和外甥女宋凤林进行笔录。到2004年下半年，大致盘点了一下，记录下来的文字竟达百万字之多。我把它们分门别类，归纳成十本书：1.《拉萨掌故》，2.《节庆四季》，3.《神灵降临》，4.《雪域众神》，5.《藏地风俗》，6.《灵山圣境》，7.《喜马拉雅的囚徒》，8.《浪迹高原的歌手》，9.《布达拉宫下的人们》，10.《墨脱传奇》。

从2005年开始，我把这些书稿逐一进行加工梳理，增删润色。我电脑打字本来不行，书稿进度非常缓慢，妻子陈闺梅专门上了一期老年大学，学会了电脑打字，和女儿廖星蓓一道，帮助我录入。这样，终于使这些书得以出版，有了和广大读者见面的机会。

从1961年10月到1985年9月，我在古老且日趋变化的拉萨圣城，整整生活和工作了二十四个春秋，我对这座城市的建筑、街道、寺庙、民居、人物、风俗，确实是最熟悉不过的了。我曾经是这个城市居民中最为活跃的一员，人们在各种场合都能看到我瘦削而热情的身影。我在撰写《拉萨掌故》一书时，还多次请教了中央统战部李佐民先生、拉萨的江洛金·彭朗先生、雪康·顿珠卓玛女士、朗顿·班觉先生、努马·次旺仁钦先生和他的姐姐强巴班宗女士，西藏曲艺家协会主席、原功德林寺喇嘛土登先生，西藏著名曲艺家、原策墨林寺喇嘛米玛先生，西藏著名曲艺家索次先生，等等。拉萨著名音乐家边多先生，不顾年已七十的高龄，仍然走街串巷，历尽辛劳，为本书拍摄了很多珍贵的照片。在这里我一并表示衷心的感谢！

2006年10月于首都北影小区

图书在版编目（CIP）数据

拉萨掌故/廖东凡著．—2版．—北京：中国藏学出版社，2014.5

ISBN 978－7－80253－683－8

Ⅰ．①拉…　Ⅱ．①廖…　Ⅲ．①拉萨市－地方史－掌故　Ⅳ．①K297.51

中国版本图书馆CIP数据核字（2014）第064927号

本书图片均为作者提供

拉萨掌故　　廖东凡 著

出版发行　中国藏学出版社
印刷　北京隆昌伟业印刷有限公司
印次　2014年5月第2版第1次印刷
开本　640×965毫米　1/16
印张　24.75
字数　280千字
印数　5000册
书号　ISBN 978－7－80253－683－8/K·375
定价　48.00元

图书若有质量问题，请与本社联系

E-mail：dfhw64892902@126.com　　电话：010－64892902